老科学家学术成长资料采集工程
中国科学院院士传记 丛书

情系生物膜

杨福愉传

刘夙 黄有国 龚惠玲◎著

7年
上海

1950年
毕业于浙江
大学化学系

1956年
赴苏联莫斯科
大学留学

1960年
回国工作于中科院
生物物理研究所

1978年
率中国生物膜考察团
访问联邦德国

1989年
获国家自然科学奖
三等奖

1991年
当选中国科学院
学部委员

2010年
任两院院士联谊会副会长

老科学家学术成长资料采集工程

中国科学院院士传记丛书

情系生物膜

杨福愉传

刘夙 黄有国 龚惠玲◎著

中国科学技术出版社
上海交通大学出版社

图书在版编目（CIP）数据

情系生物膜：杨福愉传 / 刘夙，黄有国，龚惠玲著
—北京：中国科学技术出版社，2018.3
（老科学家学术成长资料采集工程丛书；中国科学院院士传记丛书）
ISBN 978-7-5046-7687-0

Ⅰ. ①情… Ⅱ. ①刘… ②黄… ③龚… Ⅲ. ①杨福愉 – 传记 Ⅳ. ① K826.15

中国版本图书馆 CIP 数据核字（2017）第 237096 号

责任编辑	韩　颖　高立波　冯建刚
责任校对	杨京华
责任印制	张建农
版式设计	中文天地

出　　版	中国科学技术出版社　上海交通大学出版社
发　　行	科学普及出版社发行部
地　　址	北京市海淀区中关村南大街 16 号
邮　　编	100081
发行电话	010-62173865
传　　真	010-62173081
网　　址	http://www.cspbooks.com.cn

开　　本	787mm × 1092mm　1/16
字　　数	241 千字
印　　张	16.25
彩　　插	2
版　　次	2018 年 3 月第 1 版
印　　次	2018 年 3 月第 1 次印刷
印　　刷	北京华联印刷有限公司
书　　号	ISBN 978-7-5046-7687-0 / K · 81
定　　价	65.00 元

老科学家学术成长资料采集工程
领导小组专家委员会

主　任： 杜祥琬

委　员：（以姓氏拼音为序）

巴德年　陈佳洱　胡启恒　李振声

齐　让　王礼恒　王春法

老科学家学术成长资料采集工程
丛书组织机构

特邀顾问（以姓氏拼音为序）

樊洪业　方　新　谢克昌

编委会

主　编： 王春法　张　藜

编　委：（以姓氏拼音为序）

艾素珍　崔宇红　定宜庄　董庆九　郭　哲

韩建民　何素兴　胡化凯　胡宗刚　刘晓勘

罗　晖　吕瑞花　秦德继　王　挺　王扬宗

熊卫民　姚　力　张大庆　张　剑　周德进

编委会办公室

主　任： 孟令耘　张利洁

副主任： 许　慧　刘佩英

成　员：（以姓氏拼音为序）

董亚峥　冯　勤　高文静　韩　颖　李　梅

刘如溪　罗兴波　沈林芑　田　田　王传超

余　君　张海新　张佳静

老科学家学术成长资料采集工程简介

老科学家学术成长资料采集工程（以下简称“采集工程”）是根据国务院领导同志的指示精神，由国家科教领导小组于2010年正式启动，中国科协牵头，联合中组部、教育部、科技部、工信部、财政部、文化部、国资委、解放军总政治部、中国科学院、中国工程院、国家自然科学基金委员会等11部委共同实施的一项抢救性工程，旨在通过实物采集、口述访谈、录音录像等方法，把反映老科学家学术成长历程的关键事件、重要节点、师承关系等各方面的资料保存下来，为深入研究科技人才成长规律，宣传优秀科技人物提供第一手资料和原始素材。

采集工程是一项开创性工作。为确保采集工作规范科学，启动之初即成立了由中国科协主要领导任组长、12个部委分管领导任成员的领导小组，负责采集工程的宏观指导和重要政策措施制定，同时成立领导小组专家委员会负责采集原则确定、采集名单审定和学术咨询，委托科学史学者承担学术指导与组织工作，建立专门的馆藏基地确保采集资料的永久性收藏和提供使用，并研究制定了《采集工作流程》《采集工作规范》等一系列基础文件，作为采集人员的工作指南。截至2016年6月，已启动400多位老科学家的学术成长资料采集工作，获得手稿、书信等实物原件资料73968件，数字化资料178326件，视频资料4037小时，音频资料4963小时，具有重要的史料价值。

采集工程的成果目前主要有三种体现形式，一是建设“中国科学家博物馆网络版”，提供学术研究和弘扬科学精神、宣传科学家之用；二是编辑制作科学家专题资料片系列，以视频形式播出；三是研究撰写客观反映老科学家学术成长经历的研究报告，以学术传记的形式，与中国科学院、中国工程院联合出版。随着采集工程的不断拓展和深入，将有更多形式的采集成果问世，为社会公众了解老科学家的感人事迹，探索科技人才成长规律，研究中国科技事业的发展历程提供客观翔实的史料支撑。

总序一

中国科学技术协会主席　韩启德

老科学家是共和国建设的重要参与者，也是新中国科技发展历史的亲历者和见证者，他们的学术成长历程生动反映了近现代中国科技事业与科技教育的进展，本身就是新中国科技发展历史的重要组成部分。针对近年来老科学家相继辞世、学术成长资料大量散失的突出问题，中国科协于2009年向国务院提出抢救老科学家学术成长资料的建议，受到国务院领导同志的高度重视和充分肯定，并明确责成中国科协牵头，联合相关部门共同组织实施。根据国务院批复的《老科学家学术成长资料采集工程实施方案》，中国科协联合中组部、教育部、科技部、工业和信息化部、财政部、文化部、国资委、解放军总政治部、中国科学院、中国工程院、国家自然科学基金委员会等11部委共同组成领导小组，从2010年开始组织实施老科学家学术成长资料采集工程。

老科学家学术成长资料采集是一项系统工程，通过文献与口述资料的搜集和整理、录音录像、实物采集等形式，把反映老科学家求学历程、师承关系、科研活动、学术成就等学术成长中关键节点和重要事件的口述资料、实物资料和音像资料完整系统地保存下来，对于充实新中国科技发展的历史文献，理清我国科技界学术传承脉络，探索我国科技发展规律和科技人才成长规律，弘扬我国科技工作者求真务实、无私奉献的精神，在全社会营造爱科学、学科学、用科学的良好氛围，是一件很有意义的事情。采集工程把重点放在年龄在 80 岁以上、学术成长经历丰富的两院院士，以及虽然不是两院院士、但在我国科技事业发展中作出突出贡献的老科技工作者，充分体现了党和国家对老科学家的关心和爱护。

自 2010 年启动实施以来，采集工程以对历史负责、对国家负责、对科技事业负责的精神，开展了一系列工作，获得大量反映老科学家学术成长历程的文字资料、实物资料和音视频资料，其中有一些资料具有很高的史料价值和学术价值，弥足珍贵。

以传记丛书的形式把采集工程的成果展现给社会公众，是采集工程的目标之一，也是社会各界的共同期待。在我看来，这些传记丛书大都是在充分挖掘档案和书信等各种文献资料、与口述访谈相互印证校核、严密考证的基础之上形成的，内中还有许多很有价值的照片、手稿影印件等珍贵图片，基本做到了图文并茂，语言生动，既体现了历史的鲜活，又立体化地刻画了人物，较好地实现了真实性、专业性、可读性的有机统一。通过这套传记丛书，学者能够获得更加丰富扎实的文献依据，公众能够更加系统深入地了解老一辈科学家的成就、贡献、经历和品格，青少年可以更真实地了解科学家、了解科技活动，进而充分激发对科学家职业的浓厚兴趣。

借此机会，向所有接受采集的老科学家及其亲属朋友，向参与采集工程的工作人员和单位，表示衷心感谢。真诚希望这套丛书能够得到学术界的认可和读者的喜爱，希望采集工程能够得到更广泛的关注和支持。我期待并相信，随着时间的流逝，采集工程的成果将以更加丰富多样的形式呈现给社会公众，采集工程的意义也将越来越彰显于天下。

是为序。

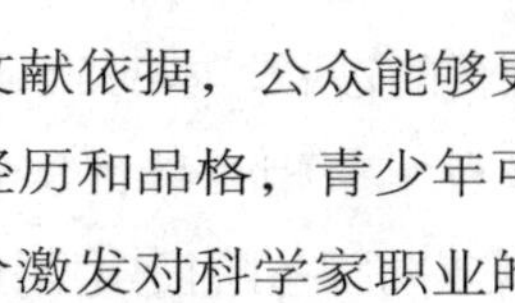

总序二

中国科学院院长　白春礼

由国家科教领导小组直接启动，中国科学技术协会和中国科学院等 12 个部门和单位共同组织实施的老科学家学术成长资料采集工程，是国务院交办的一项重要任务，也是中国科技界的一件大事。值此采集工程传记丛书出版之际，我向采集工程的顺利实施表示热烈祝贺，向参与采集工程的老科学家和工作人员表示衷心感谢！

按照国务院批准实施的《老科学家学术成长资料采集工程实施方案》，开展这一工作的主要目的就是要通过录音录像、实物采集等多种方式，把反映老科学家学术成长历史的重要资料保存下来，丰富新中国科技发展的历史资料，推动形成新中国的学术传统，激发科技工作者的创新热情和创造活力，在全社会营造爱科学、学科学、用科学的良好氛围。通过实施采集工程，系统搜集、整理反映这些老科学家学术成长历程的关键事件、重要节点、学术传承关系等的各类文献、实物和音视频资料，并结合不同时期的社会发展和国际相关学科领域的发展背景加以梳理和研究，不仅有利于深入了解新中国科学发展的进程特别是老科学家所在学科的发展脉络，而且有利于发现老科学家成长成才中的关键人物、关键事件、关键因素，探索和把握高层次人才培养规律和创新人才成长规律，更有利于理清我国科技界学术传承脉络，深入了解我国科学传统的形成过程，在全社会范围内宣传弘扬老科学家的科学思想、卓越贡献和高尚品质，推动社会主义科学文化和创新文化建设。从这个意义上说，采集工程不仅是一项文化工程，更是一项严肃认真的学术建设工作。

中国科学院是科技事业的国家队，也是凝聚和团结广大院士的大家庭。早在 1955 年，中国科学院选举产生了第一批学部委员，1993 年国务院决定中国科学院学部委员改称中国科学院院士。半个多世纪以来，从学部委员到院士，经历了一个艰难的制度化进程，在我国科学事业发展史上书写了浓墨重彩的一笔。在目前已接受采集的老科学家中，有很大一部分即是上个世纪 80、90 年代当选的中国科学院学部委员、院士，其中既有学科领域的奠基人和开拓者，也有作出过重大科学成就的著名科学家，更有毕生在专门学科领域默默耕耘的一流学者。作为声誉卓著的学术带头人，他们以发展科技、服务国家、造福人民为己任，求真务实、开拓创新，为我国经济建设、社会发展、科技进步和国家安全作出了重要贡献；作为杰出的科学教育家，他们着力培养、大力提携青年人才，在弘扬科学精神、倡树科学理念方面书写了可歌可泣的光辉篇章。他们的学术成就和成长经历既是新中国科技发展的一个缩影，也是国家和社会的宝贵财富。通过采集工程为老科学家树碑立传，不仅对老科学家们的成就和贡献是一份肯定和安慰，也使我们多年的夙愿得偿！

鲁迅说过，“跨过那站着的前人”。过去的辉煌历史是老一辈科学家铸就的，新的历史篇章需要我们来谱写。衷心希望广大科技工作者能够通过“采集工程”的这套老科学家传记丛书和院士丛书等类似著作，深入具体地了解和学习老一辈科学家学术成长历程中的感人事迹和优秀品质；继承和弘扬老一辈科学家求真务实、勇于创新的科学精神，不畏艰险、勇攀高峰的探索精神，团结协作、淡泊名利的团队精神，报效祖国、服务社会的奉献精神，在推动科技发展和创新型国家建设的广阔道路上取得更辉煌的成绩。

总序三

中国工程院院长 周 济

由中国科协联合相关部门共同组织实施的老科学家学术成长资料采集工程，是一项经国务院批准开展的弘扬老一辈科技专家崇高精神、加强科学道德建设的重要工作，也是我国科技界的共同责任。中国工程院作为采集工程领导小组的成员单位，能够直接参与此项工作，深感责任重大、意义非凡。

在新的历史时期，科学技术作为第一生产力，已经日益成为经济社会发展的主要驱动力。科技工作者作为先进生产力的开拓者和先进文化的传播者，在推动科学技术进步和科技事业发展方面发挥着关键的决定的作用。

新中国成立以来，特别是改革开放30多年来，我们国家的工程科技取得了伟大的历史性成就，为祖国的现代化事业作出了巨大的历史性贡献。两弹一星、三峡工程、高速铁路、载人航天、杂交水稻、载人深潜、超级计算机……一项项重大工程为社会主义事业的蓬勃发展和祖国富强书写了浓墨重彩的篇章。

这些伟大的重大工程成就，凝聚和倾注了以钱学森、朱光亚、周光召、侯祥麟、袁隆平等为代表的一代又一代科技专家们的心血和智慧。他们克服重重困难，攻克无数技术难关，潜心开展科技研究，致力推动创新发展，为实现我国工程科技水平大幅提升和国家综合实力显著增强作出了杰出贡献。他们热爱祖国，忠于人民，自觉把个人事业融入到国家建设大局之中，为实现国家富强而不断奋斗；他们求真务实，勇于创新，用科技为中华民族的伟大复兴铸就了辉煌；他们治学严谨，鞠躬尽瘁，具有崇高的科学精神和科学道德，是我们后代学习的楷模。科学家们的一生是一本珍贵的教科书，他们坚定的理想信念和淡泊名利的崇高品格是中华民族自强不息精神的宝贵财富，永远值得后人铭记和敬仰。

通过实施采集工程，把反映老科学家学术成长经历的重要文字资料、实物资料和音像资料保存下来，把他们卓越的技术成就和可贵的精神品质记录下来，并编辑出版他们的学术传记，对于进一步宣传他们为我国科技发展和民族进步作出的不朽功勋，引导青年科技工作者学习继承他们的可贵精神和优秀品质，不断攀登世界科技高峰，推动在全社会弘扬科学精神，营造爱科学、讲科学、学科学、用科学的良好氛围，无疑有着十分重要的意义。

中国工程院是我国工程科技界的最高荣誉性、咨询性学术机构，集中了一大批成就卓著、德高望重的老科技专家。以各种形式把他们的学术成长经历留存下来，为后人提供启迪，为社会提供借鉴，为共和国的科技发展留下一份珍贵资料。这是我们的愿望和责任，也是科技界和全社会的共同期待。

周济

杨福愉（2013 年 3 月摄于中国科学院生物物理研究所 3 号楼前）

2012 年，采集小组成员与屠亚平合影
（从右至左：龚惠玲、钟文敏、屠亚平、黄有国、杨 琳）

2013 年 10 月 30 日，采集小组成员龚惠玲采访杨福愉的大哥杨福耀（右）

序

首先感谢中国科学技术协会组织“老科学家学术成长资料采集工程”。本人名列其中感到十分荣幸。

我出生于 1927 年，幼年在战乱中度过。虽然有幸在浙江大学毕业后被推荐到新成立的中国科学院（上海）实验生物学研究所，在贝时璋教授领导下工作，但当时政治运动连续不断，很难安下心来从事科学研究。1955 年经中国科学院推荐，参加全国选拔赴苏联学习的考试，有幸被录取并在莫斯科大学动物生化教研室获得研究生学习的机会，1960 年被授予副博士学位（相当于英、美的 Ph. D）后即回国。当时由于贝时璋教授已从上海调到北京，组织分配我到中国科学院生物物理研究所工作。研究所领导建议我成立一个线粒体研究小组以继续在莫斯科大学从事的科研工作。但时值我国“大跃进”后的三年困难时期，加上各种仪器设备的购置等杂事，工作进展比较缓慢。1964—1965 年，我去山西运城东孙坞村参加为期一年的“四清”工作。1966 年开始“文化大革命”，除政府下达的任务外，其他工作一律暂停。1973—1974 年被下放到河南确山“五七干校”锻炼一年，主要从事农业生产和体力劳动。

由于“文化大革命”期间国外的生物膜研究发展比较迅速，1978 年中国科学院领导决定派遣一个考察小组去联邦德国考察。小组由中国科学院下属生物化学研究所（上海）、细胞生物学研究所（上海）、植物学研究所、动物学研究所、生物物理研究所组成。鉴于我从事的线粒体研究是生物膜研究中的重要内容之一，因此让我担任组长。5 月考察回来后向院领导汇报联邦德国近 10 年来在生物膜研究方面迅猛发展的概况，引起院领导的高度重视，决定在国内加强这方面的研究。在这样的前提下，我们研究所恢复了线粒体方面的研究。

“文化大革命”以后，各研究所不少中、青年骨干纷纷通过各种渠道分别去美、英、德意志民主共和国等国家进修以弥补“文化大革命”中在业务方面的荒废。当时我已经 49 岁，换言之，搞科研的黄金时期已经过去。考虑再三，决定还是留在国内为我国生物膜研究今后的发展做些铺路石子的工作。主要从三方面做了一些努力，一是恢复自己比较擅长的线粒体研究，力求做出具有特色的创新成果；二是培养研究生，希望年轻一代健康成长；三是在中国科学院领导的指示下，将中国生物物理学会、中国生物化学学会、中国细胞生物学学会从事生物膜研究相关的同行组织起来，举行全国生物膜研究学术讨论会，每三年举行一次，由三个学会轮流主持。这项活动从 1979 年 3 月开始从未中断。但从 2007 年开始，改由中国生物物理学会主持。迄今已发展成为国际性膜生物学讨论会，每次讨论会都有海外相关科学家和华裔年轻学者赴会，参会人数逐年增加。

上述三方面的情况本书已有较详细的记载，不再赘述。下面仅想谈谈几点体会。

必须重视基础研究

研究工作一般分为基础研究、应用基础研究、应用研究。虽然世界上几个强国在科研经费与科研人员投入方面，基础研究所占比例与其他两类相比不一定居于首位，但对其重要性却始终予以足够的重视。这是因为基础研究是原始创新的主要源泉。虽然它的周期长、难度大，研究成果的实际应用又往往不能立竿见影，但这几个国家无论在经费分配与人员的安排方面却始终给予稳定的支持。新中国成立后对基础研究的政策很不稳定，时而重视，时而又一带而过。重视和坚持基础研究必须要拥有一支稳定的队伍、足够的经费、较宽松和少干扰的环境，让科技人员安下心来、持之以恒地进行探索，追求原始创新。

回顾我们研究小组的工作，几项具有原始创新的研究成果都是通过长期艰苦工作的积累才获得的。如20世纪80—90年代初期分别开始探索的二价金属离子（Mg^{2+}、Ca^{2+}等）通过影响膜脂－膜蛋白相互作用调节膜蛋白结构与功能所获得的成果:（1）通过长期探索发现Mg^{2+}通过影响膜脂的物理性质调节位于线粒体内膜的电子传递链的复合体V（即H^{+}-ATP酶）的构象与活性;（2）跨膜Ca^{2+}浓度梯差对膜蛋白结构与活性具有重要的调节作用。细胞内自由Ca^{2+}浓度一般为10^{-6}mol/L，而细胞外或肌质网内侧为10^{-2}—10^{-3}mol/L。换言之，在上述两种情况下都具有1000—10000倍的跨膜Ca^{2+}浓度梯差。我们对跨膜Ca^{2+}浓度梯差影响膜脂物理性质从而调节肌质网膜Ca^{2+}-ATP酶（SR·Ca^{2+}-ATP酶）的机制做了详细的探索。结果表明，除Ca^{2+}与SR·Ca^{2+}-ATP酶直接作用外，跨膜Ca^{2+}浓度梯差变化会通过影响膜脂流动性来调节SR·Ca^{2+}-ATP酶构象与活性，这是跨膜Ca^{2+}浓度梯差变化影响生物膜膜蛋白物质运输功能的典型例子。接着我们又对跨膜Ca^{2+}浓度梯差影响信号跨膜转导功能进行了探索，研究的对象是跨膜Ca^{2+}浓度梯差如何调节G-蛋白偶联的cAMP信号转导途径相关膜蛋白的功能。先将这一途径的多个膜蛋白组分——β-肾上腺素能受体（β-AR）、激活型G-蛋白（Gs）、腺苷酸环化酶（AC）分别组装于脂质体，以研究跨膜Ca^{2+}浓度梯差的变化对这些脂蛋白体的膜脂流动性、膜蛋白构象及活性的影响。然后，再将这三个组分组装于同一脂质体，研究跨膜Ca^{2+}浓度梯差对这些组分的相互作用及其偶联活性的影响。实验结果表明，一个类似于生理条件下的合适的跨膜Ca^{2+}浓度梯差及其一定范围内的变化使膜脂呈现合适的流动性，并使β-AR具有合适的构象，从而有利于与配基相结合，随之通过Gs中介激活效应物AC使整个cAMP信号跨膜转导通路具有较高的偶联活性。这项研究探索性强、周期长，最大的难点在于同时将三种膜蛋白组成的信号转导体系成功地重组于脂质体，并表现其偶联功能。上述几方面研究从开始到获得一系列研究成果，费时约20余年。

还有一项带有原创性的工作始于21世纪初。结合我们自身的研究基础和积累，我们在开展细胞色素c从线粒体内渗出与诱导细胞凋亡关系的机理研究中发现一种含量极微的蛋白质，经过较长期的探索和大量的艰苦工作，最终鉴定是胰凝乳蛋白酶B（它是一种典型的消化酶）。我们在大白鼠溶酶体中也发现它的存在且含量极微，从103只大白鼠肝脏中仅能获得4—5μg蛋白。由于tBid与溶酶体膜的磷脂酸相互结合形成脂质孔道可使胰凝乳蛋白酶得以泄出，后者可水解Bid，其产物可参与细胞凋亡的调节。目前，脂质孔道的详细结构正在研究中，这一工作已有十多年历史。

进一步加强组织多学科交叉项目的研究

记得在1950年从浙江大学进入到新成立的中国科学院（上海）实验生物学研究所发生生理研究室时，在每周举行的学术讨论会上，贝时璋所长就多次提出多学科交叉研究发展生物学的问题，当时大多数科研人员还不是很理解。后来，1955年贝时璋领导的研究小组因工作需要从上海迁至北京，于1958年向中国科学院领导申请成立了生物物理研究所。从所、室的名称，如放射生物学研究室、宇宙生物学研究室、生物物理化学研究室、生物物理工程技术研究室，以及理论生物学研究组（研究量子生物学、生物控制论等）到具体接受的国家任务（如原子弹爆炸后各地落下灰的分布、核爆后生物受损的远后效应研究、核潜艇内辐射剂量的测试）等，都反映多学科交叉的内涵。具有特色的生物物理研究所的迅速成长与贯彻多学科交叉研究的思想是密不可分的。

最近公布了2015年诺贝尔生理学或医学奖的得主，其中一位是中国的屠呦呦教授。这是因为她首先报道将一种古老的中医治疗疟疾方法转化为今天最强有力的抗疟疾病药物。迄今全世界已有数亿人因此受益，未来这一数字还会不断增加。实际上屠呦呦的团队先后有500余人，这是一项多学科交叉（包括药化、药理、分析化学、合成化学、毒理、临床、结构生物学等）进行长期研究的成果。

当前，多学科交叉进行科学研究已是一个被广泛接受的原则。但要真正贯彻却并不容易。我认为，一是需要有一位学风正派、心胸开阔、能团结共事的高水平学术带头人，二是参加人员必须具有公正无私、集体观念较强的品质。一定要避免申请重大项目时貌似多学科交叉、而任务批准后却各自为政的现象。

关于研究生培养

研究生培养目标应是成就一批德才兼备的优秀学术接班人。由于篇幅的关系，在这里我只想谈谈有关业务方面的几点意见。

研究生的主要任务是学习，通过完成论文来培养具有初步独立进行研究工作的能力，因此，不能简单地将发表一篇容易获得预想成果的论文作为研究生培养的最终目标。目前很多课题组研究生的数量往往超过正式工作人员，这是不正常的。

我的经验是，为了培养研究生具有初步独立进行研究工作的能力，必须按照研究生的不同情况给予难度不一的研究任务，在完成论文过程中使他们通过克服困难的磨练获得初步独立研究的能力，显然这比最后发表一篇简单的论文就完成答辩的任务要艰巨得多。研究生培养的质量显然与导师密切相关，在整个培养过程中，导师必须与研究生密切接触、多方面了解情况。最近我看到有关世界各国学术大师培养研究生的经验报道，他们平均每周与每位研究生进行交流与畅谈一次，内容不限于论文，在学术问题方面海阔天空、无所不谈，这对提高研究生的学术修养与水平无疑是十分有效的。由于我国招收研究生的数量较多，目前还很难普遍做到这一点，但是为了提高我国科研队伍的水平，无论是对导师还是研究生，这样的经验还是很有参考价值的。

最后向撰写这部传记的龚惠玲、刘夙和黄有国等同志表示衷心感谢，他们为本书的最终完成花了很大的精力，尤其是龚惠玲同志为增加本书内容的史实性曾多次出差与有关人员进行访谈，这是很难得的。

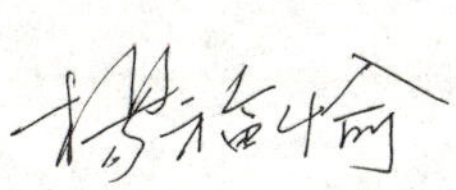

2017 年 9 月 18 日

目录

图片目录

导言

“回顾过去，我们这辈子可以说经历了知识分子承受种种磨难的时代，……虽然在事业上取得了一些成绩，但只是在环境很不顺畅的条件下做了一些力所能及的工作，尤其大部分稍有意义的工作都是在过了从事科研工作黄金时期后完成的，特别是 1991 年（时年 64 岁）大病（黄疸性肝炎）一场在精力上大受影响的条件下，还能继续做点力所能及的工作使科研工作不至中断，这一点多少得到一些安慰。”从杨福愉先生近期撰写的自传开头的这一段文字，我们可以看到，这是一个谦逊、勤勉的科学家，一个在不平凡年代靠着持之以恒的信念和创新精神取得不平凡成就的科学家。

杨福愉，原籍浙江宁波镇海，1927 年 10 月出生于上海。1946 年从上海南洋模范中学毕业，1950 年毕业于浙江大学化学系，1960 年在苏联莫斯科大学生物学系获哲学副博士学位，回国后一直在中国科学院生物物理研究所工作。历任生物物理研究所副研究员、研究员，1991 年当选中国科学院学部委员（院士）；曾任生物物理研究所副所长、研究所学术委员会委员和学位委员会主任、生物大分子国家重点实验室学术委员会主任；曾任国际重要学术刊物 *Bioscience Reports*（1993—2015）和 *Magnesium Research*（1998—2006）编委；历任《生物化学杂志》（后于 1999 年改名为《生物化学与分子生物学报》）第一届（1984 年 6 月—）至第五届（2004 年 10 月—）编委和副主编，自第六届（2010 年 11 月）起改聘为顾问至今；曾任《生物物理学报》主编和《生物化学与生物物理进展》顾问等。

出生于殷实家庭的杨福愉获得了良好的早期教育，但同时也在时局颓败中体验了家庭经济由盛而衰的滋味。从浙江大学毕业后进入中国科学院（上海）实验生物学研究所的他，在贝时璋、朱洗、庄孝僡和姚鑫等老一辈科学家的言行垂范下获得科学启蒙；留学苏联三年半，开始“走上了正式的科研轨道”；回国后到中国科学院生物物理研究所带领线粒体结构与功能研究小组，研究电离辐射对线粒体氧化磷酸化功能的影响。可以说，从 20 世纪 60 年代开始，杨福愉即在国内开始了生物膜结构与功能的研究。但还没来得及施展才华，就受困于各种政治运动的干扰，直到 1978 年他率领中国科学院生物膜考察团访问联邦德国之后，才正式成立了独立的线粒体研究小组，确立了自己的研究方向。

他长期围绕膜脂 - 膜蛋白相互作用及其调控机理开展了系统、深入、富有特色的原创性研究，先后提出：二价金属离子（Mg^{2+}）通过影响膜脂物理状态调控线粒体 ATP 合酶（或 F_1F_o-ATPase）活性与构象的新观点；跨膜 Ca^{2+} 浓度梯差通过影响膜脂物理状态的变化对 Ca^{2+}-ATP 酶的构象与活性以及对 G- 蛋白偶联的 cAMP 信号跨膜转导通路相关膜蛋白的偶联功能都具有重要的调控作用；发现胰凝乳蛋白酶不只是一种消化酶，从而提出可能存在一条从溶酶体到线粒体的参与细胞凋亡调控的新途径。同时，他非常重视基础理论研究与实际的结合，尽可能为民生服务，用“匀浆互补法”预测农作物杂种优势，为促进农业增产提供科学依据；开展克山病病因的研究，提出了“克山病是一种心肌线粒体病”的观点，等等。在研究中，他善于把分子、亚细胞和细胞水平以及动物水平的研究结合起来，从不同层次、多水平、多学科交叉相结合角度以及综合运用生物化学、分子生物学、细胞生物学、化学和物理学以及生物物理学等现代生物学的研究方法，使自己的研究成果特色鲜明、彰显开拓性、富于原创性。他在生物膜研究领域开展的系列研究逐渐在国际上产生影响、获得承认，先后获得包括国家自然科学奖、中国科学院自然科学奖或科技进步奖、何梁何利奖以及相关部委颁发的多项重要奖等。

与他共事多年的生物物理研究所研究员黄有国也是本书作者之一，在多次反复梳理和分析杨福愉的学术成就后，黄有国认为杨福愉的科研道路和学术成长具有鲜明的特点：即“突出一个中心”“注意两个结合”，重视积累、夯实基础，积极开拓、立足创新。所谓“突出一个中心”，就是始终围绕膜脂－膜蛋白相互作用对生物膜结构和功能的影响及其与细胞功能调控关系这个膜生物学研究中的重要主题进行系统、深入的研究和探索，并获得了具有较大影响的原创性研究成果。而“注意两个结合”，就是在生物膜研究中，一是坚持基础理论研究与实际相结合；二是注意多学科交叉研究相结合。结合自身在线粒体结构与功能研究的基础，在联系农业和医学实际方面获得了具有特色的研究成果。而在他的研究技术路线上也体现了从单一学科到多学科相互结合、相互渗透，多种研究手段综合运用开展生物膜研究的鲜明特色。尤其在20世纪90年代以后，其研究路线更是进一步体现了将生物化学、分子生物学、细胞生物学、生物物理学、生物信息学、医学以及现代物理、化学等学科的多种研究方法和手段相结合的特点，积累了丰富、严谨和可信的科学数据，从而为获得有力的实验证据提供保证。自20世纪60年代初起，他先后在国内外重要学术刊物发表了200余篇论文并主编两部专著，同时还被邀撰写相关综述文章。

本书在梳理杨福愉的科研背景、学术成长经历及其科研成果特色时，着重描述了他在科学研究中重视基础、坚持积累、把握方向、抓住热点、突出特色、立足创新的鲜明个性和研究风格，客观地呈现了他在我国膜生物学研究的创立、开拓、发展、壮大和创新以及生物膜人才队伍培养等方面所做的杰出贡献，也使我们更深刻体会到贝时璋院士在杨福愉八十华诞时给他书写的“我国研究生物膜第一人”题词的内涵。

2012年7月，我们开始承担中国科协老科学家学术成长资料采集工程项目子课题——杨福愉学术成长资料采集任务。两年多的采集工作主要涵盖三个方面：一是实物资料采集，二是口述资料采集，三是依据采集资料开展分析研究及传记撰写工作。

本项目启动之前，尚无一部完整和系统记述杨福愉生平学术经历的传记面世。虽然他七十诞辰时，有同事撰文梳理他的学术研究经历和学术贡献，但篇幅不大，比较简略；为纪念他八十华诞编辑的纪念文集里虽然有他的个人简历，有中国科学院、国家自然科学基金委、中国科学院生物物理研究所等各级领导、同行学者发给他的贺词贺信，有他的弟子、同人和朋友等撰写的贺文，从长长短短的片断中也能大致了解他的科研经历、学术成就和人生轨迹。但是，系统地、全面地论述他的学术成长历程及其影响因素的传记类著述一直空白。

本项目的启动和实施得到了杨福愉本人的支持。他不仅提供个人能提供的全部资料，还主动撰写约4.8万字的个人自传，为项目实施奠定了基础。但惜墨如金的他在自传中只简要记述了自己的科研工作经历，倒是用比较多的篇幅论述了社会环境特别是政治运动对科研工作的干扰和影响（因为这是让他深感无奈、至今难以释怀的遗憾），还有他妻子对自己科研工作的保障性支持。针对已掌握的资料和信息，采集小组采取系统采集和针对性的重点资料重点采集、对空缺资料设法补充采集的策略。

在档案查阅与采集方面，通过上海南洋模范中学、浙江大学、中国科学院上海生命科学研究院等获得他早期求学（包括南洋模范中学毕业证书、浙江大学化学系毕业照和成绩单等）和工作的相关资料；在中国科学院生物物理研究所查阅了杨福愉全部人事档案、科研档案，并对关键资料进行复制；从杨福愉现在的办公室、生物大分子国家重点实验室及其同事和秘书手中采集到包括他的手稿在内的全部学术成果资料。

在访谈和口述资料采集过程中，他的哥哥杨福耀以近90岁高龄接受采访，并先后多次通过邮件补充杨福愉成长环境和家教影响的信息；他高中、大学和留学苏联时期的同学提供了他求学经历中不同时期的丰富信息；他在上海工作时的老领导提供了他大学毕业后刚走上工作岗位时的状态和工作环境信息；而他的同行、同事、弟子们都积极配合采集需要、接受访谈，提供了1978年之后与他在中国科学院生物物理研究所工作期间的珍藏记忆。

采集小组累计获得包括他个人《自传》手稿在内的珍贵实物资料和数字化资料上千件，采访17人次的口述音频资料566分钟、视频资料1319

分钟，整理文字 20 余万字。另采用信函访问获得学生回忆片断 6 篇（短文），还有大量宝贵的图像照片和科研设备资料等。

以上述资料为基础，并谨遵杨福愉本人要求恪守实事求是的原则，采集小组重点围绕其家庭背景、求学历程、研究工作与成果、师生关系、工作环境、学术交流等方面进行了系统梳理和深入分析，着重厘清了他科研经历的关键节点、学术风格形成的个性要素、重要学术成果的产生经过和背景因素等，在此基础上撰写了《情系生物膜：杨福愉传》，共七章。

第一章“早年求学”详细讲述了他的出生背景与家教传统，在没有尊严下度过的童年、在南洋模范中学的读书乐趣以及就读浙江大学时期的青春梦想都是他人生的重要篇章。这个时期的他接受了“温良恭俭让”的优良传统教育，品尝了做弱国小民的压抑与屈辱，体验到了读书学习的快乐幸福，拥有了强烈的爱国情怀与报国理想，从懵懂少年成长为一个思想成熟的青年。第二章“上海四年”重点描述了他在老一辈科学家身边获得科学熏陶和启蒙的情形，特别是从老一辈科学家身上感知到科学方法和科学态度的重要性。第三章“苏联留学”详细介绍了他正式走上科研道路的经过以及在科研工作中初露头角的欣喜。第四章“从回国到‘文化大革命’”描述了他满怀报国之情回到国内，却受制于天灾人祸、被动参与各种政治运动的无奈、迷茫和困惑。这是他人生最苦闷的时期，唯有参与我国第一颗原子弹核爆实验、见证核爆“零点”时刻到来的经历，他至今历历在目。第五章“对我国膜生物学研究的杰出贡献”详细记述了他 1978 年率队考察联邦德国后立志在国内建功立业的心路历程，特别是确立生物膜研究主线、积极创新科研方法所开展的一系列卓有成效的科研探索以及重要成果所产生的重大影响。第六章“汇聚多方力量提高中国生命科学研究水平”详细描述了他胸怀祖国、着眼大局，先后与邹承鲁、梁栋材共同建设生物大分子国家重点实验室，积极用心培育生物膜研究力量为推动和发展中国膜生物学研究所付出的心血，展现了新中国第一代生物膜研究前辈潜心竭力担当“铺路石子”的崇高情怀和做出的可喜成就。第七章“科学事业，薪火相传”记述了他学术成就巅峰时刻——当选中国科学院学部委员（院士）的过程，积极培养和建设合理人才梯队的努力，培养研究生坚持做到“三必须”的特色以及他晚年和师昌绪院士、金国藩院士共同担任两院资深院士联谊会负责人（2010—2013），围绕科技创新和教育改革开展调研分析、建言献策和科学传播所做出的贡献。这一章中有一个特别部分，就是片段式的、但原汁原味地呈现了他的弟子跟随其一起学习科研和坚持探索的回忆感悟，不仅表现了他们师生之间的深厚情意，而且记录了他们在科技创新道路上探索攀登的足迹，读来十分感人。

幸得生物物理研究所等诸多相关机构和领导的指导和支持，幸获杨福愉先生本人的信任配合，幸有相随杨福愉工作多年的同事和具备多种相关知识背景的人员参与本项目，使得今天最终成型的这本《情系生物膜——杨福愉传》能呈现在大家面前。在此，向所有给予本项目支持的相关机构和人员表示衷心的感谢。你们的帮助，我们永远不会忘记！

由于水平和能力所限，本书自然还存在不少这样那样的问题，欢迎批评和指正。

第一章
早年求学

生于上海的宁波人

看遍古今中外的人群，有一个词在他们心中的重要性大概是不会有疑问的，那就是故乡。无论在哪里，人们都会记得自己曾经的家以及在那里度过的青春岁月。说起故乡的另一个词，那就是籍贯。

每个人都会记得自己的籍贯，现已年过八旬的杨福愉也不例外。1927年10月30日生于上海的杨福愉尽管在先辈住过的那个地方只停留过数月，但他依然在需要填写籍贯的每一份官方或非官方文件上都认真地填写上：原籍浙江宁波镇海骆驼镇河角村。他至今记得自己出生时，“镇海老家还有几间房屋和几十亩地”。

为什么籍贯如此重要？可能很少有人能说清道明。若要细究一番，也许是因为我们的祖先在长期的农业时代中固定在一个地方生活时，不知不觉地把某种习性深深地烙印在行为和意识等文化传统之中，即使后人迁居异地，也仍然携带着籍贯里沉淀的气质。

浙江，就是这样一个从古至今都独具风韵的地方。人杰地灵、领风气之先，一向是浙江的特色。宁波镇海在浙江诸邑之中更属翘楚。镇海位于中国大陆海岸线中段、长江三角洲南翼，东望舟山群岛，西连宁绍平原，南接北仑港，北濒杭州湾，与上海一衣带水，自古以来一直是对外交往的主要口岸，是古代海上丝绸之路的起碇港，素有“浙东门户”“海天雄镇”等美誉。

就是这个人口不过22.5万、面积仅有230余平方千米的小小镇海，在近现代可谓名流辈出。镇海素被称为“商帮故里”。“宁波帮”是近代中国十大商帮之一，而镇海正是“宁波帮”的重要发源地。这里的商帮人才济济，头面人物层出不穷，如虞洽卿、叶澄衷、包玉刚、邵逸夫、赵安中、傅在源等商贾巨子都是从镇海出发、旋舞世界。

杨家也是商人起家。据杨福愉之兄杨福耀回忆，杨家曾祖父名唤杨乾，家大业大，前后娶有五六房，他们的祖父杨志甫出自五房。既是谋生需要，又秉承当地的经商传统，杨志甫像很多宁波人一样离开家乡，闯荡十里洋场的上海，并在上海扎下根来[①]。

第一次鸦片战争后，随着《南京条约》的签订，中英双方议定上海于1843年11月17日正式开埠。自此以后，上海从一个海边的小县城一跃而起，直到成为远东最大的都会城市。

图1-1 1936年，杨福愉与父亲等在上海照相馆合影［左起杨福耀（大哥）、钱忠馥（表哥）、杨善卿（父亲）、杨福愉、胡储昌（表哥）］

上海开埠以来，来自苏、浙等周边省份的移民和其他海外移民一起构成了新的上海人口，共同促进

① 杨福耀访谈，2013年10月30日，上海。资料存于采集工程数据库。

了上海的发展。其中，十六铺地区的发展堪为上海发展的代表。十六铺这一名称起源于19世纪60年代，当时为了防御太平天国的进攻，清朝地方官员将县城内外的商号组织起来形成了16个“铺”，负责治安和公共事务。在这些“铺”中，十六铺是面积最大的一个，所在的区域位于县城的宝带门（小东门）与黄浦江之间。还是在清朝嘉庆、道光年间，这里就已经成为南北沿海航运的枢纽；上海开埠以后，十六铺地区仍然保持了重要航运中心的地位，码头林立，客流量极大。这里的商业以传统土特产和南北货批发见长，大宗批发业务主要是大枣、糖、海产、水果、药材等，批发商经营的店铺就叫做“行”。宁波商帮在十六铺扮演了重要角色，这里的洋行街（新中国成立后改名阳朔路）上云集的基本上都是宁波批发商。

杨志甫的事业正是从这里起步。他从一家名为“方萃和”的糖行学徒做起，勤勤恳恳几十年，终于做到了总经理这个位置。“方萃和”糖行是当时十六铺最大的一间糖行，由于杨志甫经营有方、生性节俭，因此生意兴隆，为自己积累起不小的家业。

杨福愉的祖母名叫朱德荣，家世已不可考，但是按照杨家当时的气派，这门亲事应该是门当户对的，祖母至少也是富家小姐出身。她为杨志甫生育了二女一子，其中，杨志甫的独子杨善卿就是杨福耀、杨福愉和杨福家三兄弟的父亲。

在回忆起往事的时候，杨福耀总会加上这一句：宁波人很封建，重男轻女。其实，这是当时全中国的风气，是传统的宗族文化的体现，也许只是因为宁波乃至整个浙江相对较为富裕，所以在有财富遗产的情况下，这个问题就表现得更为突出一点。在这种风气之下，杨家的家产自然毫无疑义地全部由杨善卿一人继承。

父辈对于后辈的关怀与厚爱有时候也会成为一种负担。杨福愉哥哥杨福耀在回忆父亲的时候不无苦涩：杨善卿年轻的时候读书特别好，写诗也写得非常好。按家境来说，无论是读大学还是留学，在经济上都没有问题。但是经商毕竟是许多宁波家族的本业，出于传统，杨志甫只能要求作为家中独子的杨善卿子承父业，并不希望他走读书这条路。尽管杨善卿喜欢的是念念古书、写写诗文、练练书法、养养花鸟的名士高雅生活，但他也只能责无旁贷地接下家族的糖行生意。为了照顾一些亲友，他还另外开设了一家名为“寿康糖行”的小行，并在上海糖行同业工会担任常务理事等职务，这使得他那原本沉静寡言的个性和自己的爱好与其所承担的家庭、社会责任显得南辕北辙。他几乎整日烦恼苦闷，性格也变得有些孤僻严厉，甚至孩子们见到他都有几分紧张。生意场上的交际饮酒无法推却，私下还不时借酒浇愁，因此杨善卿早早就患上了严重的胃病。胃痛难忍的时候，他甚至求助商行里自备的“鸦片”类药物缓解，这样一来，身体越来越差。

图 1-2　杨福愉的母亲朱琴

杨善卿的妻子名叫朱琴，家世亦不太清楚。不过杨福耀记得自己的外公曾做过捐官，也算是官宦人家，他们的母亲和姨母也都被称为千金小姐。虽然后来朱家家道中落，但在当时还是比杨家家境更优越一些，是因为杨善卿读书总是名列第一，才被朱琴的父亲相中，把女儿嫁给了他[①]。朱琴共为杨家生了11个孩子，因为医疗条件的落后，其中只有7个长大成人，包括三男四女，依照年龄排序依次是杨佩芬、杨逸秋、杨福耀、杨福馀（杨福愉的本名）、杨佩澜、杨佩菲和杨福家。当时家中还有同住的外婆、姨母和表姐胡林影，并雇有三个保姆和一名黄包车车夫，可谓人丁兴旺。因此，杨善卿只能抱病勉力经营，以维持全家的中产生活。不过在孩子们的记忆中，童年的生活还是比较丰裕的，因为家靠近上海有名的城隍庙，买各种玩具也很方便。大人们经历的生活艰辛，孩子们只有长大之后才得以体会到。

① 2013 年 11 月 12 日杨福耀致龚惠玲的电子邮件。

少年心结

1934年，7岁的杨福愉开始接受学校教育。起初读的是私立糖业小学，第二年转入私立育才公学。

育才公学的历史相当悠久。1901年，英籍犹太人艾利斯·嘉道理（Ellis Kadoorie）在上海白克路（今凤阳路）创办育才书社。1907年，嘉道理得知工部局（管理英美公共租界的机构）有在租界开办华童学校的计划，表示愿将育才书社交与工部局，并捐赠白银四万五千两。1910年，嘉道理出资在山海关路和卡德路（今石门二路）交界处购地十亩，建造了一座三层教学楼和一个操场。1912年竣工后，将育才书社迁至新校址并交工部局管理，取名工部局育才公学，由此开始了近30年的公学办学历程。学校的办学目的明确为"造就中英文口译笔译人才，为英国人开办的商行、央行、工厂、公司以及工部局各部门服务"。

学校的定位既然面向洋行、工厂、公司和工部局各个部门，其毕业生大多成为中国最早的一批中产阶层白领。不过，除特别注重英语教学之外，学校也着力于声光电化、国文精粹、艺体品格等各方面综合素质的培养。毕业生除了可以直接获得一份优厚的工作外，也可以免试就读圣约翰大学这所综合性的教会大学。所以，育才公学吸引了大批商人及精英知识分子的子女前来就读。这应该也是杨家让杨福愉转入育才公学的原因。

就在这样一所以"中西并包，汉英兼采"的课程和教学著称的学堂中，杨福愉从小学低年级开始一直读到初中毕业。比他大两岁的哥哥杨福耀后来回忆道：

> 从小我父亲比较喜欢杨福愉，（在）我们两个之间更喜欢他，为什么？他比较喜欢跟父亲交流，所以父亲跟他讲话的机会多，跟我的机会少。他可能更了解父亲[①]。

① 杨福耀访谈，2013年10月30日，上海。资料存于采集工程数据库。

看来，杨善卿一开始就在遵照长子承父业的传统的同时，在如同自己再版的次子身上寄托了更多希望，希望他能替自己圆了读书留学的梦想。杨福愉自己也明白这一点，后来他回忆说，父亲对他的影响比较大，虽然过世比较早，但是对他比较关心，甚至可以说有些贴心偏爱；父亲一直给他灌输“一定要上大学”的思想，还曾建议他学农科，以为中国是个农业大国，学农可以有一番作为①。所以杨福愉心中一直抱有上学、上好大学、出国留学、通过学术有所作为的梦想。

既有父亲的遗传影响，又承父亲的厚望，杨福愉在不知不觉中养成了“两耳不闻窗外事，一心只读圣贤书”的踏实性格。在哥哥杨福耀看来，杨福愉的个性完全和父亲一样，沉默寡言，很少讲话，但功课非常好。杨福耀也在育才公学就读，但由于身体不好，一生病家里就不让他去上学，所以经过留级之后，三年级与杨福愉在同一个班就读。兄弟俩当时的成绩就有明显区别，杨福耀说自己成绩属中下等，而杨福愉的成绩总是上等。当时在十六铺，就在杨家的“寿康糖行”那层楼的下面，还有另一位宁波商人戚如璋开了个南北货行，主营红枣、黑枣批发生意，他的儿子戚正武后来也成为著名生物化学家、中科院院士。戚家和杨家是世交，两家人基本每天都见面，但是戚正武在小时候却一直和杨福愉不熟络，他推测这与杨福愉沉默寡言、专心读书、不贪玩耍的性格有关。戚正武回忆说：“我小时候也经常去他们家吃饭，但我和杨福愉真正走得比较近、比较熟悉起来是从 1952 年（两人同在中科院的上海科研大院内工作）开始”②。

然而，杨福愉在上海刚读完小学二年级，抗日战争就爆发了。淞沪会战开始后，为了躲避战火，也为了给杨家“留后”，母亲匆忙带着杨福耀和杨福愉兄弟回到位于镇海庄市的娘家，在那里住了两三个月时间。尽管只有这么短的时间，但这是杨福愉在原籍镇海最长时间的一次逗留。以这样的方式亲近自己的故土，可能也是这场战争留下的唯一难得的回忆了。

在宁波逃难期间，杨福愉还在那里的小学借读了大约一个月。杨福耀在回忆逃难经历时说到：“到了宁波，家里没有人帮我、没人指导我学业，

---

① 杨福愉访谈，2013 年 5 月 9 日，北京。资料存于采集工程数据库。

② 戚正武访谈，2013 年 10 月 31 日，上海。资料存于采集工程数据库。

我体质又不好，所以跟不上，但杨福愉跟得上。”可见，即使是在不安定的生活中，杨福愉仍然用功学习，几乎没有受到环境的影响。就在杨家母子到宁波避难的时候，留在上海的杨善卿则紧张地考虑如何在战乱中保全一家人的性命。

抗战时期的上海比起其他城市情况较为复杂——别的地方可以划分为沦陷区和非沦陷区，但是上海有租界，是少数几个不能做这种简单划分的地方。杨家本来租住在上海公共租界里，具体地址是光启路福铭里 3 号。由于租界算是“国中之国”，因此在战乱时期起到了避难所的作用。在杨福愉记忆中，自己家所在的地方正是逃难人群常来租赁的那种高层板房，看上去一层摞一层，又乱又拥挤。然而，“八一三事变”之后，原本应该完全保持中立的公共租界的北区和东区却成了日军进攻中国军队的基地，那里的巡捕也被日本海军陆战队代替，公共租界在事实上已经被分割成两部分，北区和东区已经成为日军控制的势力范围。

看到战火日炽，杨善卿有了把家从公共租界迁往法租界的想法。1938 年前后，他花费十根金条的高昂“房屋转让费”，举家搬迁到法租界重庆南路巴黎新村 3 号，租住了整栋三层小楼。安定下来后，杨家母子便从宁波返回上海居住。

事实证明，杨善卿迁居的举措尽管在经济上损失不少，但是非常明智。因为 1941 年 12 月太平洋战争爆发之后，日本对英、美宣战，公共租界的中区和西区也被日军占领，整个公共租界都不再是安全的避难所了。而由于日本始终没有对法国宣战，法租界能够在公共租界沦陷之后成为上海仅存的“孤岛”，直到 1943 年才被日军占领。就这样，杨善卿尽他最大可能地保证了全家性命无虞，而且孩子们还可以相对正常地上学读书。尽管杨家前后所住的地方都离育才公学不远，杨善卿还是很担心孩子们在上学和放学的路上遭遇意外，宁可让孩子们包车上下学。

虽然没有像在上海其他地区那样遭到日军的轰炸和劫掠，没有家破人亡、流离失所的惨痛，但是居住在租界里的日子还是让少年杨福愉倍感屈辱。

租界本身就已经是主权沦丧的象征。长年居住在租界中的鲁迅把其最后的几部杂文集取名为“且介亭杂文”（“且介”即“租界”之省），其中有篇杂感《“抄靶子”》生动地描写了中国人在租界受到的刁难：

假如你常在租界的路上走，有时总会遇见几个穿制服的同胞和一位异胞，用手枪指住你，搜查全身和所拿的物件。倘是白种人，是不会指住的；黄种人呢，如果被指的说是日本人，就放下手枪，请他走过去；独有文明最古的黄帝子孙，可就“则不得免焉”了。这在香港，叫作“搜身”，倒也还不算很失了体统，然而上海则竟谓之“抄靶子”。

租界内对于华人的歧视可见一斑。

杨福愉至今还记得类似情形：租界内的印度籍警察俗称“印度阿三”，总是狐假虎威、盛气凌人。特别是当租界里的中国人偶尔经过日军站立的岗哨时，严格的盘查与无理的训斥更是经常发生的事情。即便平常玩耍，租界内“警戒”也绝不可触碰。如果玩球时不小心让球滚进花坛之类的地方，也不敢捡拾。稍接近“警戒”，立刻便听到严厉的呵斥与训骂……“总之，我的童年是在没有尊严的氛围下度过的”①。甚至在初中的课堂上也要被迫上日语课。然而老师和同学们都知道“上有政策，下有对策”，在无奈之下用自己的方法有力“反击”，于是日语课的授课总是在吵吵闹闹、乱哄哄中草草了之。

那个时候，杨家的糖行生意更是一步步走向困境。日军发动全面侵华战争之后，掐断了台湾的蔗糖运往大陆的航道；没有了货源，主要从事转手批发的宁波批发商的业务就难以开展，杨家也就开始衰败了。

在这样艰难的环境下，杨福愉仍然坚持刻苦学习，功课始终没有落下。在他看来，当时唯一的乐趣就是读书。只有好好读书，才能对得起父母的期望，才能成为有用的人，这样的信念在以后的日子里一直没有改变。

---

① 见杨福愉自传。

南模学习

图 1–3　1943 年秋的杨福愉

1943 年，16 岁的杨福愉从育才公学毕业，升入高中。

> 高中一年级上半学期就读于上海市南洋中学，该校虽略有名气，但师资一般而且离家较远，下半学年就转学至上海市南洋模范中学。该校是上海著名中学之一，名师云集，一到南模，丰富扎实的教学内容与生动活泼的教学方法深深地吸引了我[①]。

南洋模范中学（简称“南模”）的前身是创建于 1896 年的南洋公学。这一年，刑部左侍郎李端棻上奏《推广学校》一折，建议自京师以及各省府州县皆设学堂。10 月，盛宣怀向清政府正式上奏《条陈自强大计折》，附奏《请设学堂片》，禀明两江总督刘坤一拟在上海捐地开办南洋公学。12 月，开办学堂的事情得到光绪皇帝准允，南洋公学由此在上海徐家汇正式创立。今天上海交通大学所在的徐汇校区就是当年南洋公学的校园。

在南洋公学创建之后两年，盛宣怀在上书朝廷的《筹集商捐开办南洋公学折》中又倡议建立附属小学。依此计划，南洋公学附属小学于 1901 年成立，当时称为“下院”（“上院”“中院”分别相当于大学和中学）。1927 年改名为交通大学，上海学校的南洋公学停办中小学，于是交通大学的中小学部脱离大学独立，改名为南洋模范中小学。

---

① 杨福愉访谈，2013 年 5 月 9 日，北京。资料存于采集工程数据库。

南洋中学的前身则是沪上名流王柳生1895年在松江府城创办的中西学堂。次年，中西学堂迁至上海邑城大东门王氏宗祠，改名育材书塾。1900年，王培孙接办育材书塾，因为他本人是南洋公学的毕业生，对南洋公学很是敬仰，所以在四年后便把育材书塾改名为“南洋中学”。

由此可见，无论南洋模范中小学还是南洋中学，都是上海最早开展新式教育的学校。特别是南模，在教师配备上是一流的，非常注重聘请高学历、有经验的教师。如算数教师聘请的是南洋大学土木科学士，物理学教师聘请交通大学机械科学士，英语教师聘请美国威斯康星大学硕士，法文教师聘请震旦大学学士，西洋史教师聘请美国哈佛大学政治硕士，军事教官聘请中央陆军军官学校毕业的学员，等等。杨福愉记得：

> 当时，赵宪初先生教三角，王季梅先生教代数，俞养和先生教物理，徐宗骏先生教化学，蒋平阶先生教国文，李松涛先生教英语。这些名师的教学方法虽各具特色，但都能引发同学们的浓厚兴趣，深深吸引大家的注意力。

比如，教三角的赵宪初先生上课时从来都是满面笑容，他领大家背数学公式的有趣声调既活跃了课堂气氛，又产生了便于记忆的良好效果，让人难以忘怀。蒋平阶先生朗读古文时铿锵有力、抑扬顿挫，有时又手舞足蹈、绘声绘色，使学生们能够把文章的精髓铭刻于心。在这些名师的启发式教学影响下，学生们对学习产生了很大的兴趣，丝毫没有感到是一种负担。杨福愉说自己甚至很期待上课，总是铃声未响就早早坐在座位上等待老师。因此，在南模两年半的学习使杨福愉无论在数理化还是在英语方面都进一步打下扎实的基础。

受益于南模并对南模永远心存感激的不只杨福愉一人。两院院士、汉字激光照排系统的创始人王选在回忆起他的南模生活时也说：

> 一些老师宁愿放弃交大副教授或讲师的职位到南模任教。教物理的俞养和、贯冰如，教化学的徐宗骏、沈克超，教历史的沈起辉，教

数学的吴宗初等先生均为学术渊博的名师。

而翻开南模校友会编辑的《我和南模》系列校庆专辑，最丰富的内容就是学生回忆老师们风趣而隽永的课堂教学以及师生共同的生活。下面摘录二则回忆，以窥一斑。

南模的教学起点高、基础厚、要求严、重素质，尤其得感谢诸位老师的教导有方。从赵宪初老师的代数几何，到俞养和老师的物理、王可田老师的化学、王季梅老师的大代数、张佩英老师的英语、朱仲铭老师的解析几何，都是教得活跃、深刻，循循善诱，深入浅出，既令人感到亲切，又使人善于接受，更培养了思维能力。（1941 届郑宗培）

蒋平阶先生江苏太仓人氏，相传为前清秀才，深通国学，知识渊博，不修边幅，虽身居陋室（传达室楼上），仍诲人不倦。先生讲课，不但博引旁征、讲解深刻，而且声色并茂、异常生动。讲解王勃《滕王阁序》中“落霞与孤鹜齐飞，秋水共长天一色”时，即刻眉飞色舞；念到白居易《长恨歌》中“缓歌曼舞凝丝竹”时，不禁手舞足蹈。先生不时带领大家吟咏课文，抑扬顿挫，前俯后仰，学生也乐于跟随先生诵读。（1947 届薛景瑄）

南模教师不但课上得生动活泼、深刻隽永，而且以自己的人格魅力潜移默化地感染学生。在课堂上，有时教师一个不经意的动作或者只言片语也能像春风雨露般滋润学生们的心田。一位 20 世纪 30 年代的南模毕业生几十年后还记得地理老师在课堂上的话。那天的中国地理课正讲到“台湾省”，老师用粉笔随手在黑板上画了台湾省的图形，然后在旁边写上“待还”二字（上海话“待还”与“台湾”谐音）。当时我国的台湾省正被日军侵占，黑板上“待还”二字表示了老师的爱国情怀和无声的抗议。对年轻的学生来说，他们在获取知识的同时，也受到了爱国思想的熏陶。

融洽的师生关系在学生的回忆中间也时有流露，在学生中流传颇广的“六尺三”和“三尺六”就是两位教师的“雅号”。据30年代的学生回忆：

> 我们在母校就读时代，“六尺三”指的是俞养和老师，“三尺六”指的是王可田老师。俞师十分魁梧，王师异常瘦小，他们一位教物理、一位教化学，又同为苏北老乡，常常同进同出，显出身材上的鲜明反差。我们这些调皮的学生为他们取这样有趣的雅号时，凭良心说，谁也不存在丝毫不尊敬他们的意思。

学生们毕业几十年后还能如此津津乐道中学时代的老师，这便是对老师最好的褒奖。

不用引用太多，我们也能看出，难怪杨福愉在这样的学校中会有如鱼得水的感觉，因为他觉得每个老师的个性风格彰显诱人，所以每天上课看到老师迈上讲坛都感到十分开心。在授课之外，南模的课外活动也是丰富多彩，学校的合唱团出国演唱时曾获得国际好评，而篮球比赛的成绩在全市也名列前茅。不过，杨福愉在回忆是否曾积极参加体育类活动时不无遗憾地说，实在没时间，学习都忙不过来，课外活动参加得

图1–4　1944—1946年杨福愉在上海南洋模范中学期间与同班同学合影（左起：杨福愉、刘恩第、李学郛、奚国增、沈镇东、屠含光、童之鹤）

很少，而且对篮球这类活动也不是太喜欢。说到底，对于他这样一个内敛沉静的学生来说，还是上课读书的吸引力更大。而且在优秀学子云集的南模，杨福愉的成绩尚只能算中等，这使他更不敢分散精力。

深得杨福愉敬重的赵宪初老师曾当过南模的校长。从 1928—1998 年，他在南模这块教育园地中辛勤耕耘了整整 70 年。用赵宪初自己的话来说："我把一生许给了南模。"有人曾问过他一生教过的学生究竟有多少？赵宪初风趣地答道：

> 孔老夫子弟子 3000 人，身通六艺有 72 贤士；小子不敢，我的学生 3000 人还是有的，有名气的学生恐怕还不止 72 人；两院院士中，从南模毕业的有 27 人，其中能算我的学生的有 18 人。

有这样喜爱教育事业的老师，又有这样珍惜学习机会的学生，真是南模的幸事。不知有多少南模学子，在许多年以后仍然像杨福愉一样无比欣慰地回首他们的南模快乐时光。迄今，南模仍然是上海最著名的中学之一。

尽管杨福愉的南模求学生涯总的来说是快乐的，但在此期间，杨家却发生了一场重大变故。1945 年，杨善卿因病去世，年仅 50 岁。多年以后回忆起父亲的死因，杨福愉已经不再有太大的情绪波动："是肺病，当时肺病没什么药可以治。"事实上，当时父亲的去世对杨家三兄弟是很大的打击。杨福耀回忆，父亲平时对他们非常严厉，他们都很怕父亲。比如，当父亲下班回家之后，原本嬉闹的孩子们都不再做声，一个个悄悄溜走；吃饭的时候，因为父亲喜欢喝酒，有几个菜是专门为他预备的，孩子们的筷子从不敢碰那几个菜。但是，这样家教严格的家庭却能培养出懂规矩、不犯错、知道什么是正直和善良的人。所以，杨氏兄弟从小就有怡怡之情，从来不打架、不吵架。而且，正因为杨福耀、杨福愉和杨福家都惋惜于像父亲这样的一个人才其前途却被子承父业的宗族意识所葬送，所以他们对禁锢家族的旧式商业十分厌恶，也瞧不上银行、邮政、铁路、海关这些当时的上海人所共羡的四大"金饭碗"，但对理工科的印象却很好，一心渴望接受科学知识，更向往出国留学之路。也许正是这些家庭背景，成为了杨家能够连出两位院士的原因。此外，杨氏兄弟也清楚地知道，饮酒难以自控和毒品伤身是导致父亲身体虚弱而早逝的重要原因，因此三人一生不吸烟、不主动饮酒，也从不醉酒。

父亲去世，母亲朱琴内心的痛苦是很深的。朱琴没有上过学，但很聪明，靠自学能看书吟诗、读报读信。杨家有一位远房姑丈，常与她谈论古诗文，她很感兴趣，对一些经典名句牢记不忘，比如白居易的“同是天涯沦落人，相逢何必曾相识”、李商隐的“春蚕到死丝方尽，蜡炬成灰泪始干”等。尽管她性情高傲、脾气不好、容易得罪人，但是她的高贵气质对子女影响很大。比如她很注意仪表，男孩子出门见客或者出席重要场合都要系上领带、要文质彬彬，她认为这是对他人的尊重。又比如她很乐于助人，常教导子女“积财予儿孙，不如积德予儿孙”；别人对她好，她总不忘记，一定会以礼相报，而她对别人好，却并不放在心上。所以，尽管杨家的家境在抗日战争后大为窘迫，但在家族中仍是较好的，因此前来求助的亲戚经常不断，而朱琴也一一予以帮助。杨氏兄弟一直觉得母亲留给他们的最大财富就是教导他们做一个正直而善良的人。她的晚年正值“文化大革命”时期，那时杨家的困难尚未过去，国家的困难也未过去，所以一直到去世，她也未能享受到应有的福分，这是杨氏兄弟最大的遗憾[①]。

父亲去世，长兄杨福耀的人生轨迹也因此发生了重大改变。当时大姐杨佩芬、二姐杨逸秋都已结婚成家，但从杨福愉之后的四个孩子尚未成年，还在上学阶段，需要供养学费；此外，杨家尚有保姆、车夫、兼职厨师，开销很大。用杨福耀的话来说，杨家此时差不多已是徒有虚表，里面几乎空了；而如果没有人把糖行的摊子继续下去，恐怕连这样的虚表也无法维持。于是按照子承父业的传统，已经在圣约翰大学就读的杨福耀不得不放弃学业，继承了“寿康糖行”的生意。对此，杨福耀倒也早有心理准备。从小他就被有意作为杨家生意的继承人培养，对外的一切应酬，比如亲朋好友礼尚往来、红白喜事等都由他来出面应酬。此时，为了家族的生

① 2013 年 11 月 13 日杨福耀致龚惠玲的电子邮件。

存被迫弃学从商，他也觉得天经地义，毫无怨言。

尽管年仅 19 岁的杨福耀对于执掌糖行并无经验，但好在父亲已经预先指定了一个懂业务的伙计协助他。幸运的是，抗日战争胜利之后，台湾回归祖国怀抱，糖的来源又有了保障，糖行便又一时兴盛起来，家庭的生计也就暂时得以维持，算是天无绝人之路。此外，因为大姐嫁给了杭州翁隆盛茶庄（这是当时杭州最有名的茶行）的老板，而二姐嫁给了一个呢绒商（后来改开照相馆），她们都会给家里一些补贴，和杨福耀一同保证了几个弟弟妹妹顺利完成学业。

就这样，在新旧时代交替的时刻，在新旧知识体系碰撞的当口，城市中千千万万新一代的小资产阶级青年秉承旧式家庭良好的家教，却渴望着新世界、新风尚。他们就在这样的乱世中成长，有人不得不背负着家庭的重担，也有人终于或多或少实现了自己的理想。杨福愉就是这些终于实现了自己理想的青年中的一员，而且是他们中间杰出的一员。

浙大青春

1946 年夏，抗日战争胜利之后的国内出现了短暂的和平时期。此时，杨福愉从南模高中毕业，在兄长和姐姐的帮助之下准备考取大学。因为当时全国实行各大学自主招生，各校考试时间并不冲突，所以每一个学生可以同时报考几所大学。杨福愉报考了三所大学，分别是上海交通大学、之江文理学院（之江大学）和浙江大学。

南模的学生考上海交通大学，在当时的上海人看来简直是天经地义的事，因为两校同出一源，而且上海交通大学又是名校。不料，杨福愉报考交大却榜上无名。当时南模优秀学生很多考入上海交大，自己却没考上，对他来说，自然是有点挫败感的。但是到后来再回头去看，自己其实并不喜欢工科，当时如果考上交大，恐怕不过从众而徒拥虚名罢了。

杨福愉考上了之江文理学院土木系。之江文理学院是一所教会学校，源于 1845 年美北长老会麦嘉谛牧师（D.B. McCartee）在宁波创办的“崇信义塾”。该校于 1867 年迁往杭州，改名为“育英义塾”；1897 年起开设大学课程，并改名“育英书院”；1914 年再改名为“之江大学”。1909 年，美南长老会加入办学；北伐战争期间，之江大学一度停办。1931 年该校向南京国民政府立案，因为只有文理两个学院，不足以称为大学，于是定名“私立之江文理学院”。直到 1948 年，因已拥有文、商、工三学院，才得以恢复之江大学名称。

去杭州上这个大学是需要他和家人都下很大决心的，因为之江大学的学费很贵。在之江上了一个月的课之后，杨福愉忽然在报纸上看到自己的名字被列入浙江大学化学系的录取名单，于是他毅然离开之江转入浙大学习。说到转学的原因，他说一方面是不喜欢工科，对土木系一开课就学画图感到乏味，另一方面也是因为之江大学学费太高昂。杨家兄弟姐妹的个性都是有困难不愿意跟家里讲，而宁愿自力更生。既然深知家里经济条件有限，杨福愉就不想再给本已困难重重的家庭增加更多负担。他坦承自己当时学习的主要动力就是奋发图强，希望毕业后能找到一份好工作以缓解家庭的经济状况。现在进入浙大学习，从工科变为理科，既找到了适合自己的专业，又可申请奖学金解决自己的生活所需，他自然是很高兴的。不过，在此可以顺带提一句：1952 年我国高校进行院系调整，之江大学土木系所在的工学院除航空工程系外全部并入了浙江大学，看来杨福愉的确与浙江大学有缘，即使他一直在之江土木系就读，最后也还是会成为浙大校友。

杨福愉说过：“每一个人的事业上的成就有两点比较重要，一个是勤奋，一个是机遇。”两个可谓同等重要——有才华的人如果没有机遇、没有遇到赏识自己的人，很可能会平淡一生；对于天赋不高的人，即使有很好的机遇，如果不靠长期勤奋的积累形成特长，也不能取得成绩。用杨福愉这番话来衡量他自己，可以说勤奋是他一生最重要的品质，而进入浙江大学化学系学习则是他人生中一次重要的机遇。他曾说，到浙江大学学习是他人生中的一个重要转折点。

抗日战争爆发之后，浙江大学西迁贵州，于时局艰难中发展成为中国最顶尖的几所大学之一。浙大中文系教授祝文白在《抗战期间的浙江大学》一文中写道：

回溯浙大离杭西迁时，只有三学院，十一学系，更无所谓研究所、研究室，学生亦不过八百人。一九三八年，在宜山时，增设师范学院。一九三九年，分文理学院为文学院与理学院。旋又添设文科研究所史地学部，理科研究所数学部，及史地教育研究室。同时于浙东之龙泉，设立浙东分校，专收一年级生，以便利两浙高中毕业生之升学。一九四一年秋，增设工科研究所化学工程部。一九四二年秋，增设理科研究所生物学部，及农科研究所农业经济学部。当时全校学生，合计有二千五百余人，较在杭时，增多两倍有余①。

到 1946 年返杭之时，浙大已经拥有一大批著名学者，被英国皇家学会会员、中国科技史专家李约瑟誉为“东方剑桥”。由于“学衡”派学者和中国科学社重要成员的麇集，浙大成为中国文化和科学学术的重镇。

然而另一方面，学校刚刚迁归，百废待兴，条件还是很艰苦的。杨福愉回忆，刚入学时，学校的教学科研还没有步入正轨，校舍及其他教学条件都比较简陋。很多课都只能在木板平房中进行。杨福愉的大学同学应圣康也回忆，当时的住宿条件实在很差，100 多个人睡在一张大通铺上，外面下大雪，屋里面就飘小雪，雪花都落到被子上，后来搬家之后条件才好转。考试的时候教室里还靠烧火盆取暖，在教室的几个角落各放两个火盆，在盆里放些木炭点燃，就这样边烧边考试②。

尽管如此，浙大优秀的师资队伍正如南模一样，给学生留下了深刻的印象，并且成为他们的道德楷模。在浙大的发展历程中，担任校长达 13 年之久的竺可桢可谓厥功至伟，他被公认为浙大学术事业的奠基人、浙大“求是”精神的典范、浙大的灵魂。竺可桢曾说过：

① 钟书河，朱纯编：《过去的大学》。武汉：长江文艺出版社，2005 年。

② 应圣康访谈，2013 年 10 月 31 日，上海。资料存于采集工程数据库。

一个学校实施教育的要素，最重要的不外乎教授的人选、图书仪器等设备和校舍建筑。这三者之中，教授人才的充实最为重要。

教授是大学的灵魂，一个大学学风的优劣全视教授人选为转移。假使大学里有许多教授，以研究学问为毕生事业，以培育后进为无上职责，自然会养成良好的学风，不断地培植出来博学敦行的学者。

在竺可桢的领导下，浙大逐渐集中了一批全国著名的优秀教授，如数学系的苏步青、陈建功，物理系的王淦昌、束星北、胡济民，化学系的王葆仁、王琎、吴征铠、钱人元、卢嘉锡，生物系的贝时璋、谈家桢等，他们中的大多数后来都当选为中国科学院学部委员，可谓群贤毕至。

如卢嘉锡教的是物理化学，讲课的风格很特别，每节课讲的内容很多，比较细微的东西也很多，一堂课听下来，新知识把脑子塞得满满的。学生们必须勤作笔记，回去需要反复琢磨，因为笔记上的这些内容不一定马上理解得了。

杨福愉对系主任王葆仁的课记忆更为深刻：

王葆仁先生教书是一种艺术。他讲课的时候很慢，语速很慢，但是他跟南模的老师相比又是另外一种风格。他讲课时，一句话一句话像是吐出来的，但是非常有条理，逻辑性很强。在黑板上写的也不多，但是都是很关键、很重要的。

因此，和卢嘉锡不同，王葆仁讲的东西当场就可以全都消化。应圣康也回忆说：

王葆仁上课，那是非常非常紧的，他讲两门课，一门是普通有机化学，一门是有机燃料。上课的时候一句废话都没有，讲话十分流利。每年都会加入新的内容，而且他上课的时候下面鸦雀无声，无言自威。学生也实在要听他讲课，教室里总是坐得满满的，还有学生只得在窗外旁听。

另一位不能不提的名师就是当时浙大的理学院院长、生物学系主任贝时璋。贝时璋本来和杨福愉没有直接的师生关系，但是因为浙大的学研气氛比较浓郁，经常有学术讨论会，不同系的师生都会踊跃参加，所以当生物系贴出海报预告贝时璋的演讲时，化学系的老师也会去听，领取一些相关资料。这样，当杨福愉在选修普通生物学和天然有机化学课时，就从任课老师那里知道了贝时璋正在从事米虾眼柄激素的研究，觉得这项研究的难度挺大，化学原理也比较深奥，敢于从事这样的研究很了不起。

不仅如此，从师长的口中，杨福愉还慢慢了解到贝时璋的崇高人格。他听说，浙大在西迁时搬家搬了很多次，贝时璋的家自然也随着搬了很多次，并且家里的东西搬一次少一次，可是公家的东西在他的监督之下一点也不少。而且，贝时璋非常关心学生，在生物系的口碑极好。那时候，杨福愉就感到贝时璋是一位可亲可敬的良师，但他不会想到自己后来居然真的成了他的学生。

杨福愉在浙大期间，感到大学学习与高中期间主要的差别是如何适应教学方面的差别。在南模每天上的课时很多，老师在上课时主要内容都讲了，课后自习所花的时间不算很多。但大学选课的数量较少，教授在上课时只讲主要内容，因此课后自习，从参考书中获得更全面、更深入的知识就显得特别重要。浙大学生宿舍比较简陋，但图书馆十分宽敞，为学生课后自习创造了良好条件。

除了对老师的记忆之外，杨福愉对于浙大的同学也有深刻印象。以前在南模的时候，在学校平时教学中还是能感受到家

图 1-5　1950 年杨福愉夏在浙大学习期间与同寝室同学合影（左起：应圣康、朱匡宇、张衡孚、杨福愉、沈騄孙、祝柏田、俞克曜）

庭差异的，不少同学出身富家子弟。但是在浙大，同学之间的出身相对相近，行为模式也相近，思想十分单纯。

在这样的环境下，杨福愉一心向学，只想做个出色的读书人。他对自己的评价不高，但是非常诚恳：

我有自知之明，我的天分并不是太好的，我只是靠勤奋。同样上一门课，人家听完下课不需要自习也能掌握。我可不行，我得比人家多花一倍两倍的时间，所以一直到后来搞科研我也是这样，主要是靠勤奋。

和他共处一室的应圣康这样回忆他当年的小事：

有时候做一般的习题，来不及的话大家都会相互抄一抄，杨福愉就不会去抄。他就一点一点地做，动作比较慢但是一直坚持……他上课也是这样子，我们很多课都不上，但他总是很认真地去学；（比如）一般人学德文都是拿了学分就可以了，可他是认真地学……他有不懂的地方，也经常和别人交流，认为可能这个地方别人已经理解了。

直到后来，杨福愉进了中科院，有一次应圣康去找他，看到杨福愉的笔记本上还是满满当当的笔迹，都工工整整，不由感慨：这么多年，杨福愉踏实的劲儿没有丝毫改变！

因为读书的时间太过宝贵，没有时间去操心别的事情，所以就像在南模的时候一样，浙大课外的各种活动杨福愉基本上都不参加。应圣康回忆道："当时我们年轻，也比较爱玩，学生运动也很多，但他就比较踏实，从不参与。"特别是当时地下党已经渗透进浙大，进步学生都秘密追求进步，偷偷看毛泽东著作。

当时是如饥如渴地学马列主义……有些书就往枕头底下一塞，大家相互传着看……那时候10点钟熄灯，如果晚上要看书，就点个小

蜡烛到小房间去看。[①]

而杨福愉却是宿舍里面唯一不参加中共外围组织的人。

走向成熟

尽管杨福愉只想当个优秀的好学生，不希望把自己卷进任何学习以外的事情，但时局却不容他作壁上观。

自从抗日战争全面爆发之后，中国便陷入了通货膨胀，但这时的通胀还是人们可以忍受的。可是抗日战争后，通货膨胀仍在继续，而且随着国共和谈破裂和内战的爆发，通货膨胀在1946—1949年更是达到高潮。恶性通胀使得经济危机日益加剧，引起物价暴涨，人民的生活陷入极度困境。与此同时，教育事业也遇到严重危机。一场轰轰烈烈的学生运动在1947年首先从上海的交通大学开始了。

是年，教育部拨给交大的经费仅为该校全年实际所需数的五分之一，公费生每人每天的伙食金只能买两根半油条，教学条件和师生生活条件日趋恶化。不仅如此，为了节约开支，教育部还强令交大停办航海、轮机、水利等系科和撤销管理学院，引起全校师生强烈不满，当时有1000多名学生联名要求“护校”。

5月10日起，交大全校罢课，3000多名学生——占全校学生数的90%以上——集体赴南京请愿，最终迫使从南京赶来的教育部长接受请愿要求，写下了不停办院系、增加教育经费等5条书面保证。

交大的窘境在其他各大高校的师生看来是感同身受。杨福愉在回忆浙大生活的时候，就提到竺可桢想了很多办法解决浙大面临的危机。比如，那时候粮食紧张，人人几乎都感到饥饿，而学生正在长身体，饥饿就更加

① 应圣康访谈，2013年10月31日，上海。资料存于采集工程数据库。

难忍。为了能够让学生尽可能多吃一点，竺可桢让学生们轮流参与买菜，和食堂的管理人员一起去采购，尽量避免管理人员自己采购时偷拿回扣。然而即便如此，每到月底也还是捉襟见肘，师生们吃的还是很差，更不用说宿舍条件、教室硬件了，基本看不到改善的希望。

就这样，在交大护校斗争爆发的同时，5—6 月，“反饥饿、反内战、反迫害”运动席卷了各大城市、各大高校，其中自然也包括浙大。杨福愉回忆说，频繁的学潮虽然对教学产生一定的影响，但因具有正义感的竺校长的正确掌舵，全校的教学秩序从整体来看没有受到很大影响。然而，进浙大时还是一个不问政治的普通学生的杨福愉，这回终于忍不住了。随着时局的不断恶化，在众多大字报的感染之下，在介绍中国共产党立场和做法的广播电台的慢慢启发下，他逐渐失去了对国民党的信心，开始倾向共产党，而且开始参加“反饥饿、反内战、反迫害”游行示威。在应圣康看来，杨福愉的这种转变十分特别，完全是被逼出来的。

1947 年 10 月 29 日，浙大发生了一起震惊全国的血案。学生自治会主席、农学院农艺系学生于子三在被国民党特务逮捕之后，被秘密杀害于浙江保安司令部监狱，年仅 23 岁。消息传出，全校绝大多数师生极为愤慨，杨福愉积极地参加学生自治会组织的抗议活动以及学生游行、罢课等活动。他记得有一次游行队伍刚集合完毕，国民党特务及雇用的打手就手持木棒、铁棒撬开校门，见到游行人员就挥棒乱打。由于大家没有思想准备，队伍一下子被冲散了，特务与歹徒们便在背后追打。幸好浙大体育教授舒鸿振臂一呼：“同学们，你们怎么不还手呀！”同学们才猛醒过来，开始还击。毕竟特务与歹徒是少数，有些竟被反击学生们打落于校河中。在这次冲突中，杨福愉挨了国民党雇用打手的殴打，所戴眼镜被打破，眼睛也被打伤。经历这次事件，他的立场发生了根本性的改变，成为反对国民党种种暴行的积极分子。

由此可见，杨福愉在政治态度上的转变不是一下子产生的，但却是深刻的。在找到正确的政治方向之后，他便以他一贯的性格坚持走下去。这样，从 1949 年初至杭州解放（5 月 3 日）前夕，他积极参加浙大保卫学校的护卫队，每天晚上轮流参加巡逻保卫学校的安全。与此同时，通过电台等各方面的信息，他加深了对中国共产党和解放军的优良品质的认识，逐渐步入了革命的大门。杭州解放后的暑假期间，他参加了浙大共产党总支在杭州举办的青年干部学校的学习培训。这次培训的主要目的是培养训练在新中国成立前夕与国民党反动派斗争中的积极分子，同批学习的部分学员在培训结束之后直接加入了解放军南下的部队。

尽管在政治态度上有了大的变化，但是杨福愉的本性并没有变化，逆境之中他仍然把学业放在自己生命的首要位置。在青年干部学校训练期间，他犹疑没有参加新民主主义青年团（共青团的前身），主要理由是“怕组织”，担心入团以后会在学业方面受到限制。他希望对共青团“观察一个时期”。同时，他也诚恳指出当时团员和群众的关系搞得不太好，怕自己入团后“与同学距离增大”。干校的训练结束之后，他选择留在浙大。他觉得从南模到浙大，都有一种精神、一种灵魂支撑着学校，使之经受了各种磨难，却仍能永葆朝气和活力。

1950 年 2 月，已经是大四的杨福愉加入了青年团，在入团志愿书中，他仍然不忘对组织提出这样的要求：“最重要的是……不要使团员在同学中成为一个特殊阶级，尽可能与同学密切联系打成一片。”[①] 随后，他就在王葆仁的指导和系里的女助教马蕊然的协助之下撰写毕业论文，题目是《金属镁对偶氮化合物合成的催化作用》。那时，毕业论文还叫做“毕业实习”。因为大四还要上很多课，用于毕业实习的时间不多，所以实验并不复杂，最后写出来的实验报告也比较简单。然而，对于王葆仁的悉心指导，杨福愉还是受益匪浅，为他以后去中国科学院工作打下了良好的基础；而杨福愉的认真也加深了王葆仁对他的印象。

通过在浙江大学四年的学习，杨福愉在学业上完成了初步积累，世界观逐渐成熟，形成了严谨沉稳的性格。后来他那不喜欢高谈阔论、不爱在开会时随意发言，但一发言就力求直指关键、引人重视的作风，大概就是在浙大求学期间养成的。另外值得一提的是，就在毕业前夕，杨福愉悄悄改了自己的名字，把原来的“馀”字改成了“愉”——他说，“馀”字颇有

① 参见杨福愉 1950 年 1 月填写的入团志愿书。

些土气。而这是不是反映了他的思想升华，决心告别对物质“富余”的重要性的单纯理解，转向对精神“愉悦、愉快”的追求呢？不善高调的他并未解答。

即将步入工作岗位的杨福愉以及后来全身心投入科研的杨福愉，与家人的联系也不可避免地越来越少了。哥哥杨福耀在接受采访时声音哽咽地说:“他一直很忙，我直到看到他（杨福愉）八十诞辰的纪念文集之后，才知道他后来居然做过那么大的贡献……”

至于他的弟弟妹妹，后来也陆续长大成人。三妹杨佩澜没有念过大学，后来成为中学教师，还当过校长。四妹杨佩菲毕业于杭州医科大学，后任福建省人民医院眼科主任。生于1936年的弟弟杨福家则比杨福愉拥有更高的知名度和国际声望。他是享誉海内外的著名核物理学家，1991年与杨福愉同时当选为中国科学院学部委员，同年当选第三世界科学院院士。有趣的是，杨家这两位院士兄弟的性格可谓截然相反，杨福家非常活泼好动，什么都爱尝试，在大学里开摩托车也是第一名[①]。一样的院士荣誉，两样的精彩人生，这真是堪称中国现代科学史上的佳话了！

① 杨福愉访谈，2013年5月9日，北京。资料存于采集工程数据库。

第二章
上海四年

与生物学结缘

1950年暑期，杨福愉从浙江大学化学系毕业。当时，新中国刚刚成立，后来实行几十年的国家统一为大学生分配工作的制度还没有完全建立，大学生毕业后的工作选择还有一定的灵活性。比如，用人单位可以在中央教育部等有关部门备案之后，直接到学校联系、招聘大学毕业生；学校也可以直接向各部委、各省市推荐大学毕业生；如果有个别毕业生不愿接受分配，虽然要说明理由，但也不强迫服从分配，可自找职业。在这样的过渡时期，浙江大学1950年暑期大学毕业生的工作分配也采取了学校推荐和国家分配相结合的办法。

那一年，化学系应届毕业生的人数不多，只有十人左右。在分配工作的时候，系里决定把毕业生的成绩进行排序，杨福愉名列第二。在当时那个政局动荡、大学生们普遍精神迷茫、不知出路何在的年代，不少人对学业不甚上心，只是随便混个成绩而已。这样一来，刻苦认真的杨福愉就占据了优势。他记得，当年是助教马蕊然老师私下告知他的成绩排名的；并透露化学系主任王葆仁教授决定把他推荐到贝时璋先生在中国科学院上海实验生物学研究所的实验室去。在他看来，能有这样的机会很不容易，因为在当时的大学理科毕业生的心目中，中科院是一个很高级的学术机构，是全国最高等的科研单位之一，能够被推荐去中科院，很是一件荣耀的事情[①]。

图 2-1　1950 年秋杨福愉获学士学位

中国科学院上海实验生物学研究所成立于杨福愉毕业前夕的 1950 年 6 月，由中央研究院植物学研究所和动物学研究所的实验生物学部分以及北平研究院生理学研究所及动物学研究所的实验生物学部分合并而成，可以说是集中了当时中国实验生物学的最强研究力量。作为 1948 年评选的中央研究院院士，时任浙江大学生物学系主任的贝时璋在中科院建立前后义不容辞地承担了很多具体的筹划工作；而当上海实验生物学研究所成立时，他又告别了曾在此辛勤工作 20 年的浙江大学，亲赴上海出任所长。

贝时璋是一位很有远见的实验生物学家。早在 20 世纪 20 年代他还在德国留学期间，就在专业课主修的生物学课程之外学习了物理学、化学、古生物学和地质学课程，并经常与物理学系的师生一起开展学术交流。从这时起，在他的思想中就渐渐形成了学科交叉和融合的概念。30 年代在浙大生物学系任主任期间，他确定了生物学系的主要学科发展方向是用物理学和化学方法研究生物学问题的实验生物学。到 40 年代，他更是预见到自然科学——特别是生物学的必然发展趋势是各学科的相互渗透、交叉与结合。的确，在那个实验生物学革命即将到来的年代，其他学科不仅仅是为生物学提供了有力的研究工具——比如 X- 射线衍射技术有力地促进了生物大分子的研究，为后来蛋白质和 DNA 分子结构

① 杨福愉访谈，2013 年 5 月 9 日，北京。资料存于采集工程数据库。

的解析奠定了基础；X- 射线对基因的诱变也为遗传学研究开创了广阔空间；还有同位素示踪技术以出人意料而又令人拍案叫绝的方式解决了生物化学中的很多疑难问题。更重要的是，物理学等学科还为生命的本质提供了新颖的洞察角度，比如量子物理学的开创者之一、奥地利物理学家薛定谔（E. S. Schrödinger）就在1944年出版了一本名为《生命是什么》的小册子，在其中用物理学观点大胆解析生命，启发了一代西方学者投身生物学研究，终于促成了50—60年代激动人心的生物学革命。从此，贝时璋不仅大力提倡多学科交叉研究生物学，而且在自己的研究中身体力行这一原则。

上海实验生物学研究所成立之后，按照贝时璋的规划，除了生物学系的毕业生，他还要吸收其他理科专业的毕业生加入研究所，希望可以通过不同学科之间的碰撞，激发出科学创新的火花。王葆仁之所以向他推荐杨福愉，正是因为在此之前，贝时璋曾向王葆仁提出希望能够推荐一名优秀的应届毕业生去他那里工作的建议。就这样，原本学化学的杨福愉与生物学研究结下了毕生的不解之缘。

对于杨福愉来说，在踏入国家最高科研机构的兴奋感逐渐消减之时，他开始担心自己真正做起科研来是否力所能及。虽然在大学选修普通生物学和天然有机化学课时，曾了解到贝时璋正在从事米虾眼柄激素的研究，知道有机化学知识在这类实验生物学研究中必有用武之地，对毕业"转行"也不觉得有什么不对口；加之自己对新鲜事物有很强的好奇心，所以对于贝时璋提倡发展学科交叉研究的思想没有丝毫迟疑。但生物学毕竟是和化学不同类别的另一门科学，有着差别很大的研究对象和方法，在这方面自己所知甚少，将来真的开展研究的话，恐怕要碰到不少困难。

贝时璋十分看好他的科研素质，不仅巧妙地在有限的实验楼二楼过道专门为他分隔出一小间半封闭的实验室，而且也只给他一些方向性的探索引领，并不要求他像别的研究人员一样必须每隔一段时间定期汇报工作进展。这对于一个刚进入科研领域的年轻研究人员来说，能够拥有如此的自由探索空间，可谓是幸运之至。在这样好的环境之下，杨福愉再次拿出了大学时代锲而不舍的劲头儿，夜以继日地工作。

一开始，研究所里也并不是所有人都能理解贝时璋开展交叉学科研究的远见。有的研究员甚至包括朱洗、庄孝僡等享誉一时的学者也都建议当下还是努力发展生物学本身，多拿出一些成果才是最重要的；多学科交叉的目标在当时来说似乎有点遥远，有点空泛①。和杨福愉一同进入贝时璋实验室的一些研究人员也对此不理解，向贝时璋提出我们是搞生物学的、为何要学化学的人等问题，而贝时璋带着微笑讲了为什么要多学科交叉研究的必要性，并说："我将来还要学物理的，还要学数学的呢"。当回顾贝老的这些当时的论断，我们现在的确体会和理解到他对生物学研究发展的那种预见性和深刻意义。

贝时璋的研究组隶属于实验生物所下的发生生理研究室。当时，发生生理研究室下设四个课题组，分别由主任朱洗②教授、贝时璋教授、庄孝僡③教授和姚鑫④教授担任组长。

四位研究组组长的留学背景不尽相同，但因为共同从事实验动物学研究，彼此齐心协力，在所里营造了非常浓郁的学术氛围。比如，为了培养刚进实验室的年轻科技人员、活跃学术气氛，四位组长定期、轮流举行讲座，各自讲授自己擅长的题目——贝时璋主要介绍"轮虫的发育和再生"及"米虾的眼柄激素"研究；朱洗向大家介绍两栖动物"卵球成熟与单性生殖"研究及"家蚕节食祛病"的课题；庄孝僡主讲"神经胚胎的诱导与决定"和"青蛙单倍体胚胎与双倍体胚胎嫁接在发育中的相互影响"；姚鑫则向大家透露他们即将进行的课题"果蝇胚胎发育和变态的磷酸酯酶与其他酯酶的生化研究"。这些讲座内容丰富，蕴含了老一辈学者多年从事

---

① 杨福愉访谈，2013年5月21日，北京。资料存于采集工程数据库。

② 朱洗（1900–1962），浙江临海人，年轻时曾赴法勤工俭学，1931年获博士学位。归国后在广州中山大学任教，后来在上海成立一个生物学研究所，从事两栖动物的实验生物学研究。抗日战争胜利后，朱洗的生物学研究所并入北平研究院。

③ 庄孝僡（1913–1995），山东莒南人，1935年毕业于山东大学生物学系。1936年赴德国留学，1939年获博士学位，后在德国任教，从事两栖动物的实验胚胎学和发育生物学研究。1946年出任恢复之后的北京大学动物学系教授。

④ 姚鑫（1915–2005），江苏常熟人，1933年从浙江大学生物学系毕业后留校任教，抗日战争胜利后赴英留学，1949年获博士学位。回国后继续在浙江大学任教，从事实验形态学和胚胎学研究。

实验生物学研究的经验之谈。不仅如此，贝时璋还延续他在浙江大学生物学系的做法，定期组织举行书报讨论会，开展学术报告和交流活动，倡导“博学、审问、慎思、明辨”的治学风尚。这样的学术交流气氛对新来的科技人员了解整个研究室的科研工作及今后的发展都有很大的帮助，对杨福愉这样的“跨专业”研究者来说更是受益匪浅。

当然，杨福愉自己在业务学习上也非常刻苦。他将刚出版不久的英国生物化学家恩斯特·鲍德温（Ernest H.F. Baldwin）的《生物化学的动态》第二版作为教材，自学了生物化学，遇到不懂的地方，就勤向姚鑫等各位老师请教[①]。不仅如此，杨福愉还去中科院上海生理生化研究所旁听那里的高级训练班课程，努力实现从化学系毕业生到生物学研究者的转型。杨福愉后来在生物学研究上取得的成就，基础就是在上海实验生物学研究所工作期间打下的。

艰难的科学启蒙

杨福愉的第一个研究课题就是上面提到的米虾眼柄激素研究。米虾也叫草虾，为节肢动物门甲壳纲十足目匙指虾科米虾属（*Caridina*）和新米虾属（*Neocaridina*）各种的统称，是在中国分布很广的一类小型淡水虾，成体体长只有 2 厘米左右。米虾的经济价值虽然不算太大，但因为生长迅速、繁殖快，在生物学研究上是很好的实验材料。

米虾的双眼由眼柄相互连接，眼柄含有一种叫做“X 器官 – 窦腺复合体”的内分泌器官，可以分泌多种激素，使全身上皮组织中的几种色素细胞扩张或收缩，这样就改变了它的体色。通过这种激素调控，米虾可以根据环境中光强的变化随时改变体色，从而起到自我保护的作用。这些激素在专业上有一个很长的名字，叫做“促色素细胞素”。

---

① 杨福愉访谈，2013 年 9 月 5 日，北京。资料存于采集工程数据库。

贝时璋实验室的研究课题之一是在分子水平上阐明这类激素使色素细胞收缩的作用机理。看上去，色素细胞的收缩是一个脱水过程，但究竟是否真的如此，需要用实验证明。然而，这项研究的难度实在太大。研究的第一步是从米虾眼柄中把激素分离出来并且提纯。米虾本来就是很小的生物，米虾的眼柄更是微小，重量只有几十毫克。把每只米虾的眼柄摘除下来，本身就是一件非常费时费力的工作，要求实验人员有从事外科手术般的过硬的生物学基础技能。而在米虾眼柄中，激素的含量很低，要分离、纯化如此低含量的激素又需要扎实的生化实验技术，这和常常应用克级以上有机试剂的有机化学实验技术有很大区别。刚开始从事这一课题研究时，杨福愉不免感到力不从心，他曾向生理生化研究所的老先生请教，他们也觉得研究含量如此微量的激素实在困难。但是没有别的办法，只能边干边学，缺什么就补什么，逐渐适应这项艰难的研究。

除了研究本身的难度之外，在 20 世纪 50 年代初的那个环境中，阻碍科研的因素实在太多了。在当时的中国，较之分类学、生物学等非实验生物学研究来说，实验生物学研究基础相当薄弱。1950—1957 年，中科院先后成立了上海生理生化研究所、上海实验生物学研究所、昆虫学研究所、上海水生生物学研究所、北京植物分类学研究所和动物学研究所 6 个生命科学类研究所，其中只有前两个研究所从事实验生物学研究。造成这种现象的主要原因是生物学实验需要相当数量的仪器和不菲的经费，而这是当时面临百废待兴局面的新中国一时难以解决的。生化研究所的陈远聪曾回忆，在生化研究所刚刚成立的时候，全所最珍贵的仪器不过是王应睐[①]副所长从英国带回来的紫外分光光度计；而且，当时在上海能买到的化学试剂也都是非常普通的品种，凡好一点的仪器和药品都得申请外汇从香港进口[②]。生化研究所的情况如此，和生化研究所相隔不远的实验生物学研究所

① 王应睐（1907–2001），福建金门人，著名生物化学家，在人工合成结晶牛胰岛素和人工合成酵母丙氨酸转移核糖核酸这两项重大研究成果中担任首席领导工作，此外在营养、维生素、血红蛋白、酶以及物质代谢等方面取得了一系列重要成果。曾任中科院（上海）生物化学研究所所长、中国生物化学学会理事长等职，为发展中国的生物化学事业做出了杰出贡献。

② 陈远聪“缅怀曹天钦先生”，载曹天钦基金编《曹天钦先生纪念文集》，非正式出版物，2010 年，20–23 页。

的硬件水平也就可想而知了。记得当时出于实验需求，朱洗希望能够有一台新的显微镜，所里想方设法筹集到一笔钱购置了一台。拿到新仪器，朱洗喜出望外，兴奋得久久不能平静。因为显微镜在当时还是非常昂贵的仪器。先进设备的缺乏使得提取米虾激素的工作更加困难。在条件顺利的情况下，要提取出一点点激素的粗制品也需要好几天时间。又因为实验生物学研究所刚刚创立，一切尚有待正轨化，人员配置不够的问题比较严重，这使得科研人员不得不亲自承担大量的事务性工作，有时甚至还要亲自做后勤工作，去商店采购仪器、药品等。

不仅如此，新中国成立初期大量的政治性学习和运动也严重干扰了正常的科研工作。

对于杨福愉来说，一方面，"三反""五反"运动给他的家庭带来诸多麻烦。首先，因为他的哥哥杨福耀是商人，起初杨家虽然被评为"基本守法户"，但后来经过复查却被认为"问题很多"——其实只是糖行欠了他人人民币旧币 3500 多万元未还，结果就成了"违法户"。法院因此便派人到家中打算把杨家全家的财物都用封条封起来，后来在杨家反复力争之下才只查封了杨福耀的部分重要财物。因为杨家本来并没有什么实质性问题，后来封条也就很快去掉，但这一风波却让向来讲究门风家德的杨家颇感不满。好在它并没有影响到杨福愉后来去德国出差和留学苏联的系列政审。真正对杨家造成伤害的，是政治运动伤害到了家庭成员之间的关系。原来，杨福愉的三妹杨佩澜（当时改名杨培澜）在"五反"期间是上海邑庙区新知小学代校长，她积极参加当时的工作队，与家中大哥为代表的"资产阶级家庭"做斗争，并在全市性的教师大会上发言，报纸还大幅报道了她的"事迹"。这自然让母亲朱琴很不高兴，认为她"忘恩负义，忘记了大哥对她的抚养"。而同为青年团员的哥哥杨福愉却不愿意帮助妹妹揭批自己的家庭，杨佩澜因此对哥哥杨福愉很有看法。

另一方面，国家为了能够让科研人员充分加入到建设新中国的队伍中来，迅速改变中国"一穷二白"的落后面貌，直接干涉科研人员的研究，要求他们必须"理论联系实际"，从事能够明显转换为生产力的应用性研究工作。"理论联系实际"本是一件好事，很多学者也都发自内心支持。

朱洗作为一名出色的实验生物学家，当时主要研究动物卵子的成熟受精和人工单性生殖，尤其是在两栖动物卵子成熟程度与胚胎发育的关系方面已经做出了重要成果。但他主动提出要做蓖麻蚕引种驯化及几种经济鱼类的人工繁殖这些应用课题，体现了一名科学家力图报效祖国的拳拳热心。可是，如果把"理论联系实际"过分拔高，甚至认为是当下唯一有意义的研究方向，同时又不听取科学家们的意见，随意确定科研课题方向，那就违背了科学的基本规律，反而起到"欲速则不达"的效果。

从中科院成立之初，对纯基础研究所谓理论脱离实际的批判就一直不断；到开展"思想改造运动"的时候，这种批判就上升到了行政干预的高度。不幸的是，贝时璋实验室的米虾眼柄激素研究恰恰就属于这种不能立即呈现或转化为可以应用的成果的基础研究。事实上，由于研究困难，贝时璋从20世纪40年代末还在浙大的时候就开始从事这方面工作，直到50年代让杨福愉继续相关研究，数年来一直没有取得太大进展，也难以发表什么论文。这本是基础研究中的正常现象——英国剑桥的生物化学家佩鲁茨（M.F. Perutz）从20世纪30年代开始从事X-射线衍射解析蛋白质分子结构的工作，也是多年没有进展，直到50年代才取得较大突破，最终获得1962年的诺贝尔生理学或医学奖。然而，在当时的中国，这样没有成效的研究是不可容忍的。不仅是贝时璋，发生生理研究室的其他三个课题组也都被认为有类似的问题。于是，原本的四个研究组被调整为三个研究组，即蓖麻蚕组、肿瘤组和组织疗法组。

无奈之下，贝时璋不得不给自己的研究增添"应用"色彩——尝试利用米虾色素细胞的收缩和扩展来检验当时苏联学者提出的"组织疗法"中起作用的活性物质。所谓"组织疗法"，又叫"生物原刺激素治疗法"，号称是"苏联医学界的一个重大的发明"，于1934年提出。它的原理据说是这样："生物有机体的组织遇到对它的生存极为不利但还未至于死亡的恶劣情况下，就会引起一种生物化学性的强烈变化而产生一种物质，来努力维持它的生命。"依靠这种被称为"生物原刺激素"的物质，据说可以治疗多种多样的疾病。这样的生物学原理与其说是科学假说，不如说是由哲学教条衍生的臆想。但是为了检验这样一个荒谬的理论，科研人员却必须修改自己的研究方案，竭力往“实际”靠，才能为自己的研究争得“理论联系实际”的名分！

这样的“应用”研究。最终自然没有取得什么进展。事实上，贝时璋课题组一直都未能弄清米虾眼柄激素的化学本质，直到杨福愉于1955年离开上海实验生物所时，他都未能发表一篇论文。而就在这几年时间里，美国的沃森和英国的克里克建立了DNA的双螺旋模型，宣告了分子生物学时代的到来。后来直到70年代，才有国外的研究人员证明米虾之类甲壳动物体内能够调控色素细胞的激素是一些小分子的多肽，这样就解释了先前发现的它能够溶解于水却不耐高温的性质。在反思这段最早的研究经历时，杨福愉感慨地发现，直到今天，对理论联系实际的要求仍然是“一个令科技人员困惑的问题”；如何让基础研究尽量摆脱诸如迅速转化为可应用的成果或是在高影响因子期刊上发表论文这样的外在束缚，仍然是今后中国科研体制改革需要努力的方向。

尽管杨福愉的科研启蒙进行得如此艰难，但是贝时璋和其他老师严谨优良的科研作风令他印象深刻、受益终身。这些老一辈的学者在政治运动的不断冲击之下，仍然利用空隙抓紧从事科研工作。杨福愉记得贝时璋的活动很多，经常去北京交流、开会，但是一回到所里就进实验室，一进实验室就穿上工作用的白大褂，不是在显微镜上观察，就是和年轻研究人员讨论问题。朱洗也是整天待在实验室，常常可以看到他注目于显微镜的身影。在杨福愉看来，这种为科学献身的精神极为宝贵①。

在杨福愉心里，贝时璋是一位真正高风亮节的科学家。他清楚记得，实验生物学研究所成立后要给研究员分配实验室，身为所长的贝时璋让其他研究员先挑，挑剩的归自己②。包括贝时璋为杨福愉分配的那间实验室，本来是另外一间实验室的过道，那间实验室的人出入都必经这里，没有相对封闭的环境且使用不便、容易受干扰，最后这间屋子真的被挑剩下来，留给了贝时璋自己。不仅如此，贝时璋还继续像他在浙江大学任教期间那样公私分明，绝不损公肥私。当时实验需要用到微型煤气炉，因此实验室

① 杨福愉访谈，2013年5月21日，北京。资料存于采集工程数据库。

② 杨福愉访谈，2013年9月5日，北京。同①。

的桌子上随处都有一小盒一小盒的火柴供点火之用。贝时璋是吸烟的，但他却从来不用这些公务火柴，每次都是从自己口袋里掏出从自家带的火柴点烟。这样一个小小的细节让杨福愉极为感动，几十年后再讲起来，仍是热泪盈眶、声音哽咽[①]。后来，杨福愉在为人处事上也是既严谨又温和，颇有老师的风范。

初出国门

从1950年秋进入上海实验生物学研究所，到1955年夏北上北京参加留苏培训，除了从事科研工作和参加政治运动之外，对杨福愉来说，这四年里还有两件重要的事情。第一件事就是初出国门。

1954年年初，同为社会主义国家阵营的民主德国为了表达对新成立的中华人民共和国的友好，提出要赠给毛泽东主席一台该国耶拿市卡尔·蔡司（Carl Zeiss）公司出品的新型电子显微镜。蔡司是德国知名的光学仪器制造商，成立于1846年，以其创始人卡尔·蔡司命名。蔡司公司致力于高品质显微镜和其他光学仪器的研制，在光学设计方面做出了很多令人惊叹的创新，迅速积累了世界级声誉，成为“德国制造”的代表品牌。德国微生物学家科赫正是利用蔡司的显微镜发现了结核杆菌等致病菌，为人类攻克传染病做出了卓越贡献。1945年，在苏联全面占领民主德国之前，美军甚至派遣先遣队抢先“抢救”了一批蔡司公司的技师到联邦德国，由此可见其技术工艺具有多么不可估量的价值！

民主德国对于这一带有政治性的工作很重视，不仅提出派专业人员来华安装，还邀请中国派两位专业人员在仪器装运之前先去该国的蔡司工厂对这台电镜进行初步的熟悉与见习，以便回国后可以协同德国技术人员完成安装任务。接到馈赠信息之后，中央便责成中国科学院负责承

① 杨福愉访谈，2013年5月9日，北京。资料存于采集工程数据库。

办礼物接收工作。当时，国际上应用电子显微镜进行金属材料科学及生物学的研究已经比较普遍，但是新中国还极度缺乏这一有力的研究工具。中科院北京近代物理研究所虽然已经拥有一台电镜，但是型号和性能都已陈旧；至于研究生命科学的几个研究所，则都还没有电镜装备。因此，多方对于电镜都有极热烈的需求。经科学院领导研究，决定从物理学和生物学的年轻研究人员中各挑选一人前往。物理学方面选中了近代物理研究所的范果健；而在贝时璋的推荐下，生物学方面则选中了杨福愉。

接到任务之后，杨福愉感到非常意外。他此前从未出过国，甚至没有接待外宾的经验，不太明白怎么会选中自己执行这样的重要任务——实际上，这真是一场困难重重的任务。首先面临的就是语言问题。杨福愉虽然在大学时学过一些德语，但是久未操练，已经很生疏了，而大概是由于他们的职称还比较低，院部并不准备派翻译人员随同前往。同行的范果健也没有出过国，不过他在科学院已经工作多年，有较多的工作经验；虽然对电镜也不熟悉，多少还是知道电镜在自己的专业里的使用情况。相比之下，杨福愉既对电镜非常生疏，又是科学院的“新兵”，面临的困难就更大。然而，对于那个时代心中怀有梦想、渴望进步的年轻的杨福愉来说，这次差旅不仅是一项光荣的政治任务，也是一次前所未有的锻炼和学习机会。他心里有高度的责任感和克服困难完成任务的决心。行前，他翻阅了不少有关电镜的资料，尽量做好各方面准备。出发之前，中科院秘书长钱三强还专门接见他们，鼓励他们一定要把任务完成好。

出发那一天，中科院外事局派专人送行。机场临别，送行的同志郑重地说“一切为了祖国！”这句话让杨福愉激动不已、至今难忘。

飞抵柏林之后，再乘车南行 200 多千米才抵达耶拿。这是一座美丽的山城，位于易北河的支流萨勒河畔，是图林根州第三大城市，也是一座历史悠久的古城。耶拿还是德国著名的大学城，在 19 世纪是德国重要的文化中心。黑格尔就一直在耶拿大学教授哲学，而马克思也在这里拿到了博士学位。蔡司工厂这样的顶尖工业机构和耶拿大学这样的顶尖文化机构，在这座城市中交相辉映。

在旅馆住下之后，领事馆人员马上来和两位科研人员联系，向他们介绍情况。第二天早晨，他们就到蔡司工厂下属的电子显微镜实验室报到了。让他们着实惊讶的是，在实验室门口竟然有几位身穿白大褂的科技人员列队等候他们，其中带头的那位头发苍白的老者正是这个实验室的负责人。杨福愉明白，如此隆重的仪式并不只是为了迎接他们这两位只有二三十岁的年轻人，而是为了表达对刚成立不久的中华人民共和国的尊敬。回想起新中国成立前日军侵占上海时国人经历的种种遭遇，新旧对比，杨福愉不免百感交集！对他来说，这真是一堂活生生的爱国主义教育课。

在蔡司工厂，杨福愉和范果健两人进行了为期三周的见习工作。他们的任务是初步了解电子显微镜并掌握其操作过程。两人对任务作了分工。因为范果健的专业是物理学，所以他偏重于电镜操作与维修方面的学习；杨福愉则更多地学习样品的制备方法。由于德方工厂的技术人员对样品的制备缺少经验，对生物样品的制备更不熟悉，所以杨福愉只好主要学习金属样品的制备。实习三周的主要工作是阅读相关资料。尽管在语言上存在困难——两位年轻人只能讲相关专业方面的英语，而德方的技术人员对英语却很生疏，但是三周下来，他们总算了解了电镜操作的大概情况，基本完成任务。

见习结束，两位科研人员乘飞机返回中国。中科院院长郭沫若也参加了仪式，并且参观了电镜的操作。这时，中科院领导经过对几个所的学术基础和今后工作的再三考虑，决定将这台电镜安置在北京近代物理研究所。这样，杨福愉就留在北京为安装做一些准备工作——当然，因为范果健就是近代物理所的研究人员，他的工作更多。按计划，电镜要在国庆节到来时安装完成。德国两位工程师于国庆之前专程来京，一边由杨福愉、范果健陪同游览北京的名胜古迹，一边协助把电镜顺利安装完毕。为此，中国科学院还专门安排了隆重的交接仪式，邀请民主德国驻华大使馆的代表参加。

本来按计划，即使这台电镜安置在近代物理所，但也还是要用于开展生物学方面的工作。但是安装完成之后，在是否开展生物方面工作的问题上，中科院却迟迟没有做出决定。杨福愉作为上海实验生物学研究所派来的人员，应该尽快返回本单位工作——在接到这样的院方通知后，他回到了上海。至此，整个出国和培训的任务算是结束了。

这次长达半年时间的出国差旅，对于杨福愉的专业帮助虽然不是很大，但却开阔了他的视野、激发了他的深刻思考。他感受到祖国在国际上的地位提升，体会到了做一个中国人的尊荣。在物质条件方面，对比莫斯科、柏林和耶拿，他意识到祖国在经济建设方面的任务还十分艰巨。虽然这次在德国没有广泛接触了解他们的科研情况，但是仅将蔡司工厂实验室的设备与中科院有关实验室相比，就让他看到了很大的落差。正是看到了这种差距，才使杨福愉真正深刻地意识到了道路是漫长的，但前途一定是光明的。了解了差距，反而让他更添信心和动力。

图 2-2　1954 年杨福愉与王锦兰结婚时合影

除了出国，另一件重要的事情就是人生大事——结婚。还是在 1951 年，杨福愉结识了同研究所的同事王锦兰。王锦兰是江苏常熟人，比他晚一些时候进入实验生物学研究所，在姚鑫教授的实验室担任技术员。虽然不在同一研究组，但是经过较长时期的交往和相互了解，两人逐渐产生了感情。和杨福愉一样，王锦兰也是一个工作认真的人，也许这一点是吸引两人走到一起的因素之一吧。在杨福愉出国之前，他们的婚姻关系已经明确下来。待他完成出国任务回到北京，王锦兰已经向所里领导申请到一间大约 12 平方米的结婚住房。

结婚那天晚上，所里的一些研究员如庄孝僡夫妇、姚鑫夫妇等都到他们小小的喜房去坐上一坐，以示庆贺；所里一些熟悉的同事也有不少到场，大家吃点喜糖、喝点茶水，热闹一下，就算办过婚礼了。在双方的家里也都没有大办酒席，在提倡勤俭节约、艰苦朴素的 50 年代，多数婚礼还是采取了比较简朴的形式。

婚后，家里的事情几乎都由妻子王锦兰包揽下来。即便下班后，杨福愉仍然埋首书本，继续思考白天研究中出现的问题。后来妻子怀孕了，杨福愉却又要为留苏选拔考试做准备，仍然难以分担妻子的压力。为了杨福愉可以集中全部精力投入他喜爱的科研工作，王锦兰选择对自己的事业让步，无怨无悔地扛起了家务的全部重担。在她身上，一个中国传统女性吃苦耐劳、温柔贤淑、懂事明理的品格得到充分彰显。与杨福愉相濡以沫几十年，经历各种政治运动的风风雨雨，承受生活的各种艰辛劳累，王锦兰对丈夫的支持却始终如一——这是后话。

第三章 苏联留学[①]

初入莫斯科大学

中华人民共和国成立之后，美、苏两个超级大国开始“冷战”，与两个大国同时保持正常外交关系已无可能，中国于是采取了“一边倒”的外交政策，加强了与以苏联为首的社会主义阵营国家的交流合作，和美国及其他一些西方国家的交流几乎断绝。从1951年起，中国每年都向苏联派遣留学生，希望能够借助这个“老大哥”的力量，培养大批社会主义建设急需的各方面专业人才。

然而，到外国留学，语言是个大问题。1951年的首批留学生在出国之前很少有人学过俄语，到苏联之后直接进入学校学习倍感吃力。语言不通，再加上在饮食、气候等方面颇不适应，因此学习和生活状况很差，有人甚至闹起了情绪。正在苏联疗养和考察的国家副主席林伯渠对此深为忧

① 杨福愉访谈，2013年5月30日，北京。资料存于采集工程数据库。杨福愉访谈，2013年6月25日，北京。资料存于采集工程数据库。科学院生物物理所杨福愉的有关人事档案自传。

虑，向刘少奇、周恩来提出建议，要求留苏学生在出国之前应该先接受6个月或更长时间的预备教育。周恩来高度重视这个建议，随即做出批示，筹备留苏预备学校。1952年年初，留苏预备学校（后来正式命名为留苏预备部）在北京俄文专修学校内成立。从此，所有公派的留苏学生都必须先在留苏预备部学习一年，通过考核之后，才能前往苏联求学。

1955年，新婚不久的杨福愉报名参加了留苏资格选拔考核。考核的内容非常严，每个人都必须过政治审查、文化考试和健康检查三道关。尽管如此，报名参加考试的年轻人还是非常多。当时社会上已经兴起“苏联热”，人们争相读苏联书、看苏联电影、穿苏联风格的衣服；如果能够被选中到苏联留学，那是十分荣耀的事情。当然，对于杨福愉来说，出国留学早已是心中的梦想并被他当成了人生必须的经历，所以，在形势使然不能前往西方国家的前提下，去苏联留学也是值得他追求的。

杨福愉算是幸运地通过了三道关卡的考验。他的业务基础自不必说，身体素质也很好，唯一颇费周折的是政治审查。留苏学生的政审非常严格。当时中国的政治风向已经转变，各项政策都明显向出身于贫下中农家庭的青年倾斜。由于出生于商贾之家且哥哥杨福耀的所谓“经济问题”，对他的政审严之又严。在杨福愉的人事档案里，至今还保留着厚厚一叠留苏前的政审资料。从政审人员走访他的亲友、老师、同学和同事的笔录中，我们依稀可以看到一个推崇温良恭俭让、有着优良传统教育的大家庭，一个惯于独处、多少有些沉默寡言却志存高远的青年杨福愉。

当时，每年派遣的留苏学生人数逐年增长，北京俄文专修学校在北京西城鲍家街的校舍（即今中央音乐学院东校区）已经不够用了。1955年年初，学校搬到了西郊海淀镇南边的魏公村，之后改名为北京俄语学院。当杨福愉这一批学生住进校园的时候，在留苏预备部学习的学生达到了空前绝后的2000余人。新校舍的硬件设施在当时北京的高校中是一流的，不仅师生的住宿条件大大改善，学校中还有一个大操场，学生们不用出学校就可以进行日常体育锻炼。在这样好的环境之中，每个学生都感觉自己肩负着光荣的使命；大家合力营造刻苦的学习氛围，很多人都硬性规定自己一天必须背几十个新单词，甚至彼此之间交流练习都只用俄语。当然，在留学预备部不只是学习俄语，政治培训、时事教育和身体素质训练也是必不可少的。[1] 经过一年到两年的培训，尽管不少学生到苏联之后还是不太适应全新的环境，但比起第一批留学生，学习和生活能力提高了很多。

在北京学习的一年中，杨福愉的第一个孩子杨重高出生了。当时他无法请假回上海照顾妻子和孩子，只好让王锦兰把孩子交给母亲朱琴照顾，以稍微减轻一点妻子的负担。

1956 年 7 月，杨福愉在北京俄语学院一年的强化学习结束，等待苏联方面有关入学院校分配的结果。根据初步方案，杨福愉将被派往列宁格勒大学就读生物化学专业研究生。可是，根据他多种途径打听得来的消息，列宁格勒大学的生物化学专业的教学质量明显不如莫斯科大学。本着到更好的学校去学习的朴素愿望，杨福愉向组织提出了更换学校的申请。对一般学生来说，这是一个多少有点大胆的要求，但杨福愉之前已经在中科院工作多年，他对自己的申请被接受颇具信心。因为在他之前已有先例——他的朋友、上海生理生化研究所的同事戚正武比他早一年赴苏留学，也是先被分配到列宁格勒大学，但因为专业不符，三个月之后成功转到了莫斯科大学，再后来又转到苏联医学科学院医学生化研究所[2]。果然，他的请求得到了有关方面的关注。那年赴苏的留学生很多，需要三趟火车客运专列才能装得下，他被特意安排第一批出发，以便有足够的时间联系换校事宜。

是年 11 月，杨福愉乘坐前往莫斯科的火车正式开始了他的留苏生涯。从北京到莫斯科的火车旅程需整整一周，途中要穿越茫无际涯的西伯利亚原野。也许全副身心早已投向未来的学习和科研梦想，杨福愉几乎忽略了沿途的风景，仅剩的印象是当时的西伯利亚已笼罩在寒冬的肃穆之中。因为车上都是赴苏学

图 3-1　1958 年杨福愉在莫斯科大学主楼前留影

① 单刚，王英辉：《岁月无痕：中国留苏群体纪实》。北京：中央编译出版社，2007 年。

② 戚正武“深切怀念启蒙导师曹天钦”，载曹天钦基金编。

生，大家都很兴奋，所以为时一周的火车旅途并不寂寞。要说这一路上最大的牵挂，除了远在上海的妻儿之外，就是担心换校读研的申请是否能够成功。

抵达莫斯科正式入学之前，苏联高教部专门派出工作人员对所有提出换校要求的学生进行统一问询。当轮到杨福愉时，他的内心十分紧张。没想到的是，苏方负责人只是简单问了几个问题就同意他转到莫斯科大学学习，而且很快就派车送他前往。当他随同其他去莫斯科大学报到的同学一起进入莫斯科大学校园，他感觉到苏联人办事效率之高大大出乎他的想象。

莫斯科大学全名是国立莫斯科罗蒙诺索夫大学，1755 年由著名科学家、教育家 **M·B·** 罗蒙诺索夫创办。校园起初在莫霍瓦街 11 号，1953 年 9 月搬到列宁山上的新校园。列宁山位于莫斯科市区西南，莫斯科河就从山脚流过，在山顶可以俯瞰整个莫斯科城。这里一直都是莫斯科的文化中心，许多大型文化设施和外国使馆都设于此地。脍炙人口的歌曲《莫斯科郊外的晚上》就是以列宁山的夜生活为背景谱写而成的。莫斯科大学的新校园依山傍水，非常美丽，特别是雄伟的主楼高达 32 层，连上楼顶 55 米的尖塔在内，总高度达 240 米，在很长时间内都是欧洲最高的建筑物。莫斯科大学不仅历史悠久，而且是苏联排名第一的大学，无论是教师条件还是硬件设施都是其他很多学校和研究所不能相比的。

在校方和老留学生的帮助之下，新来的中国留学生很快办妥了注册、住宿等手续。杨福愉被分配到一个单人间宿舍，是两个人共享一个卫生间的那种单人套间，宿舍楼里还有公共厨房供各国学生按照各自的生活习惯改善伙食，住宿条件可以说好极了。在苏联医学科学院就读的戚正武等就经常周六到杨福愉这里来洗澡①。每个月，留学生还可以领取500 卢布的生活费。这笔钱对于苏联研究生来说未必充足，但对于习惯俭朴生活的中国留学生来说，已是十分丰裕，甚至还可以小小地储蓄一笔呢②。

---

① 杨福愉访谈，2013 年 9 月 5 日，北京。资料存于采集工程数据库。戚正武访谈，2013 年 10 月 31 日，上海。资料存于采集工程数据库。

② 杨福愉访谈，2013 年 5 月 21 日，北京。同①。

择校周折

在莫斯科大学初步安顿下来之后，杨福愉被安排跟随莫斯科大学生物学系动物生物化学教研室主任谢韦林（Сергей Евгеньевич Северин，1901—1993）教授学习。谢韦林1924年毕业于莫斯科大学，1932—1938年任莫斯科第三医学研究所教授，其间于1935年建立了自己的第一个实验室。1939年起任莫斯科大学动物生物化学教研室主任。随后在1948年被评为苏联医学科学院院士，1953年被评为苏联科学院通讯院士（相当于候补院士），1968年被评为苏联科学院院士。他专长于动物肌肉组织的生物化学研究，60年代后开始酶学研究，是一位德高望重的生物化学家，在当时苏联的生物化学界位列前五名，在国际上也有一定声望。

谢韦林对中国留苏学生的培养也出了很多力。当时他的教研室不算很大，员工大约有二三十人，研究生有十个左右。杨福愉入学的时候，教研室里有两位中国留学生已在此攻读两年，他们都是由谢韦林指导，一个做氨基酸代谢研究，一个做肌肉线粒体研究。加上杨福愉，就有了三名中国留学生，除他们三个之外，研究生中就没有来自别国的了。谢韦林不仅亲自带中国学生，而且帮助中国学生联系其他导师。上面提到的戚正武在苏联时两次转学，第二次转学后所跟随的苏联医学科学院的导师就是谢韦林介绍的。

初来乍到，杨福愉自然免不了要向两位学长讨教。同是留苏学生，他们深知国家派遣留学的目的。从国家需要出发，他们坦诚地表达了自己的观点：从长远考虑，留苏学生不应该过于集中于同一个学校或研究所，最好是分散在不同的院校、不同的实验室，这样可以全面学习苏联各种专业的长处，有利于大家回国后发挥从各个院校、各个导师那里学到的特长，更全面地为国家建设服务——后来他们在导师谢韦林面前替杨福愉转学做解释时，陈述的也是这些道理[①]。不仅如此，在了解了杨福愉原来的工作

① 杨福愉访谈，2013年9月5日，北京。资料存于采集工程数据库。

情况和科学院对他的培养期望之后，他们还建议，如果跟随这个教研室的其他导师学习，在专业上也很不合适，最好是转学去苏联科学院巴赫生化研究所。那是以苏联生物化学家、植物生理学家巴赫（А. Й. Бах，1857—1946）的名字命名的研究所，该所在生物化学这个领域有一位院士，其声望还要高于当时莫斯科大学的院士。听学长们这样一介绍，杨福愉心动了，他很希望能前往巴赫生化所跟随那位院士一起学习和工作。于是，他又大胆向莫斯科大学提出第二次转学申请。

然而，这次的转学申请却并未如杨福愉所愿。莫斯科大学是苏联教育部系统领导的高校，而苏联科学院却是另一系统，在不同系统的院校之间转学自然要费周折。杨福愉只能一面继续学习俄语、参加苏联科学院生物物理所举办的示踪原子应用训练班，一面苦苦等待，可是，等待的结果更出乎意料。就在等待期间，那位他意欲前往跟随的院士来莫斯科大学讲课，他兴致勃勃去聆听，才知道这位院士的年龄已经很大，不再从事科研工作了。巴赫研究所后来安排他跟随另一位比较年轻的研究员学习，杨福愉查阅文献资料获悉该研究员是从事核酸研究的，研究水平一般，学术上没什么名气。即便如此，想到核酸是当时西方国家方兴未艾的研究领域，能够参与到前沿研究之中也挺不错，杨福愉还是满怀希望。遗憾的是，当杨福愉开始和这位研究员接触之后，才意识到也许是由于这位研究员地位比较低，他甚至连自己的实验室都没有。对如何带杨福愉这样的学生，也尚无明确计划。或许他自己尚处于探索研究之初，或许他有自己的难言之隐，总之，杨福愉每次见他，都只是去他家里聊天。一次又一次的聊天使杨福愉心里十分着急。留苏计划总共才三年半时间，眼看着半年就快过去了。怎么办？在国内有过几年科研经验的杨福愉非常明白实验的重要性，不相信靠聊天能做出什么好的成果来。看着转学的申请迟迟不能批准，而自己对到巴赫研究所学习之事也感到意兴索然，最后他只好放弃转学打算，仍跟随谢韦林学习。

显然，这次转学周折让谢韦林很感不快。他不能理解为何杨福愉不愿意跟随自己学习，却要到巴赫研究所去跟随那位学术地位不如自己的年轻研究员？即便手下的那两位中国留学生反复解释，他也难以释然。虽然在杨福愉攻读学位期间，谢韦林对这件事情一直没有说什么，但在最初很长一段时间内他对杨福愉的态度一直是相对冷淡的。

接下来的日子里，杨福愉只能默默地按照谢韦林指定的研究题目开始查阅文献、学习研究方法、着手准备实验。1957 年 9 月，他的研究生实验正式开始。由于谢韦林的学术名望，也由于他担任较多的行政管理职务，一个星期他仅到莫斯科大学两次或三次，每次大概上午 10 点钟到办公室。而那时，摆在他办公桌前的那条很长的凳子上早已坐满排队要找他的人，有本系里的教职工、研究生，还有外校前来进行学术咨询或求教求助的人。这也算是苏联特色：作为一名院士、专业领域的权威，他们除了有职责承担本单位的科研和人才培养外，还负有接受同校其他院系和校外其他高等学校、教育机构的咨询义务。因此，每次来莫斯科大学办公的时候，谢韦林都非常忙碌。一开始杨福愉也没有很多事情要找他，一来没有多少东西需要汇报，怕讲太多意义不大的东西耽误其他人请教的时间，二来他的俄语还不太熟练，语言上也多少有些障碍；而谢韦林则是完全无暇顾及他的这位学生，既没有主动找过他，也没关心他的实验情况。师生双方就这样冷漠地共处了大约一年半时间。

但杨福愉没有纠结于师生关系的这种状态，而是全身心投入到学习和实验中。这期间，他的实验逐渐深入并取得进展，于是他开始阶段性地向谢韦林进行汇报。谢韦林对他的态度随之发生转变。很明显，他对杨福愉的实验越来越关心、越来越有兴趣，听取汇报时也更加专注。虽然杨福愉依然要排队等待汇报，但逐渐有了更多汇报自己学习和实验进展的机会。后来，在一次听取杨福愉的汇报之后，谢韦林特意叮嘱：“以后没有我的同意，你不要做两次以上实验。”意即希望杨福愉能随时前来汇报实验结果，而不是等到做了很多实验之后集中报告。再后来，“日理万机”的谢韦林居然亲自跑到杨福愉的实验室，主动了解他的工作情况，检查自己每次布置的任务的落实程度。也就是到了这个时候，师生之间的交流才回归正常，直至日益密切起来。

在杨福愉完成论文答辩的第二天——也是他开始准备回国之时——教研室召开了欢送会。谢韦林不仅亲自前来参加欢送会，而且还特意赠送杨福愉一台很大的（当时还是颇为昂贵的）收音机作为临别赠礼，并当面友善地问道："当初你为什么要转科学院去学习？"面对这一提问，杨福愉这才意识到当年的第二次申请转学是何等不明智。每当回忆起这段经历，杨福愉都不免感慨反思："此事虽然不能归罪于任何人，但说明身在异国他乡，我各方面都缺乏应有的了解、思考与处事经验。"

异国生活

到异国学习和生活，种种体验都是新鲜的，时而让人兴奋，时而又让人难以适应。

图 3-2　杨福愉留苏期间在莫斯科大学校园与同学合影（左起：应圣康、戚正武、杨福愉、许廷森）

中国留学生作为莫斯科大学的研究生，听课是自主且比较自由的。刚入学的头一两年，留学生还有俄语必修课，专为在中国已有学习基础但需要继续提高能力的学生安排。俄语课一般排在晚上六、七点钟时段，每星期大概三次，每次一到两个小时，都是 3 个学生组成一个小班授课，由一名专门的俄语教师带领，进行口语等语言应用方面的训练。此外，导师也会推荐留学生选修一些合适的专业课程。当时在苏联，到大学里去讲课被教授们视为一种荣誉，能够来莫斯科大学上课的老师都是非常有名的教授。比如苏联科学院有一位资深院士已经 87 岁了，仍然愿意主动站在莫斯科大学的讲台上，他视此为他最大的光荣。这样一来，大家自然都喜欢选修那些名师的课程。

按照规定，每一个研究生都需要通过两门专业课的考试。谢韦林因为通过论文实验对杨福愉有了基本了解，知道他的学术训练已经没有问题，所以只是另外找了两位教职人员与杨福愉谈了谈话，就算他通过了这两门考试。这让杨福愉觉得和前半阶段相比，自己后半阶段的学习实在是顺利①。

苏联的研究生教育基本模仿了西方的培养方式，导师为研究生指定研究题目，同一教研室的学生所做的题目往往不尽相同。每一题目具体怎么做，需要学生自己查资料、自己设计。在这个过程中，可以与导师讨论、制定计划，如果一次讨论定不下来，也可能讨论几次。研究计划定下来之后，研究生就可以自主开展工作；除非碰到问题，否则不需要去找导师——当然，就像上面所说，如果不主动认真学习并主动向导师汇报进展，导师也不会主动来找学生。尽管如此，导师和所在院系的教职工对中国留学生的学业抓得还是很紧的，他们主要通过实验来考核学生的学习情况。因此，是否能按时完成学业，在很大程度上取决于每个学生自己的意志和毅力。总的来说，由于肩负着祖国的殷切期待，中国留学生的学习是非常刻苦的。三年半的学习生活对于攻读学位来说本来就十分紧张。为了早日完成学业，杨福愉和其他中国留学生经常加班加点，常常用两个星期完成苏联研究生一个月的工作量。

在莫斯科大学开始研究工作之后，杨福愉不禁把这里的情况和之前在上海实验生物学研究所的工作做了对比。他在实验生物学研究所工作时，研究所处在刚刚成立的初创阶段，还没有培养研究生的制度。那时的年轻研究人员的研究自由度不大，都是跟随担任课题组组长的各位老先生做实验，老先生布置什么，他们就做什么。而且，因为杨福愉当时去旁听过生理生化所的高级训练班，亲身感受到所与所之间的交流也不太多。更不用说，因为条件有限，仪器、试剂常常缺乏，实验也是做做停停。相比之下，莫斯科大学的研究生培养制度非常完善，研究条件也优越很多，这让杨福愉觉得尽管莫斯科大学的水平尚有不如人意之处，但在这里的工作才是他真正科学研究的开始。

---

① 杨福愉访谈，2013 年 9 月 5 日，北京。资料存于采集工程数据库。

当然，客观环境只是一方面，要想取得研究成就，主要还是靠自己，而且越到研究的后期越是如此。

莫斯科大学动物生化教研室的实验室分两个部分，一部分由谢韦林领导，另一部分由研究血液生化的另一位教授领导，每一部分大约有7—8个实验室房间。血液生化组的工作比较多，除了研究之外，还有教学任务，又要带本科生做大实验。相比之下，谢韦林组的研究时间要充足一些。因为人员较多，实验室的使用多少有些紧张，不过在合理的安排之下，大家彼此并不冲突，能够充分利用时间资源。比方说，由于白天常常上课，为了赶研究进度，杨福愉等几个中国留学生专门在晚上去实验室加班；一般苏联学生这个时候不会加班工作，这样双方就正好在时间上错开，算是各得其所。

加班辛苦是早有思想和心理准备的，主要困难是不能很好填饱肚子、解决吃饭问题。本来，莫斯科大学的公共食堂对中国留学生比较照顾，专门有几个厨师做中国菜，连红烧肉都能做。不过，由于实验室到食堂还有一段比较长的距离，碰上做实验时间紧张的日子，午饭和晚饭往往是来不及赶到食堂去吃的。午饭好说，到附近的学校小卖部买个三明治就解决了；晚饭就比较困难，因为在实验室加班结束的时候，小卖部也好、食堂也好都早就关门了。杨福愉只好常常把中午买的三明治留一些，晚上在实验过程中肚子饿得实在受不了的时候，就拿出来啃上几口，缓解饥饿感之后再继续工作直至深夜。当然，这只是临时垫垫肚子，回到住处之后肚子还是饿，还要到公共厨房自己做晚饭。中国留学生们做的最多的晚饭是米饭加西红柿炒鸡蛋，因为取材方便，做起来也简单。面条也比较容易做，买到现成的干面，下锅一煮就可以了。只不过这样的饮食不免有些单调，而且苏联的水果和蔬菜比较短缺，像卷心菜、苹果这样的食材都不容易买到，所以总的来说，大家在饮食上还是不太适应。尤其是夜里加班学习和工作之后，从系里到宿舍的距离更远，从实验室回来的时候就已经快12点了。当中国留学生忙碌于锅碗瓢盆饱肚子的时候，别国的留学生要么正在享受莫斯科的丰富夜生活，要么早已酣然入梦。

除此之外，中国留学生的其他业余生活也不太丰富。本来大家都将主要精力和时间投放到学习和研究工作中，能剩余的时间已是少之又少，而各种政治活动还要占去这有限时间的大部分。那时，驻苏使馆应国内的要求，动辄下达指示意见，将国内的重大政治活动指示传达到留苏各院校的留学生党支部，要求学生支部召集全体留学生开会学习。1958 年国内的“大跃进”运动也波及留苏学生，杨福愉这些在莫斯科大学的留学生虽身在国外，也必须顺应国内的政治运动。在仅有的两天周末时间里不能放松，不是参加政治学习学文件，就是去莫斯科郊外的农庄参加义务劳动。即使内心未必认同这些做法，但谁也不敢不参加这些活动，况且莫斯科大学的留学生每年都要进行个人鉴定，鉴定材料要存入个人档案。1958 年 2 月 12 日杨福愉在自己的“1956—1957 年度鉴定”中，坦诚自己“平时能积极阅读国内报纸，关心国内外情势发展”，但“政治上尚缺少锻炼，立场还不够坚定”①。

图 3-3　1958 年，杨福愉与莫斯科大学老师、同学合影（后排左 1 为杨福愉，左 2 为吴伟民，前排右 1 为于树玉）

中国留学生单调呆板的生活和苏联师生们每逢周末就参加各种休闲娱乐活动形成了鲜明对比。莫斯科大学校园里有不少娱乐场所，如游泳池、网球馆等各种体育场馆，还有内部的电影院，但中国留学生都很少前往。冬天，列宁山上的滑雪活动热闹非凡，但几乎很难看到中国留学生的身影。苏联朋友对中国留学生整天闷在教室和实验室里很是不解。而令今天的大学生们觉得离奇的是，那时的留苏学生的个人生活也都被严格管制着：和苏联的朋友不能有超出正常学习和合作研究范围之外的交往，和苏联人谈恋爱更是大忌。这样，留学生在课外与苏联同学的接触就更少了。一开始，苏联同学还常常邀请中国留学生参加他们的文体活动，但

① 杨福愉个人年度工作鉴定表（1956–1957 年度），中国科学院生物物理所人事档案存。

屡屡被婉言谢绝，拒绝理由不外乎是要加班啊、要开会啊……久而久之，他们也就不再发出邀请了。最后，中国留学生就获得了苏联学生送的“苏哈里”（中文即“干面包”）的外号。在苏联朋友眼中，中国留学生是一群不够活跃、不太合群的人。这让杨福愉至今想来都只能很无奈地摇头苦笑。不过，在这样的无趣生活中，杨福愉却喜欢上了音乐，原因说来也很简单——因为莫斯科大学校园里总是不断播放着音乐，播放最多的是古典音乐，而每夜 12 点会播放苏联国歌。耳濡目染，日久天长，杨福愉逐渐喜欢上了柴可夫斯基、贝多芬等作曲家的作品。对古典音乐的爱好他保持至今，有在美国的学生回国看望他，还会特意送他灌满古典音乐的 iPad[①]。

在留苏的三年半时间里，杨福愉还担任了中国留学生学生会的一些工作，每年迎新送旧，帮助新来同学到校内各处办理入学手续，为他们传授学习和生活的经验，都使他觉得很有价值。他很注重自身修养，与苏联朋友总能保持友善的关系；特别是善于与莫斯科大学外国留学生部保持联系，所以不时能抓住机会争取到一些大剧院的芭蕾舞演出票等。通过自己的努力给感兴趣的中国学生一些观赏苏联艺术的机会，他感到无比欣慰。

留苏期间，杨福愉还正式提出了加入中国共产党的申请，并在回国之前的 1960 年 5 月 7 日正式成为预备党员。

科研入门

在莫斯科大学留学期间，谢韦林给杨福愉指定的研究题目是“甲状腺中毒与氧化磷酸化”。甲状腺是包括人在内的脊椎动物的一个非常重要的内分泌器官，可以分泌一种叫甲状腺素的激素。甲状腺素可以促进人和动物体内的热量产生和新陈代谢，在人和动物幼年个体的生长发育中也起着关键性作用。然而就像所有的激素一样，甲状腺素也属于“不可没有，不可多有”的化学

① 杨福愉访谈，2013 年 5 月 9 日，北京。资料存于采集工程数据库。

物质。假如人误食了动物的甲状腺（比如食用了未摘除甲状腺的“血脖肉”），那么体内就会出现过量的甲状腺素，扰乱人体正常的内分泌活动，不仅导致各器官代谢过快、产热过多，出现发热、心悸等一系列症状，而且还会影响人的精神状态，产生发呆、大哭大笑等异常行为——这就是甲状腺中毒。

杨福愉的工作是之前一位苏联女研究生论文的后续工作。那位女研究生研究的是实验动物大鼠在甲状腺中毒的条件下，其组织水平能量代谢的变化。现在，谢韦林要杨福愉更进一步，从比组织更微观的细胞水平来研究，具体来说，就是研究大鼠在甲状腺中毒时其肝脏细胞中一种叫做“线粒体”的细胞器的结构与功能变化情况。

当时，苏联虽然在军事上足以和美国抗衡，但是在科学研究上却落后于以美国为首的西方国家。特别是在生物学研究方面，由于受意识形态的严重干扰，那种认为生物的遗传性状可以被环境从根本上改变的“李森科主义”大为盛行，对于已经有近百年研究历史并在20世纪取得了重大突破的孟德尔遗传学则采取完全拒斥的态度，极大地损害了苏联生物学研究的进步。杨福愉在上海实验生物学研究所工作时接触到的“组织疗法”也是李森科主义的产物。苏联生物学界的这种不正常氛围也极大影响了新中国的生物学研究，对于这段历史，在此不加赘述。

谢韦林的生物化学研究虽然没有受到“李森科主义”的太大影响，但是当时整个苏联的生物化学研究几乎还停留在组织水平上，较西方国家落后很多年。直到1961年杨福愉回国之后，莫斯科才第一次承办了国际生化大会（第5届），表明苏联的生物化学水平终于受到国际生化学界的某种认可。具体到莫斯科大学来说，动物生物化学教研室从亚细胞的层面对线粒体的研究才刚起步，与欧美先进实验室的研究水平存在相当距离，很多技术工作都得自己摸索。因此，杨福愉始终觉得在留学期间学到的东西和他起初的期望存在较大差距。当然，比起刚刚艰难起步的新中国科技界，苏联的科研水平还是要高出不少——中国直到2009年才在上海举办了第21届国际生化大会，比苏联晚了48年。比杨福愉高一届的中国留苏学生于树玉——就是那两位劝他转学到苏联科学院的学长之一——曾经研究过肌肉线粒体的分离、纯化及功能。现在，杨福愉也要做这个小小的细胞器的研究工作了。

线粒体（英文 mitochondrion，俄文 митохондрия）又叫“粒线体”，是 1894 年由德国病理学家、组织学家阿尔特曼（R. Altmann）正式发现的，后来另一位德国学者本达（C. Benda）觉得这些显微镜下的小颗粒有时呈线状、有时呈小粒状，于是他把古希腊语词根 *mito-*（线）和 *chondrion*（小粒）拼合在一起为它们命名，中文也因此翻译成“线粒体”。

线粒体是植物、动物、真菌之类的具有真正细胞核的“真核生物”细胞中普遍存在的一种细胞器，堪称细胞的“能量工厂”。生物体要获得能量，离不开细胞的呼吸作用。细胞的呼吸有两种方式，一种是有氧呼吸，一种是无氧呼吸，其中有氧呼吸释放的能量占了大头。通过有氧呼吸，生物体把糖类、脂类等能量物质与氧结合（所谓“氧化”），经由复杂的生物化学过程最终生成二氧化碳、水和大量能量。在这样一个“燃烧”能量物质的过程中，很多步骤就是在线粒体内部完成的。有氧呼吸释放出来的能量一部分以热能的形式散失，另一部分则储藏到一种叫做三磷酸腺苷（adenosine triphosphate，ATP）的分子里面。细胞内部其他各种反应所需的能量都要由三磷酸腺苷提供，所以它被誉为生物体内的“能量货币”。因为 ATP 是由另一种叫 ADP（二磷酸腺苷）的分子和磷酸分子结合产生的，所以在呼吸作用中生成 ATP 的过程在生物化学上也有一个专门术语，叫做“氧化磷酸化”。

杨福愉研究工作的具体内容就是要研究大鼠在甲状腺中毒的情况下，其肝脏细胞线粒体在氧化磷酸化过程中把氧化产生的能量转换为储藏在 ATP 中的能量的效率。为了衡量这个效率，生物化学家想到了一个办法——计算每消耗 1 分子氧气时生成的 ATP 分子的数目，这就是“磷（酸）氧比”。因为“磷酸”这个词的英文是 phosphate，而“氧”这个词的英文是 oxygen，所以磷氧化又简称“P/O 比”。

当时，教研室很多学生测出来的大鼠肝脏线粒体 P/O 比值都很低，远远低于理论值，说明在测量过程中一定有系统性的失误。杨福愉的第一步工作就是要找到能够较为准确测定正常大鼠肝脏线粒体 P/O 比的方法，这样才能为甲状腺中毒情况下的测量提供较好的参照。这又是一场较为辛苦的技术探索，同样的步骤要重复很多次，非常考验人的耐性。在测定过程中需要从酵母中提取一种叫做“已糖激酶”（hexokinase）的酶。起先杨福愉依法炮制，根据教研室的方法提取含有杂质的粗制酶来进行试验，结果屡遭失败，测出来的 P/O 比仍然很低。有一段时间，实验进展之缓慢让杨福愉不免为自己是否能按时拿到学位感到担心。

功夫不负有心人，后来杨福愉想到试验的频频失败可能和己糖激酶不够纯有关，于是他决定在提取出粗制酶之后，再加一步纯化的过程。果然，应用纯化酶之后测出来的肝脏线粒体 P/O 比明显提高。虽然增加的这一步纯化过程使实验步骤显得繁琐了一些，但能够得到较高的 P/O 比数值，繁琐一些又何妨！闻听这一实验技术上的改进所取得的良好效果，全体教研室同事——包括导师谢韦林在内——都非常高兴。

有了好的实验技术，接下来的工作就可以顺利开展了。杨福愉的实验结果表明，甲状腺中毒的大鼠肝脏线粒体 P/O 比明显低于正常情况下的数值。不过，线粒体内的有氧呼吸是很复杂的过程，由一系列化学反应组成。在这串“反应链”中，不同链条处的化学反应变化对 P/O 比降低都有什么样的贡献呢？于是，杨福愉接下来又对甲状腺中毒的大鼠肝脏线粒体呼吸反应链各部分的 P/O 比的损伤进行比较。

然而，科研之路永无止境。经过方法改进之后，虽然测定的大鼠肝脏线粒体 P/O 比有了较大提高，而且也比较稳定，但是和西方实验室应用更为纯净的、结晶的已糖激酶所获得的结果相比仍然有差距。当时杨福愉和导师谢韦林都觉得仅就比较正常与甲状腺中毒的大鼠肝脏线粒体能量转换效率相对差别的研究目的来说，他改进的实验方法可以得出有说服力的结论了，所以就没有对已糖激酶的进一步纯化以至结晶的技术改进做更深入的研究。

不料，后来有一位苏联学者来莫斯科大学生物学系进修，他对这个工作做了钻研，发现如果能够把从酵母中分离出来的已糖激酶纯度进一步提高，由此测定的正常大鼠肝脏线粒体的 P/O 比将更高、更接近于理论值。于是谢韦林又让杨福愉用纯度更高的已糖激酶重复已经进行过的实验。实验结果表明，虽然甲状腺中毒的大鼠肝脏线粒体的 P/O 比仍然低于正常大鼠，但是二者的差值却有明显的缩小。这样一来，先前的实验结论就显得有点“夸张”了。

这一结果对杨福愉来说既是教训，又是收获。在回忆这段研究生涯时，杨福愉总结道："在莫斯科大学主要的收获，应该说是走上了正式的科研轨道。"他从具体科研实践中深切体会到"研究工作务求精益求精，在困难面前必须鼓足勇气，千方百计加以克服，不能知难却步，满足于短暂的成绩而沾沾自喜。"这也说明，无论是个人还是单位，从事任何研究工作都需要积累经验，不付出足够的学费就想轻易获得成功是难以想象的。这对于今天中国的科研管理，以及科研工作者工作的考核方式仍然不无启发。

感受友谊与快乐

1956 年苏共二十大之后，中苏之间在国家利益上不断发生冲突，两国关系急转直下。在这种情况下，留苏学生数目锐减也就自然而然。1959 年，留苏预备部所在的北京俄语学院与北京外国语学院合并，其校址成为今天北京外国语学院的一部分。1960 年，留苏预备部改名"出国留学人员培训部"，标志着历时 9 年的公派留苏计划黯然结束。

不过，虽然两国高层的关系不断恶化，但在民间，长期的友好关系还是保持了相当大的惯性，整体上说，杨福愉的三年半留苏生活还是比较惬意的。在莫斯科大学，从教授、讲师、职工到学生都对中国留学生非常友善，杨福愉在此深深感受到了苏联人对他们这代青年热情培养、友好相待的情谊。中国留学生有点什么困难，只要向苏联朋友提出，都会得到真诚的帮助；而如果他们有小困难，有时也会主动找中国留学生帮忙。比如说，动物生物化学教研室工作的教职工大多是女性，而实验室里的大瓶蒸馏水一般都放在高架上，把蒸馏水从地上搬到高架上是壮劳力的活儿，对这些女性教职工来说不是容易的事情。每当架上的蒸馏水用完，她们就会找中国留学生帮她们解决这个小小的难题。当然，中国留学生对苏联教职工也很尊重，甚至对最一般的校园清洁工也都会赠送从中国带去的小礼品表示感谢。这样一来，大家的关系都非常融洽。尽管中国留学生受组织的干预，和苏联同事之间的关系往往仅限于业务关系，但即使仅是在实验室中共处，也还是发展出了不一般的友情。

杨福愉还特别记得他们在实验室挑灯夜战时的一件小事。因为苏联方面的教职人员和研究生都习惯按时下班，尤其是技术人员更是一分钟都不延迟。所以每到晚上，整个教研楼几乎人去灯灭，独独留下他和其他中国留学生所在的实验室灯火辉煌。在苏联同事都已回家的情况下，有时因实验需要必须进入另一间放置大型仪器的实验室，遇到这种情况，只要中国留学生预先提出要求，苏联同事都会放心地把那间大实验室的钥匙留给他们。可见，苏联方面对中国留学生给予了最大信任。正因为这样，中国学生也特别珍惜这份信任，总是在最后离开实验室时仔细认真地做好各项安全检查，确保关灯关煤气，尽自己的责任做到万无一失。

后来中国改革开放，很多学生到美国留学，杨福愉便把当年的苏联学习生活和他所知的美国学习生活做对比。在他看来，美国培养研究生仿佛是雇佣员工一般，导师不但被称为"老板"，实际上也就是老板，给研究生出了钱和题目之后，主要关心对方有没有出成果，能不能做出一些数据、发表文章、通过答辩、拿到学位。学位拿到了，"合同"便完成了，有时候很难让人觉得这是在培养学生。而当年他们在苏联留学的情况就不一样。实际上，当时苏联方面普遍认为中国留苏学生的水平比较差，即使是像杨福愉这样的在国内已经工作好几年的学生，一开始也必须先做苏联大学生水平的"大实验"，目的是先让中国留学生练手，检验一下实际水平。也正是这类安排，体现出苏联对中国留学生的特别关照。他们不仅成立了专门的管理机构，每隔一段时间检查中国留学生的学习状况，了解中国学生的困难并给予及时帮助，同时指派导师定期就学生的学习和研究等方面的情况进行汇报。为什么莫斯科大学的师生都对中国留学生这么友善？杨福愉认为，除了中苏同属社会主义阵营的原因之外，可能与他们的确是受国家之托要对中国留学生进行特殊照顾有关。这样好的留学条件，以后再也没有了。

在刻苦单调的留学生活中，到集体农庄去义务劳动的日子倒是比较快乐的时光。本来这也属于政治性的任务。因为"大跃进"之后，中国国内组织知识分子去劳动，提倡他们帮助农民夏收，留苏学生也不能例外。莫斯科大学方面知道之后，有一位搞土壤研究的生物学系教授因为与莫斯科郊外的几个集体农庄有联系，就建议安排中国留学生去集体农庄参加义务劳动。中方有关人员觉得这个建议不错，而留学生也愿意下乡去帮助农民，事儿就这样成了。

在三年多的时间里，杨福愉参加了多次这样的义务劳动。事实上，作为学生会的工作人员，其中绝大多数甚至是他亲自联系成行的。杨福愉认识那位生物学系教授的一个研究生，于是每次劳动他都通过这位苏联朋友与他的导师联系。农场方面知道中国留学生要来义务帮忙，当然非常高兴，每次都专门派车接中国留学生前往，吃、住都由他们负担。

因为工作日要进行正常的科研和学习，义务劳动通常都安排在周末进行。出发的时间多是星期六下午，有时候更早一些，中午就出发了。大多数情况下，整个莫斯科大学生物学系的全体中国留学生都参加义务劳动，这支二三十人的队伍浩浩荡荡出发，经过一个多小时的车程到达目的地，当天下午干半天活，晚上就住在农场里。集体农庄的住宿条件自然不比莫斯科大学学生宿舍，住的是木头房子，睡的是地铺，不过农庄周边就是无边无际的田野，在美好的乡村景致环抱之下小住一天，可谓别有一番风味。星期天早上起来再干半天话，下午坐车返回莫斯科大学。每次的义务劳动强度并不太大，基本上是农庄员工干什么，他们就跟着干什么——有时候是收麦子，有时候是挖土豆。不过在农庄方面看来，不管干多干少，只要有人愿意来义务帮忙，就多少能够替他们分担一些工作，他们都热情欢迎和友好接待。

义务劳动终归是劳动，不是能让人完全放松的娱乐。但是比起开会读文件，终究是有趣多了。农场的饮食比较简单，喝的是牛奶，一大桶一大桶地盛着，谁愿意喝可以放开肚子随意喝，实在是粗犷而豪爽。吃的主要是土豆，在农庄这是当作主食来吃的。如果当天的工作是收土豆的话，晚上就可以品尝到自己收获的成果，一种充实的成就感不禁油然而生。

除了和苏联朋友们融洽相处，杨福愉还不时与戚正武、应圣康等一起留苏的好友相聚，彼此交流感想，相互支持鼓励。这对于身处异国他乡的艰苦留学生活，自然是很大的慰藉。

到 1960 年夏天，杨福愉终于迎来了答辩的时刻。答辩委员会由 5 位老师组成，参加答辩的学生 4—5 个，到场旁听的师生则达一百多人，会场相当隆重。和中国一样，在莫斯科大学，如果一名学生获得了毕业答辩资格，那就意味着在导师眼中，他已经有资格有能力获得学位。因此，凡是参加答辩的学生基本都能通过。更不用说，每个人的答辩过程并不长，所以杨福愉一点也不紧张。杨福愉于 7 月拿到苏联莫斯科大学生物学系哲学副博士学位（相当于欧美的博士学位），顺利毕业。后来，他的博士论文以《甲状腺中毒大鼠肝线粒体氧化磷酸化的变化》为题发表在苏联的《生物化学》杂志上[①]，这便是杨福愉平生的第一篇科研论文。答辩和毕业的过程写起来只是这么短短几句，好像很容易简单，其实当时莫斯科很多大学和研究所对学生的培养都很严格，稍有松懈，就难以获得答辩资格，自然也难以如期毕业。仔细回想一下，如果杨福愉不是通过勤奋克服了研究中的种种困难，很难说他能如愿以偿获得学位，说不定最终不仅要延期，还很可能会没毕业就被迫回国。如果真是那样，该是多大的遗憾!

就在杨福愉毕业的时候，国际政治风暴愈演愈烈，政治上的变化不可避免地波及到民间。苏联人不再敢和中国留学生多接触，以免遭到克格勃的调查；有的教师甚至在课堂上公开批评中国，引起留学生不快。连莫斯科大学食堂做中国菜的厨师，此时也都不见踪影。在这种情况之下，中央决定尽快让留苏学生返回国内，有的刚到苏联还没拿到学位，也只能放弃学业回国。这些学生回国的时候，在入境之前还要遭到苏联军队的严密检查，如发现携带有技术资料，哪怕是公开的内容，也都要一律搜走。为了能够把资料尽量带回国内，留学生们想出了各种办法——比如把论文的封面撕掉，贴上漫画杂志《鳄鱼》的封面，再混杂在别的杂志里蒙混过关[②]。幸运的是，已经先期回国的杨福愉并不清楚这些后来发生的事情，在他的记忆和印象中更多的是中苏人民友好相待的深情厚谊。

留苏三年半的时间里，"你们在苏联一年的学习生活费用，需要国内将近 50 个农民的劳动果实"这句语重心长的训诫不时在杨福愉耳畔回响。而当他终于要启程回国时，和大多数学生一样自觉从口袋里掏出平时的积

---

① Severin, S.E., Yang Fuyu. Changes in oxidative phosphorylation of rat liver mitochondria in thyrotoxisis. **Биохимия**，1960，25（5）: 855–864.

② 单刚，王英辉:《岁月无痕：中国留苏群体纪实》。北京：中央编译出版社，2007 年。

蓄购买车票，不肯再动用国家的一分钱。尽管在去苏联之前杨福愉就清楚苏联的科研条件不如欧美，但在莫斯科大学的学习和研究工作已经让他在线粒体研究方面打下了基础，也为他回国后深入开展线粒体及生物膜研究提供了重要的基础条件。

和他同时以及先后被选拔留苏的这一批学生，后来在各方面都做出了显著的成就。仅在莫斯科大学学习生命科学的留学生中就产生了三位两院院士，除杨福愉外还有匡廷云和孙儒泳；还有不少留苏学生（比如总理李鹏）后来成了国家领导人。作为肩负着重大使命的一个群体，他们当年积极向上、爱国报国的精神风貌至今仍足以令国人敬佩；而在短短几年的留学时间里，大家和谐相处，为了同一目标相互学习、相互勉励、相互帮助、共同前进，不仅成长为共和国的栋梁之才，在自己的人生中也留下了一段永不磨灭的记忆。50 多年过去，杨福愉回忆起当时的情境，心情仍难以平静。在一次莫斯科大学生物学系老校友聚会上，大家一起朗诵的一首诗很确切地反映了这批留苏学生的心情：

莫斯科有我的爱

莫斯科河畔列宁山上
美丽的校园令人神往
我们携手并肩
追求心中的理想
啊！莫斯科有我的爱
你永远在我心上

白桦树下林荫道旁
青春岁月怎能遗忘
我们风华正茂
共度美好时光
啊！莫斯科有我的爱
你永远在我心上

第四章
从回国到“文化大革命”[①]

回国赶上“三年自然灾害”

1960年夏，杨福愉从苏联回到北京，和其他所有回国的学生一起在北京外国语学校集中住宿，进行为期三个月的政治学习，并等待工作分配。当年出国之前，他们在这里接受俄语培训，感受苏联的伟大和对中国的友谊；如今仅仅数年过去，留苏预备部已不复存在，政治学习的内容也发生了180度的大转变，由学习当时的苏联社会主义国家变成了批判苏联修正主义。对于刚刚从苏联返回的这群学生来说，当组织要他们对刚离开的那个国家展开大批判时，思想和情感上很快转一个大弯是很困难的。

在他留学苏联的几年时间里，中科院上海实验生物学研究所也发生了人事变动。1954年，贝时璋被选任中科院学术秘书处学术秘书，经常要到北京参加学术秘书处的工作，而自己的实验室在上海，频繁往返非常不

① 杨福愉访谈，2013年6月25日，北京。资料存于采集工程数据库。

便。于是从这一年起，贝时璋逐渐把自己的实验室迁往北京。1957 年，中科院在北京成立北京实验生物学研究所，贝时璋任所长，并于 11 月辞去上海实验生物学研究所的职务，这样他的科研工作就彻底从上海转移到北京。1958 年，中科院北京实验生物学研究所改名中科院生物物理研究所，贝时璋继续担任所长。

因为出国前，杨福愉是贝时璋实验室的研究人员，现在贝时璋实验室搬到了北京，在他的工作分配问题上就有了两种意见：生物物理研究所的领导希望他到北京工作，而上海实验生物学研究所的领导希望他能够继续留在上海。最后，生物物理研究所的意见得到采纳，杨福愉被调往北京。

然而，上海实验生物学研究所要求他的夫人王锦兰继续在所里工作，于是夫妻两人只好继续两地分居。与妻儿睽隔多年，如今回国后仍然不能团聚，这让杨福愉颇感无奈。于是，在留学归来的政治学习结束之际，杨福愉抢抓机会回上海探亲、看望妻儿，与已经能说会道却对自己还十分陌生的儿子创造点亲情互动的机会。

可是，当杨福愉结束探亲，于 1961 年年初来到北京生物物理研究所正式报到时，学习、工作和生活上的种种反差就越来越凸显出来。报到那天，人事处的工作人员很热情地用三轮板车把他的行李送到宿舍，一路上听着三轮板车吱嘎吱嘎的声音，杨福愉脑海中奔跑的是莫斯科满大街的汽车；因为家眷不在身边，杨福愉只能住集体宿舍。走进位于生物物理研究所 82 号楼的宿舍大门，早有心理准备的他还是被眼前的景象一震：这虽然是一间面积很大的屋子，里面却要住进 20 多人，大多数都是刚刚毕业分配到研究所的大学生；屋子里的床都是上下两层的铁床。杨福愉只能随便就一个空位暂时安顿下来，回想先前自己在莫斯科大学学习时一人就能占据一间宿舍，现在这样的住宿条件实在是太简陋了。

比起住宿条件来，饿肚子是更大的问题。这个时候，“大跃进”导致的农业浮夸风已经造成连续两年严重的粮食歉收，尽管国家力保北京这样的大城市的粮食供应，但是，北京人仍然明显感到粮食短缺。那时所有的食物——不管主粮还是副食，哪怕饼干、点心都要凭票购买。为了填饱肚子，每个家庭主妇都要精打细算安排每一顿饭。可是住在集体宿舍的单身汉们没有做饭条件，不仅只能吃食堂，而且也吃不到每月计划应有的足额——比如说一个二两的馒头实际上只有一两半。因此，杨福愉经常饥肠辘辘，身体也很快消瘦下去。

不仅如此，下班之后，集体宿舍的喧杂环境也让人无法安心看书。杨福愉几乎每天都是到食堂吃完晚饭后返回实验室继续学习，直到晚上九十点钟才回宿舍。在那个填饱肚子尚不可能的年代，能坚持勤奋学习的人可以说寥寥无几。多数人下班之后都去想方设法填肚子或者用休息的方法抗饿，哪还有心思和精力做别的事呢！所以，研究所的一般职工晚上都早早下班回家休息，实验楼里整个一层往往只有杨福愉和少数几个分配到研究所的学生在实验室。实在饿得不行的时候，杨福愉就拿出办公桌抽屉里存放的配给糕点，啃上几口充饥。虽然配给糕点坚硬如同石块，质量很差，更谈不上可口，但也顾不上那么多了。因为营养不良，有一段时间杨福愉甚至出现了小便失禁、身体浮肿的现象①。

当年在苏联留学时，只是为了早日完成学业，留学生们才不得不在晚上加班加点，草草应付肚子；现在回国之后居然还要如此艰苦，让杨福愉倍感无奈。但是即便如此，他心中仍然坚信困难是暂时的，党中央、毛主席会知道并且会有办法解决这些问题的。自己作为一名国家派遣留学归来的科研人员，理应对此多一份理解和忍耐。虽然年岁渐长，但杨福愉心中还是保持着一份激情，渴望在科研上做出一番事业、报效祖国。

“大跃进”运动在 1960 年冬以失败告终，中央在 1961 年年初又正式批准了“调整、巩固、充实、提高”的八字方针，但是“三年自然灾害”导致的粮食短缺依然延续到了这一年末。这时，生物物理研究所的领导考虑到杨福愉在苏联留学时曾对线粒体进行过一定的研究，为了发挥他的专长，专门成立了一个线粒体结构与功能研究小组并让他负责，可以说这是一件很不容易的事情。在行政上，这个研究小组归属于研究所的生物物理化学研究室（第三研究室），室主任是黄芬，组内成员有林治焕以及几个年轻的科技人员。林治焕的年龄比杨福愉略大一些，她

① 杨福愉访谈，2013 年 5 月 21 日，北京。资料存于采集工程数据库。

虽然在线粒体研究方面不很了解，但在生物化学教学方面的经验是很丰富的。

想到自己要担任领导一个科研小组的职责，杨福愉感到很光荣，也很有责任和压力。他本以为自此就能开始走向科研报效祖国的征途，没曾想工作还没走上轨道，持续的粮食紧缺就迫使这个小组不得不先接受研究所里的任务——研究“粮食代用品”。说来令人叹息，在“大跃进”刚开始的时候，曾经担心“粮食多了怎么办”，中科院为此接受了研究粮食综合利用的任务①。然而才过了不到两年，中科院又被紧急动员要求从事与此截然相反的“扩大粮食代用品，开辟粮食和饲料新来源”的政治任务了。

生物物理研究所与中国林业科学研究院一同承担了从树叶中提取叶蛋白的研究任务。平心而论，从树叶或牧草中提取蛋白质的研究的确有一定的理论基础。当时国外也有相关的文献报道，比如英国一家化学公司有一个小型实验工厂，利用机械可以从 100 吨含有 80% 水分的新鲜牧草中提取 5 吨左右的干蛋白粉，纯度为 50%②。但那毕竟还只是实验室的科研成果。可在当时的政治氛围中，政治任务是不由分说的。

杨福愉记得，1960 年任务下达之后，虽然时值深秋，大部分树叶已经开始发黄，蛋白质含量已大为减少，但是为了尽快开展相关研究，生物物理研究所的全体同志纷纷拿起长竿、扫把，把生物物理研究所所在的中关村周边的树叶不论青黄一扫而光。本来，从这样的树叶中提取不出多少蛋白，考虑到投入的巨大人力，可谓得不偿失，实在不是什么好主意，但是谁也不敢提出不同意见。好不容易提取出一些叶蛋白，所里又专门用来制作含叶蛋白的点心向中南海献礼。

到了冬天，北京的树叶全部凋零，没有原材料可用，所里又打算组织队伍去广西桂林推广这一做法。可能是因为杨福愉对此表现不太积极，队伍临出发前，所领导决定让他留下继续从事线粒体研究。后来，在 1961

① 薛攀皋:“粮食多了怎么办?”。见：薛攀皋,《科苑前尘往事》。北京：科学出版社，2011 年，第 206-210 页。

② 薛攀皋：回眸粮食严重短缺年代的代食品研究。见：薛攀皋,《科苑前尘往事》。北京：科学出版社，2011 年，第 211-219 页。

年的一次预备党员转正的支部会议上，有些人就专门提出杨福愉在叶蛋白工作中的表现不尽人意，不符合党员条件，不同意他转正。尽管最后研究所党委排除了这些异议，决定在 6 月批准杨福愉为正式党员，但是这些事件不免让他在很长一段时间内都在思想上觉得困惑与无奈——一个科研工作者，究竟怎样做才能不辜负祖国对自己的培养呢？

继续研究线粒体

自从在苏联留学期间开始与线粒体打交道以来，在“文化大革命”到来之前，即使要开展线粒体研究，也还是不够自由，因为这时又要再次面对“理论联系实际”这个硬邦邦的政策，要开展像留学苏联期间所做的那样的线粒体研究十分困难。考虑再三，杨福愉决定把线粒体研究和生物物理研究所已经开展多年的放射生物学研究相结合。

前文已述，生物物理研究所是 1958 年建立的新所。刚成立的时候，全所人数不多，高级人员更是屈指可数，在中科院生物学部各个研究所里是个“小字辈”。但是，建所时的指导思想却十分明确，就是要贯彻贝时璋提出的以多学科交叉来发展生物学的原则。本来，贝时璋希望把上海实验生物学研究所建设成这样的一个研究所，但是经过几年的亲自主持，加上在协助院领导对生物学部各研究所进行调整时获得的实际经验，他深深感到，要贯彻这一思想，必须成立具有一定规模的新型生物学研究机构。因此，在 1958 年成立生物物理研究所时，建所初期就设有 4 个研究室和一个直属研究组，即放射生物学研究室、宇宙生物学研究室、生物物理化学研究室、生物物理工程技术研究室，以及理论生物学研究组，主要研究量子生物学、信息生物学和生物控制论等理论生物学问题。显然，从这些室、组的名称就能反映出生物物理研究所多学科交叉的特色。

恰好，生物物理研究所成立之际正值中国发展“两弹一星”、建设核工业和宇航工业的时期。杨福愉大学同学吴季兰所在的北京大学技术物理系当初就是为了核工业建设而成立的。而核工业和宇航工业中另有很多相关的任务——比如将小狗放在火箭里发射上天、核爆后放射生态的变化、核爆后动物受辐射损伤的远后期效应、核潜艇内微量辐射的测定等，都需要生物学与其他多学科交叉来完成。由于当时中科院生物学部下属的其他研究所都有较久的历史，各所科研人员的专业相对比较专一，接受这类任务都有一定难度，于是就把希望寄托在新成立的生物物理研究所。面对国家的迫切需求，尽管作为所长的贝时璋知道在建所初期全所的基础还比较薄弱，但的确是最适合开展相关研究的单位，于是率领生物物理研究所积极承担了这些国家重要任务。

为了完成国家下达的大量重要任务，贝时璋必须想办法把各种不同"兵种"的队伍组织起来，既让他们发挥各自的特长，又能取长补短、相互协调，共同完成多学科交叉研究的任务。他以身作则，毅然决定放弃自己实验室从事多年的"轮虫的发育和再生"及"米虾的眼柄激素研究"等课题。有了所长主动"理论联系实际"的带头行为，下面的科研人员在感动之余，对更改自己的课题也就比较积极了。杨福愉就设计了一个把线粒体研究和电离辐射的生物学效应研究融合在一起的课题——在小鼠肝线粒体受 X- 射线照射之后，对其能量转换功能影响的研究。

研究小组首先探讨了整体照射动物的后果。所谓整体照射，就是让实验动物的活体整个接受射线照射，再测定其特定器官的生物学特性的变化。当时衡量射线强度的单位是伦琴。大致来说，做一次 X- 射线胸部透射的辐射剂量是 0.8 伦琴，而如果人体接受超过 11 伦琴的射线照射，就会出现明显损害。对小鼠来说，接受 600 伦琴的照射可造成一半个体的死亡；对于人类，这样高剂量的照射的致死率就更高了。但是在实验中，研究人员却屡屡要对实验动物或样品进行成千上万伦琴的照射，实验的危险性可想而知。研究人员发现，小鼠经过 700 伦琴 X- 射线的整体照射一小时后，其肝线粒体的能量转换功能发生明显变化，但是在停止照射 4 小时后，小鼠肝线粒体这一受损的功能却已经恢复。这显示出线粒体对辐射具有较强的抵抗能力。这一发现在重复几次得到确定之后，于 1963 年以短文形式在国内的权威刊物《中国科学》上发表，这是杨福愉平生第二篇论文[①]。

然而，如果对分离的肝线粒体进行离体照射，情况就不同了。相对整体照射而言，离体照射研究是把某个器官、组织或是更小的生物结构（比如线粒体这样的细胞器）先从生物体中取出，再接受射线照射，然后测定其生物学特性的变化。研究表明，从肝细胞分离的线粒体对 X- 射线的照射敏感度极大降低。离体大鼠肝线粒体要在 7 万伦琴的极高剂量 X- 射线照射之后，其能量转换功能才发生明显变化，这比整体照射时发生类似损害的剂量整整高了两个数量级。此外，研究小组还初步探索了金属螯合剂乙二胺四乙酸对离体大鼠肝线粒体的膨胀与收缩的影响。

当时，生物物理研究所的研究条件颇为简陋。以制冰为例，与现在的实验室普遍配有制冰机不同，当时必须到冰库去买冰。冰库位于白颐路（今天的中关村大街）西边，离生物物理研究所的实验室有一段距离，研究人员每次买冰往往都要骑自行车前往。到了位于地下室的冰库之后，要用工具把足够用量的冰敲下来，回实验室之后还要再敲碎成小块使用[②]。但就在这样困难的条件下，杨福愉研究组的线粒体研究取得了上述成绩，一共整理出 4 篇文章，都发表在 1964 年的《中国科学》等专业期刊之上。再加上和其他研究组合作的另一篇放射生物学研究论文，1963—1964 年杨福愉一共发表了 6 篇论文。

除了线粒体研究，杨福愉还和戚正武、王忠炎（上海生物化学研究所研究员）、伍钦荣四人一起翻译了英国学者狄克松（M. Dixon）和威勃（E.C. Webb）合著的生物化学专著《酶》（*Enzymes*），并于 1964 年由上海科学技术出版社出版，成为生物化学界人所共知的重要参考书。

紧张的工作让杨福愉无暇顾及家人。1961 年他的第二个孩子杨重谦出生时，夫妻双方依然分居两地，无论是在妻子怀孕还是生产期间，他都不能陪伴身边——在当时，因爱人生产而提出请假的要求，恐怕是要遭到

① Yang Fu-yu，Lin Zhi-huan，Li Jin-zhao，Li Sheng-guang. Reconstitution of liver mitochondria in whole-body irradiated mice. Scientia Sinica，1963（12）：1595-1597.

② 2013 年 1 月 15 日杨琳等对王志珍的采访。王志珍 1964 年进入中科院生物物理所工作，2001 年当选中科院院士。

白眼的。好在上述起步阶段的研究工作比较顺利，并且经过三四年的分居之后，王锦兰从上海实验生物学研究所调到了北京生物物理研究所，一家人终于得以团聚。杨福愉感觉大干事业的条件基本具备了。虽然王锦兰很留恋上海实验生物学研究所的工作，对北京生物物理研究所的工作既不熟悉、也不太喜欢，但为了保证杨福愉能集中精力投入科研，仍然默默无悔地工作，而且把全部家务都担了起来。

然而，就在这个时候，中苏关系日趋恶化，中苏论战达到高潮。毫无疑问，这些中共论战的文章也都要科研人员不时开会学习。与此同时，中国的核武器研发取得突破性进展，第一颗原子弹的研发即将完成。于是，政治对科研施加了更大的压力，"理论联系实际"的调子被唱得更高。杨福愉小组的研究人员不得不参与到生物物理研究所承担的其他与实际结合更紧密的任务之中。

见证核试验"零点"时刻

1964 年 10 月 16 日，中国的第一颗原子弹在新疆罗布泊地区的戈壁滩成功爆炸。之后，生物物理研究所受委托测试、调研各地落下灰的分布及其导致的核污染情况，还要观察核爆造成的动物损伤的远后期效应。

几个月之后，更大的任务来了。因为第一颗原子弹是架设在一座 102 米高的铁塔上面引爆，有关部门决定再在 1965 年年中进行第二次原子弹核爆试验，这回让空军派战机从空中投弹，在空中引爆。为了保密，内部称这次任务为"21 号任务"。于是，在这一年 2 月，生物物理研究所科技处处长韩兆贵悄悄找到杨福愉，告诉他中科院为了"21 号任务"专门成立了一支小分队，要求他参加并且作为负责人指导全队工作。因为这次任务是绝密的，绝不准向任何人（包括家人）透露相关的任何信息。

上级突然交给自己这么重要的工作，杨福愉一方面感到组织上对自己的信任，另一方面又感到任务和自己的专业很不对口——这与线粒体研究没有什么直接关系。不过他宽慰自己：这大概是组织上有意给他又一次的锻炼机会吧！

整个小分队由来自中科院的5个研究所的10来个人组成：杨福愉和郭绳武来自生物物理研究所，胡启德和几位助手来自遗传学研究所，敖世洲来自上海生物化学研究所，王泰安来自上海生理学研究所，张成桂来自昆明动物学研究所。小分队的任务是要在原子弹爆炸现场进行一些放射生物学实验，为此需要携带一些实验动物。至于具体的任务如何执行，要到现场与部队方面的有关单位共同研究商量，见机行事。

出发之前，小分队各成员没有碰过头、没有讨论如何分工协作。因为是绝密任务，院领导并没有接见或讲话，而且从刚出发的时候，杨福愉就感觉到这次出差和一般的出差有很大不同——他们坐的是专列，车厢是没有窗的“闷罐”车厢。车行的速度也是时快时慢，从北京到新疆竟然走了一个多星期，吃喝都由沿途兵站供应。

经过漫长的艰苦旅程，来自中科院的这个小分队终于到达了有解放军放哨的关口。过了这道关，就正式进入核爆试验区，再过一个多小时就到达目的地。他们被编为生物医学效应大队第九分队，由杨福愉担任队长。至于整个大队其他的分队，则全部由部队下属的科研单位组成。

为了完成任务，他们要在茫茫戈壁滩生活一段时期。其间的各种艰苦，他们早就有心理准备。在住宿方面，小分队被分配住在两个帐篷中，睡的是铺草席的通铺。在一般天气情况下，这样的条件还不错，但是一旦变天刮起大风，不但寒风刺骨，而且飞沙铺天盖地。有时早晨一觉醒来，发现不光被子上有一层黄沙，伸出被子的脸也蒙上了一层沙粒，几乎是被沙子掩埋的感觉。

荒漠地区的另一个特点则是气候特别干燥。比如说，由于没有固定的厕所，大小便只能在营地附近找一个自认为合适的地方解决。当大便结束后不久，排泄的粪便就已经干缩成微黑色的硬块。大家每天都必须大量饮水，否则喉咙就会干得连讲话都困难。至于吃饭方面，从营养角度来衡量，应该说还是可以的，荤菜主要依靠罐头食品，只是青菜比较缺乏。可以想象，在交通困难的情况下，要从遥远的城镇向这样偏僻的营地大规模、远距离地供应饮水和食物，其难度有多大。

当生活安顿好之后，大量准备工作就开始紧张地进行开来，以迎接“零点”（即爆破时间）到来。这时，领导才明确了生物物理研究所的主要任务是研究核爆后动物损伤的远后期效应，也就是说需要回京后较长期地观察与研究动物受损伤的情况。不过，既然杨福愉和郭绳武从北京携带的实验动物大、小白鼠已经全部安全到达现场，他们也想珍惜科研机会，主动做一些动物短期损伤的研究——观察核爆后处于与核爆中心不同距离的实验动物的辐射损伤情况。

于是，杨福愉和队友们细心地饲养照看着大、小白鼠，尽量减少死亡。由于他们这支小分队在现场的任务之一是在“零点”之前以最快速度把实验动物和遗传研究所带来的农作物安放完毕，所以对这个工作他们做了多次模拟训练。各级领导为了总任务的圆满完成和万无一失，也多次分批逐级检查，连总指挥张爱萍上将也穿着白大褂到处视察，营地一派紧张忙碌的景象。

当然，身为队长，杨福愉还要承担更多工作。由于保密的关系，各分队基本上各自为政，不进行任何联系与交流。即使是杨福愉本人，除了生物物理研究所的任务外，对分队里其他兄弟单位的工作情况也只大概知道一点。在这样严格的近乎单线联系的组织方式下，杨福愉的主要任务就是每天来往于住处与上级领导所在的办公处，下情上传，上情下达，实际上起了通讯员的作用。除此之外，当时杨福愉的职称虽然还是助理研究员，但是级别较高，按规定有权参加上级重要指示的传达会，因此对他来说，会议就显得特别频繁。总之，为了第二颗原子弹的爆炸成功，全国有大量科研人员与职工在各自的岗位上奋力拼搏；而在试验现场，那种千军万马为了同一目标不怕困难、不畏艰险的集体主义精神，更是令人激动不已、终身难忘。

当万事俱备，大家都翘首等待“零点”发布的时刻，不料事情没有想象的顺利。有一天接近中午时刻，上面终于下达了“零点”的具体时间，大家兴奋地迅速行动起来，按预定计划展开各种工作。但是，当中科院小分队乘车前往目标地点放置实验动物和农作物时，才发现当时正是正午灼热、骄阳施威的时刻，沙漠地表温度高达70℃。如果将铁笼中的大、小白鼠布放在这样的环境下，时间稍长肯定会产生各种不利影响。但是时间紧迫，他们已经来不及向上反映，周围更是荒无人烟，只好按命令进行布放。布放完毕，人员则按规定时间迅速撤离。

返回驻地之后，大家都急切地等待“零点”的到来，想不到不久又传来新的命令——“零点”因故改期，各单位必须迅速将布点的各种试验物收回。小分队只好又一次出动，按命令重返布点区将已布放的动物取回。遗憾的是，几个小时过去，绝大部分动物都已经因高温致死。杨福愉和队友们十分痛心，但也只能面对现实。

不久，总部领导召集各分队负责人开会讨论。大家交流了一下情况，才知道凡是布放在空旷、没有掩蔽条件下的实验动物都遭遇了同样的命运。在接下来讨论如何弥补损失、尽可能完成原有计划的时候，有几位部队系统的科研人员突然提出，鉴于生物物理研究所的计划不太明确，是否可以考虑将他们未布点的对照动物由大队调配给其他小分队进行下一次的布点。

由于缺乏和军队人员一起开会的经验，面对这样的提议，杨福愉在思想上毫无准备。一方面，由于保密的原因，不同分队对彼此的计划都不了解，中科院小分队的任务可能只有大队少数领导才知道得多一些，何况之前还在北京时，生物物理研究所对实验计划也的确没有一个详细的考虑，那几位军方人员的提议也不是完全没有道理。但另一方面，出现这样的意外并不是中科院人员的过错，科研的损失不能只让中科院一家来承担。想到“军爱民，民拥军”是一个基本原则，不能在会上公开造成军民对立，杨福愉感到在会上对军方人员的这种提议保持沉默、不表态是最佳选择。

但是在会后，心有不甘的杨福愉还是找到了大队政委，坦诚地反映中科院小分队千里迢迢、克服种种困难带来了不少动物参加核试验，如果空手而归，他作为负责人，很难向单位领导交待。大队政委还算通情达理，后来果然没有人再提出要将他们的实验动物调配给其他分队的要求。

第二次的“零点”发布是在清晨。由于戈壁滩的早晚温差很大，如果在早晨布放，实验动物就不会遭到高温的胁迫。考虑到“零点”将在中午之前到来，实验物的及时回收也可以比较顺利地进行。当“零点”来临之际，在场的全体工作人员与领导无不欣喜若狂，欢呼之声经久不息。这一天，是 1965 年 5 月 14 日。

任务结束以后，在场人员即开始分期分批撤退。郭绳武等人因为要护送一部分存活与对照的实验动物回京，就在现场多逗留了几天，其他人则分批坐火车返回工作单位。就这样，在“消失”了大约一个月之后，杨福愉又悄然在北京现身。

几十年后，当那一切已经成为历史、而曾保密的无须保密之时，生物物理研究所科研人员终于可以把他们对当年从事放射生物学研究的回忆编纂成《蘑菇云背后：放射生物学四十年研究纪实》一书。而这本书序言的作者就是杨福愉。

承担慢性放射病早期诊断任务

1964 年年底，生物物理研究所接受了另一项和核工业有关的任务——“慢性放射病早期诊断”。生产原子弹，铀是必不可少的原料。中国第一、第二颗原子弹的铀主要产自湖南、江西二省，包括湖南郴州的 711 矿、衡阳的 712 矿、江西上饶的 713 矿、乐安的 721 矿等。铀矿矿工和其他技术人员每天都不可避免地受到一定剂量的放射线作用，他们的健康会不会因此受到影响就成为一个急需关注和解决的问题。此外，在医院从事胸部透射等 X- 射线照射工作的医务人员也存在类似的健康隐患。因此，第二机械工业部对中国科技界提出要求，希望能够对长期接受小剂量辐射是否会形成慢性放射病、是否有诊断指标（特别是早期诊断指标）等问题给出明确的答案。有关部门将这个任务下达给北京大学第三医院和生物物理研究所共同承担。

在当时那种环境下，生物物理研究所不但接受了这项任务，而且决定认真加以贯彻。本来生物物理研究所只有第一研究室研究放射生物学，因人手不够，又抽调了第四研究室和第三研究室的人员参加。其中，第四研究室的具体工作是负责照射条件、照射源安装以及照射剂量的测试等，而杨福愉研究小组所在的第三研究室的工作是负责生化指标的监测。这样一来，他原来从事的线粒体研究就被迫中断，所有相关人员都全力以赴投入到国家交付的新的任务之中。

然而，这实在是一个十分复杂的大课题。首先，研究人员必须明确什么叫“慢性放射病”，它的症状是什么，临床上怎样诊断。如果不先弄清楚这些基本问题，早期诊断任务在学术上就缺乏应有的基础。为此，课题组跑遍了北京各大医院的放射科以及二机部、卫生部所属机构，还组织科研人员先后（1965 年 10 月至 1966 年 8 月）两次（杨福愉参加了第二次）去江西上饶 713 矿深入了解矿工的生活和工作条件，并就一些初步筛定的化验指标对矿工的血液做了测试，前前后后花了不少时间和精力。

调查结果令人唏嘘。原来，对于什么叫慢性放射病的问题，连医务界都没有一致的说法，因此不可能有明确的诊断指标，更谈不上早期诊断。但是，即使发现了这样的问题，对于上级下达的任务，当时的底层科研人员也很难从科学上提出质疑。1965 年 7 月，杨福愉所在的第三研究室正式开展慢性放射病早期诊断任务的第一批猕猴实验，即用放射源钴 -60 释放的 γ- 射线对猕猴进行小剂量的长期照射，然后监测其血液生化指标的变化。这批实验于 1969 年 12 月结束，历时四年半（1965.7—1969.12）。1966 年 5 月，他们又开始第二批猕猴实验，于 1970 年 4 月结束，历时四年（1966.5—1970.4)。

这项研究虽然是在当时“文革”那样的大背景下进行的，而三室全体同志却仍能坚持下去，并认真和如期完成了任务。当我们在回顾这段不可忘却的历史时，本书记载了参加该任务的全体同志的姓名是非常必要的，他（她）们是：杨福愉，黄芬，林治焕，郭倍奇，王苏民，金元桢，邹福强，劳为德，史宝生，赵云鹃，张占勤，王玉梅，陈受宜，崔道珊，张贺忠，陈燕，宋时英，曹懋孙，黄有国，吴爱华，李金照，张淑英，张淑秀，孙珊，邢菁如，张克，李跃贞，李才元，李生广，文德成，郭宏广，

图 4-1　1965 年杨福愉赴山西运城东孙坞村参加“四清”工作（后排左 1 为杨福愉）

倪宝谦，张兰萍，郝景兰，袁燕华。然而，即便是国家下达的研究任务，也还会受到政治的干扰而不能持续进行。1964 年冬，“四清”运动在全国范围内展开，分期分批地将以城市干部和知识分子为主体组成的小分队派往全国农村开展工作，一面教育农民，一面给知识分子进行一次思想改造与接受教育的机会。

就这样，1965 年初秋，杨福愉被迫搁下刚刚开始的猕猴实验，被派往山西运城东孙坞村参加“四清”工作队并担任指导员工作，队长则由第三研究室的党支部书记张剑秋担任。

下乡之前，工作队的成员已经都被灌输了这样的观念：在农村，一场严重的阶级斗争正在展开，而且斗争是残酷的，对每个下乡干部都是一次严峻的考验。杨福愉记得，他们到达目的地之后在召开全体队员会议时，居然还有专人放哨以防敌人破坏，村子里充满了紧张的气氛。

东孙坞村的“四清”工作队一共十余人，全是生物物理研究所第三研究室的同志，有的与农民同住，有的集中住在向农民租居的队部，吃饭则采取轮流到农民各家吃“派饭”的办法，吃完以后需按规定留下一定的伙食费和粮票。队员的任务则是摸清每个生产队的经济情况，并了解有没有走资本主义道路的种种事实，比如借公济私、贪污浪费、投机倒把等。

经过一段实践与情况摸查，大家才发现真实情况与上级告知的情形有很大出入。从整体上讲，农村的生活水平与城市有很大差距，农民尚生活在很艰苦的条件下。他们虽然积极性不算很高，但应该说还是在勤勤恳恳地劳动，为国家做着应有的贡献。至于个别干部作风有些问题，例如多吃多占、作风不那么民主、多少有点特殊化等，充其量不过是人民内部矛盾，上不到“走资本主义道路”这么高的纲。农村各家之间的关系一般也都比较和谐，有少数互相之间有意见也应该属正常情况，根本谈不上什么“阶级斗争”。与此同时，农民们也逐渐改变了对工作队的看法，彼此之间的关系也比较友好。

杨福愉在农村大概待了 10 个月。要说收获，最主要的就是深刻体会到了城乡差别。杨福愉一直记得去苏联前领导同志的那句“你们在苏联一年的学习生活费用，需要国内将近 50 个农民的劳动果实”的告诫。如今亲身经历了农村的艰苦生活，的确从内心深处感到自己欠了国家、欠了劳动人民一份债，有待自己通过工作去偿还。但是另一方面，这将近一年的时间对业务工作的损失又是难以弥补的。毕竟，人的一生是有限的，而科研又需要不懈的积累，这是不以人们的意志为转移的规律。

由于不断面对种种不如人意的情况，当时年富力强的杨福愉在思想上的确感到十分迷惑、无奈与苦恼，但除去“四清”这样的纯粹政治运动，晚年的杨福愉在回忆起留学回国后被几次要求参加国家任务的往事时，还是对此表示了充分的同情与理解。不管怎样，幸亏生物物理研究所有贝时璋这样的好领导，不仅具有雄厚的数、理、化、生物学基础和非凡的人格魅力，而且亲自参加文献调研，又通过各种形式的筹划与讨论，与大家一起制定策略，从而能根据任务需要将全研究所的力量组织起来，有效地开展多学科交叉的科学实验。唯其如此，生物物理研究所才能克服种种困难，在比较艰难的生活和工作条件下，以一个成立不久的“小字辈”的身份取得累累成果，为中国生命科学的发展做出重要贡献。

而且，当年吸收的不同专业的大批年轻科技人员经过各种任务的锤炼，逐渐成长为一支骨干队伍，成为后来生物物理研究所崛起的基础。他们不仅在完成一系列国家任务中起到了重要作用，其中不少人直到几十年后仍然对生物物理研究所的发展发挥着余热——杨福愉也是其中之一。回顾生物物理研究所的发展历史，这一阶段无疑是很关键的。

不堪回首的“文化大革命”

“四清”运动结束没有多久，1966 年，“文化大革命”全面展开。对于科研院所的很多研究人员来说，虽然从几年之前就感受到政治上的紧张气氛愈演愈烈，对“阶级斗争”一类之词也不陌生，但他们对这场席卷全国的“文化大革命”的到来却丝毫没有心理准备，还没有理解发动它的意义何在，就被猝不及防地卷入到由此造成的社会动荡和人生悲剧之中。

“文化大革命”刚开始时，社会上闹得比较厉害，但生物物理研究所表面上动静还不大。当时中科院已经批准杨福愉为生物物理研究所党委会委员，8 月他带领队伍到江西上饶 713 矿调研。就在调研过程中，所里发来急电要求他必须回京参加“运动”、接受批判。

等杨福愉赶回北京时，发觉环境已经大变，仿佛寒冬已经提早来临。那时研究所里的“运动”已经开始了，群众已经连续召开了多次全所大会，批判所党委镇压“文化大革命”的“罪状”。与此同时，大字报的张贴也迎来了第一波高潮。杨福愉不得不去看那些满纸戾气的东西，看到对自己的批判成为研究所内群众注意力的焦点之一。有的批评似曾相识，比如杨福愉在浙江大学期间，团组织对他的鉴定是“不容易同比自己水平低的人合作，关心别人不够”，此时也同样有人揭发他工作中对同志批评较多、不够友善。然而，还有的批评却如同当头一棒，比如有人揭发他拿着不低的收入，却因为岳母得了癌症向上面申请补助，等等。突然遭到如此的公开攻击，他自己勉强还算镇定，但夫人王锦兰却感到了巨大的精神压力，她想不到丈夫竟会有那么多的“缺点”。

比起书面的抨击，面对面的攻击更令人心寒。杨福愉回来之后，虽然只赶上了全所大批判会的“尾声”，但最后一次大会还是被点名要求给他“补课”——上台站一站，听听大家的批判发言。好在他只听了一会儿，群众就让他下来了。但是会后，“造反派”怀疑杨福愉等党委委员曾研究过如何镇压“造反派”的问题，便当即搜查所里的党委会开会记录。发现党委会会议记录本里没有实据之后，又连夜搜查党委委员们的个人工作记录本。大概就在那天晚上的八九点钟，他们闯入杨福愉家中，要求他交出开会时的记录本。可是，杨福愉在开会时并没有详细记录的习惯，“造反派”找不到想要的东西，只好悻悻而归。

还有一次，研究室里专门召开针对杨福愉的全室批判会。尽管他不是高级研究人员、算不上“学术权威”，但仍然被批为“修正主义苗子”，主要的批判内容基本还是大字报上写的那些东西，什么崇拜美国、对待同志太苛刻、没有“阶级感情”，等等。批判者拿着许多小事上纲上线，比如“四清”的时候有一次队里放假，杨福愉进城时曾去澡堂洗过一次澡，这就算是“贪图享受”；再如杨福愉当时虽然还不是副研究员，但级别较高，按政策每月可凭票买一次鸡蛋或猪肉，这明明是依照规定办事，也被说成是“犯了特殊化的错误”。更让人想不到的是，那位在“三年自然灾害”期间无意间推门看到杨福愉深夜在实验室吃点心缓解饥饿感的老同事这时也站出来，绘声绘色地描述杨福愉如何一边看书，一边从一个自苏联带回来的精致漂亮的塑料盒中取出高级点心吃夜宵。她甚至把这件小得不能再小的事情与刘少奇夫人王光美在京郊“四清”蹲点时偷偷吃精制夜宵的事情相提并论。这一有违事实的揭发虽然没有引发在场群众的多大反应，但却深深刺痛了杨福愉。自己明明是在艰苦的环境中抱病努力工作，结果却遭到群众的如此侮辱，而且还是出于一位老同事之口，公道何在！批判结束的时候，群众让杨福愉发言，他虽然感到十分委屈，但深知在这种形势之下辩解已毫无意义，只能泪流满面、唯唯诺诺而已。会后，虽然有些同事对他做了些思想工作，希望他能正确对待群众运动，但杨福愉还是一度萌生了“运动”结束之后不再在生物物理研究所待下去的念头。然而，这也只是一厢情愿，以当时的情况，哪里能是科研学术的乐土呢！

何况，杨福愉只是研究所内被批判的研究人员中的一位。相比其他中、高级人员来说，他来所时间比较短，大多数群众对他低调务实的作风还是心知肚明的，对于他的工作成绩也比较清楚，所以总的来说，对他还算比较“客气”①。

在对干部、对“学术权威”和“修正主义苗子”的批判进行了一段时间之后，“造反派”因为内部观点不一分成了两派，从此开始内讧式的派系斗争，研究人员总算从灾难中获得了一个暂时喘息的机会。

生命在“运动”中流逝

1968 年前后，生物物理研究所的“造反派”之间的派系斗争正如火如荼，杨福愉这样的不参加任何派系的“逍遥派”一边冷眼旁观，每天去围观一下大字报，一边继续进行“慢性放射病早期诊断”的实验，几乎每天都骑自行车去清华园火车站附近不远的研究所的动物房轮流值班。虽然“造反派”负责人的兴奋点不在研究工作上，但是在“抓革命促生产”的口号下，也不敢不让他们去继续执行国家任务。倒是一些“造反派”成员看着这些人天天去值班不太高兴，觉得他们有逃避运动的嫌疑，因此在举行大批判会时，有时仍然命令他们去旁听以接受“教育”。

这一年，全国又开展了“清理阶级队伍运动”，凡“出身不好”者再次遭到批判、揪斗。不仅如此，在清查过程中如果新发现了过去有历史问题的人，除批判外还要作为“牛鬼蛇神”关进“牛棚”，进行强迫性的劳动改造。在“清阶”运动期间，杨福愉以“需要思想改造的修正主义的苗子”身份被编进生物物理研究所的“拉练队伍”。所谓“拉练”，就是每个队员身负一定重量的衣被，徒步在北京市远郊区作模拟行军式的行进，傍晚到达某个乡村，即一边吃难啃的粗粮，一边请革命军人或贫下中农进行

① 杨福愉访谈，2013 年 5 月 9 日，北京。资料存于采集工程数据库。

忆苦思甜教育，同时将“拉练队伍”中的批判对象加以一定形式的批斗。

当时还没有实行计划生育，因为杨家已经有了两个男孩，他们很希望家庭成员中再增加一个女儿，于是王锦兰再次怀孕。但是到产期将至的时候，组织却以杨福愉正在“拉练”为由，拒绝了他的请假申请。这样不讲人道的行为，使杨福愉对政治运动完全绝望，下定决心把情绪藏在心头，一心一意做最铁杆的“逍遥派”。“拉练”结束，在闲暇的时候，杨福愉就抱着刚出生的第三子杨重山在宿舍楼前晒太阳，还向老同学陆乃泉、毛蓉芳学习自制葡萄酒等。在“文化大革命”期间，这是知识分子进行抗拒的方法，虽然形式上看并不积极。自然，杨福愉的消极表现引起了研究所内很多老同志的议论，但在那个时代，这本来也是司空见惯的现象，杨福愉并不在乎。

不料这时又忽然从东北传来流言，说在当地发现留学苏联回来的职工中有不少苏联特务。研究所里掌权的“造反派”听闻如此重大的动向，兴奋异常。为了学习东北“先进”经验，专门成立了专案组，对留苏回来的年龄较大的几位人员进行审查，杨福愉被列入审查名单内。对于这样的诬陷，杨福愉觉得不可思议。好在专案组里有人与杨福愉同时在莫斯科大学学习，很清楚杨福愉在苏联的学习和生活情况，知道他在莫斯科大学学习期间除了上课、做实验以外，周末基本都安排了政治学习，很少有时间和苏联人接触，更谈不上搞其他活动。没过多久，针对他的专案审查宣告结束。

然而好景不长，1973 年上面又下发了各级干部须下放至“五七干校”劳动教育一年的规定，杨福愉被通知到科学院在河南确山的一个“五七干校”劳动一年，秋季出发，次年春节放假回北京，之后再去几个月，直到秋收后返京。

这次下乡与“四清”不同，任务很明确，是要通过劳动进行锻炼、改造思想、向贫下中农学习。学员们几乎每天都下地干活，吃住都集中在一起。有一段时期，杨福愉还被分配至伙房当伙夫，担任烧火任务。每顿饭什么时候点火、怎么掌握火候都是技术活，需要通过实践来掌握，虽然杨福愉干起来有点紧张，好在没出什么洋相。

比起“四清”来，在“五七干校”期间的生活要安定得多，也比较单纯。政治学习自然还是不可少的，不过自己支配的时间也相对较多。有的学员组织起来成立合唱队、歌咏队，杨福愉对此兴趣不大，就抓紧时间学习。农村的蚊子较多，空闲的时候，他就把蚊帐放下来，在自己的小空间里偷偷学英语。但是，因为要提防不被别人发现，总觉得不够安全自在，坚持了一阵之后也就没再学下去。

像很多同代的知识分子一样，杨福愉对于“文化大革命”具有极大的憎恶之情。就像著名作家韦君宜在晚年回忆录《思痛录》中描写的那样，一次又一次的运动不断消磨着知识分子在政治上的热情，而“文化大革命”无疑是对他们当年豪情的最后沉重一击。然而，作为一个极为重视经验积累的科学家，杨福愉更惋惜自己在“文化大革命”期间被白白浪费的人生，那是永远找不回来的无价年华。

用“匀浆互补法”代替“线粒体互补法”预测农作物杂种优势的探索

1974年秋，杨福愉从位于河南确山的“五七干校”返回北京生物物理研究所之后，又接到了一个新的研究任务。这次仍然要“理论联系实际”——测试线粒体互补优势。在农作物育种研究中，人们早就发现了“杂种优势”现象——两个不同的作物品种相互杂交之后，产生的子一代具有比父本和母本都更为优良的性状。为什么会产生杂种优势，是一个长期未能彻底搞清的遗传学问题，但是这不影响生产上对这种现象的利用。事实上，正是杂交育种手段的大量使用，世界农业才能在20世纪中叶靠杂交良种掀起一场“绿色革命”，极大缓和了全世界的饥饿问题。

不过，杂交育种的一大问题就是不能有把握、有选择性地获取优势杂交品种，必须对亲本进行大量近乎盲目的杂交组合，再从表现五花八门性状的子代中“万里挑一”，耐心筛选能表现出杂种优势的个体来。这还不算完，还要把这些有潜在杂种优势的品系继续繁殖几代，如果其杂种优势性状能够稳定地代代遗传，这才算育种成功。这样复杂的工作无疑会耗费很多人力和时间。如何能够找到有效预测杂种优势的生理生化指标、克服杂交配种的盲目性、缩短选育良种的年限，成为一个有重大生产实践意义的农学课题。

1966 年，美国学者麦克丹尼尔（R. G. McDaniel）等人在 *Science* 上发表文章，提出可以用“线粒体互补法”来预测杂种优势。这种预测的原理是：把两个亲本的线粒体从细胞中分离出来，在离体的条件下混合，如果这些混合的线粒体的总活性产生了“一加一大于二”的效果，且超过了任何一个亲本，那就说明两个亲本的线粒体是互补的。由于线粒体是生物的能量工厂，线粒体活性高的植株仿佛是强壮有力的人一样，往往在生长速度、生长质量和抗病性方面都有较好的性状。因此，能够表现出线粒体互补亲本的优势，在杂交之后也就更容易产生具有能够稳定遗传的杂种优势性状的品系。

看上去，“线粒体互补法”是一个在理论上很有说服力的方法，因此，在麦克丹尼尔等人的论文发表之后，世界多个国家的育种工作者都试图重复他的工作，验证这一假说的有效性。遗憾的是，经过多年检验，未能重复出麦克丹尼尔等人的研究结果。而中国从 1971 年以后也有不少机构开展这方面的重复研究，结果也不如人意。

由于杨福愉在留学期间和回国以来开展了多年的线粒体研究，生物物理研究所同意他从事同样的重复检验工作。杨福愉的研究小组从 1974 年一直干到 1976 年，最后仍然只能得出负面的结论。就这样，在“文化大革命”的最后两年多时间里，虽然恢复了科研工作的杨福愉几乎什么科研成果也没有做出来。

粉碎“四人帮”之后，大家隐约感到阻碍科研工作正常进行的坚冰马上要解冻了，杨福愉多年积累的科研创造力也一下子爆发出来。在仔细研读提出线粒体互补的美国学者发表的文献时，麦克丹尼尔提到其中的一个现象——线粒体提得越纯，线粒体互补的效果越不好。杨福愉由此想到真正在互补优势中起作用的可能并不仅仅是线粒体，而是那些“不纯的物质”中的某些成分可能在起一定作用。既然如此，应该检测的就不应该是线粒体的混合物，而应该是两个亲本的整个细胞质的混合物。

新的实验很快就在新的思路下展开了。这一回，杨福愉课题组采用匀浆杂交的方法测试其活性变化情况。把亲本的幼苗细胞进行研磨，再通过离心除掉残渣得到“匀浆”——均匀的、内含线粒体的细胞浆；把这些匀浆混合在一起，就是匀浆“杂交”。事实表明，就已知其杂交种性状的亲本组合来说，匀浆杂交对于杂种优势的确有很好的预测作用。如果以匀浆的氧化活性（以每小时每克幼苗组织消耗的氧气体积为衡量标准）作为判断杂种优势依据的话，那么能够产生匀浆互补效应的亲本杂交所得的杂种一般都能表现出明显的杂种优势；反之，不能产生匀浆互补效应的亲本杂交所得的杂种就不易表现出杂种优势，准确率可达 80%~85%。

在这项课题研究中，杨福愉研究的作物主要是玉米和谷子（小米），此外还有棉花和水稻。河北张家口坝下农业科学研究所作为课题的参与单位，为杨福愉提供了大量谷子的亲本，而实验结果也表明“匀浆互补法”对于谷子的杂种优势预测效果更好。于是杨福愉和坝下农科所合作，从 1000 多个谷子亲本组合中筛选出 100 多个匀浆互补现象比较明显的组合。杨福愉建议尽快开展农田试验，坝下农科所也非常配合，先是在小面积的实验田中试验，连续 3 年的结果表明预测准确率可达 80% 左右；从中再选出 4 个最有希望的组合在大面积的实验田中试验，结果增产效果十分明显。消息传来，杨福愉颇为欣慰——自己终于在多年的“理论联系实际”工作中做出了一些显著的、可以直接应用的成绩；更重要的是，这项研究的成功表明自己以往多年专一从事线粒体研究时所积累的知识和经验的确可以在科技创新中发挥出重要效果——正因为对线粒体无比熟悉，杨福愉才能从美国人的实验报告中发现他们尚未关注和考虑的研究思路，从而打破了线粒体互补实验没有进展的僵局。

为了进一步提高预测的准确度，杨福愉还尝试用杂种子一代幼苗匀浆的氧化活性以及亲本幼苗细胞 ATP 含量总和等指标作为用“匀浆互补法”预测作物杂种优势的辅助指标。他指出，采用这样的综合指标来预测作物杂种优势是一个值得探索的途径，需要通过实践不断加以改进与完善。

不过，因为分子生物学在这十几年中突飞猛进，生物育种已经进入了分子时代，基因工程、基因修饰技术（通称转基因技术）和分子辅助育种以精准的目标基因操控和测试极大地减少了杂交育种的盲目性，也就减少了其耗时长的弱点，像“匀浆互补法”这样的细胞层次的辅助育种技术渐渐过时了。因此，“匀浆互补法”后来并没有在实际育种工作中起到特别大的作用。然而，在这项工作上做出的突出成就体现了中国科学工作者在近乎与世隔绝的状态下仍然具有出色的创新能力，这项工作仍然在1986年获得了中国科学院颁发的中科院科学技术进步奖三等奖。“水稻杂种优势生理生化基础及优势预测的研究”成果获广东省科学技术奖励评审委员会颁发的广东省科学技术进步奖二等奖（1994年）。

在研究过程中，杨福愉也尝试对匀浆互补现象的分子机理做一些推测。以杂种优势比较明显的玉米品种“张单9号”为例，它的亲本幼苗匀浆混合后有明显的互补作用，但它们的线粒体之间以及通过二相分配分离法分离掉线粒体后所得的上清液（即主要含有质膜的那一相）之间都不呈现明显的互补作用，这就说明互补现象的产生是由两个亲本的线粒体与上清液之间的交叉作用所致。对于杂种优势不明显的亲本组织，既没有匀浆互补现象，其父本的线粒体与母本的上清液之间，或母本的线粒体与父本的上清液之间也都没有相互促进作用。

从初步研究结果来看，杂种优势组合的亲本匀浆产生互补的分子基础，换言之，就是匀浆上清液与线粒体中参与互补作用的组分是对热不稳定的，看来很可能是一种分子量并不很大的可溶性蛋白质。但是它究竟是什么，就要留待后来学者继续探索了。

第五章
对我国膜生物学研究的杰出贡献

起步生物膜研究

当刚刚起步的新中国科技事业处于“文化大革命”中断时期，国外生物学的诸多研究领域已突飞猛进地发展。20 世纪 70 年代以后，生物膜研究成为现代生物学研究的热点之一；而有关线粒体的研究、对细胞如何产生和利用能量的生物能学研究也都已经深入到生物膜层次。鉴于细胞中催化产能反应的酶或蛋白质都与以多种形式镶嵌在生物膜上的膜蛋白密切相关，在逆境之中仍然关注国际学术动态的杨福愉一边被迫应对政治运动，一边从各种途径获取生物科学研究发展的信息。“文化大革命”结束之际，他大致了解到相关领域的动态和进展，开始考虑怎样把自己 20 世纪 60 年代初期开始的一点线粒体研究工作向生物膜结构与功能关系的研究方向发展。

西方科学家从 19 世纪末就开始探索生物膜的化学成分和结构。1895 年，英国生物学家欧佛顿（C. E. Overton）在用 500 多种化学物质对植物细胞的通透性进行上万次的实验之后得出结论：细胞质膜对不同物质的通透性不同，凡是可以溶于脂类的物质比不能溶于脂类的物质更容易通过细胞质膜进入细胞，因此脂类应该是细胞质膜的重要构成之一。

20世纪初，科学家从哺乳动物红细胞中第一次将细胞质膜分离出来，化学分析表明其主要成分是一类叫做磷脂的脂类。20年代中期，科学家又证明质膜含有两层脂质分子，这就是质膜的脂质双分子层模型的由来。进入30年代后，经过英、美等科学家对生物膜结构的基本组成分析发现，不仅双层脂类分子是生物膜结构的基本组成，而且蛋白质也是其重要组成，并以多种方式与脂质相结合。到了70年代，科学家在用红色和绿色两种荧光抗体研究小鼠细胞融合时，观察到两种荧光抗体在细胞融合时逐渐扩散开来，最后在质膜上呈均匀分布。这一开创性的实验和后来其他实验都证明了细胞膜不是一种静态而是处于不断流动的结构。据此，科学家提出了至今仍公认的生物膜结构的“流动镶嵌模型”，指出蛋白质以不同的方式镶嵌在脂质双分子层之中或之上或跨越脂双分子层，并在膜上处于不断的运动之中。显然，膜脂和膜蛋白作为生物膜结构的两种不可缺少的组分，有关膜脂与膜蛋白、膜蛋白与膜蛋白之间的相互作用及其对细胞生命活动的影响无疑是具有重要意义的研究课题。在“文化大革命”之后对生物膜的研究，杨福愉最早就是从分离、纯化的膜蛋白与人工膜（由脂双层形成的微囊，通称脂质体，liposomes）之间的相互作用及其对膜蛋白功能的影响开始的。

1977年，中国科学院生物物理研究所恢复了正常的组织关系，研究所和各研究室的领导重新得到正常任命。所长一职仍由德高望重的贝时璋担任，而分别以研究酶和线粒体著称的邹承鲁①和杨福愉后来在1979年被共同任命为副所长。研究室也重新做了调整，原先杨福愉领导的线粒体研究小组在“文化大革命”期间可谓“分崩离析”，现由杨福愉和黄芬共同恢复组建为第三研究室，改以生物膜为主要研究方向，其中，主要研究人员除杨福愉外，还有黄芬和林治焕等六七人②。

---

① 邹承鲁（1923–2006年），著名生物化学家。于1951年获剑桥大学生物化学博士学位。回国后，在中科院上海生理生化研究所任职，于1958年参加人工合成牛胰岛素的工作，在整个工作中起到重要作用。从60年代开始，他继续酶学研究，深入探讨酶的化学动力学，创立“邹式公式”和“邹式作图法”等重要成果。1970年调入生物物理研究所，于1980年当选中科院学部委员。

② 杨福愉访谈，2013年6月25日，北京。资料存于采集工程数据库。

除了在“文化大革命”后期已经开展的线粒体“匀浆互补法”研究外，新组建的第三研究室最早的工作之一就是膜蛋白嵌入脂质体的研究。脂质体是一种由双层磷脂分子（如大豆混合磷脂或人工合成的纯磷脂）构成的人工膜，经常作为生物膜的模型来进行膜脂－膜蛋白相互作用的研究。还是在 1977 年，杨福愉就在《生物化学与生物物理进展》杂志上发表了一篇题为《脂质体在生物膜研究和药物学方面的应用》的综述文章。这时，三室的生物膜组正以细胞色素 C 这种膜蛋白为对象，通过超声、胆酸盐稀释和透析三种方法将其嵌入脂质体，并对三种重组方法的效果做初步分析。尽管这是一项很粗浅的研究，但相关论文于 1978 年在《生物化学与生物物理进展》上发表，标志着杨福愉有关生物膜的研究迈出了可喜的第一步。同年，他还发表了另外两篇有关“线粒体互补”和“匀浆互补”方法预测农作物杂种优势的论文。

1978 年 3 月，经过将近一年的酝酿，全国科学大会在北京人民大会堂召开，会上先进集体和先进科技工作者受到了表彰。随着“科学的春天”到来，很快杨福愉又有了一次出国考察的机会，这次去的又是德国，只不过不是民主德国，而是联邦德国。

原来，在“文化大革命”期间，少数有机会出访国外的生物学家回国向领导汇报时，都提到国际上的生物膜研究发展十分迅速，有人还形象地说“到处是生物膜”。这个动向引起了中国科学院领导的关注。全国科学大会结束不久之后的 5 月，中科院特意批准生物学部派遣一个小组专门去联邦德国考察了解生物膜研究的情况。之所以选择联邦德国，可能一方面因为联邦德国的生物学水平较高，另一方面也因为两国已经建交，外交关系比较融洽。

中科院生物膜研究考察小组由六人组成——生物物理研究所杨福愉，上海生物化学研究所林其谁①，上海生物学研究所顾国彦，动物学研究所刘树森②，植物学研究所林世清，生物物理研究所外事部门的王玉英（翻译），

① 林其谁，原籍福建莆田，1937 年生于上海，主要从事生物膜的生物化学研究，和杨福愉的研究方向比较接近。于 2003 年当选为中科院院士。

② 刘树森，1932 年生，安徽枞阳人，1958 年入莫斯科大学生物学系学习，1962 年毕业，是杨福愉的系友。研究方向是线粒体和生物膜，后来担任中科院动物学研究所所长。

图 5-1 1978 年 5 月，杨福愉（左 3）率领中国科学院生物膜考察小组访问联邦德国（右 1 林其谁，右 3 林世青，右 4 王玉英，左 1 顾国彦，左 4 刘树森）

由杨福愉担任组长。

这个决定下达后，大家一则感到十分欣喜，二则感到任务很艰难。虽然参加这个考察组的成员都是中科院生物学部各研究所与生物膜研究有关的骨干，但在“文化大革命”中，相关的工作基本中断。如今到联邦德国考察，必然要进行学术交流，而中方考察人员却几乎拿不出什么能和德方交流的成果。为此，小组成员在出发之前还专门多次讨论过交流的内容，并勉为其难地凑出一份“中国生物膜研究概况”交流稿。虽然大家都感觉有些言之无物，但事实如此，也只能将就了。

考察小组出发之前，中科院钱三强副院长特批了 5000 美元外汇，让考察小组在德国购买一些实验必需的试剂与装置。访问的首站是联邦德国南部第一大城市慕尼黑，因为此次出访是通过中科院与联邦德国马克斯·普朗克科学促进协会（简称马普协会）的交流协议进行的，而马普协会的总部就设在慕尼黑。当飞机在慕尼黑机场停机坪停稳之后，马普协会对外交流部的负责人即登机来迎接杨福愉等一行。在考察组人员看来，这样的礼遇一般只适用于接待政府一级的贵宾。因而面对这样规格的接待，他们不免有些意外。不仅如此，马普协会还专门派一位能讲英语的女秘书全程陪同考察组参访。

到达慕尼黑当天，考察小组就参观了马普协会生物物理研究所。这个所是马普协会科研水平较高、成果比较显著的研究所，考察小组对所见所闻都感到十分新鲜，甚至有目不暇接的感觉。接下来，考察小组又先后参观了马普协会生物化学研究所、乌尔姆大学萨克曼（Sackmann）教授领导的实验室、图宾根的遗传发育研究所、哥廷根大学的生物物理化学研究所以及国际著名的生物能学专家克林根伯格（Klingenberg）所在的慕尼黑大学。考虑到参观的内容较多、需要学习的内容也很多，而每个成员的兴趣又不尽相同，于是大家商议最好能根据各人的专业分成几个小组分别参观，这样可以了解和学习更多的东西。但在当时，外事还管得比较严，一切行动的变化都得请示使馆。当杨福愉以小组负责人的身份向我国驻联邦德国大使馆有关参赞请示时，却遭到了比较委婉的批评，说在国外不能一个人单独行动，这是众所周知的规定，在学术参观时也不能例外。无奈，考察工作只能按照预定的计划依次进行。

依照常理，科学研究的国际交流应该是双方对等交流。但是每到一处参观，在主人进行介绍并陪同参观时，杨福愉带队的考察小组成员除了提问之外，很少能介绍自己所取得的相应研究成果，更没有做学术报告的底气。当初准备的那篇介绍“中国生物膜研究概况”的稿子，原本还打算硬着头皮拿出来宣介一下，但是在参观德国几个研究机构的丰富多彩的研究工作之后，实在觉得自惭形秽、拿不出手。于是在参观各个大学或研究所时，每当主人通过陪同考察小组的那位女秘书询问中方是否做学术报告时，组员们都显得特别尴尬。这样一来，“交流”的形式就成了主人为考察小组组织学术讨论会，由大学或研究所的德方研究人员及该机构的客座研究人员做学术报告，考察小组只能坐而听之。每每忆及此事，杨福愉总会不无遗憾地说，“那实际上只是一次单向学习”。作为代表中华人民共和国派出的科研考察成员的中国学者，当时的那份愧疚、羞惭和懊恼至今让杨福愉仍有沦肌浃髓之感。

这次对联邦德国生物膜研究情况的短期考察，收获是多方面的，对每个组员在思想上的震撼也是刻骨铭心的，但是那种技不如人的感受自然也成了考察小组成员回国之后积极推动发展中国生物膜研究的主要动力。回国之后，考察小组向中科院生物学部与院领导做了详细汇报，由于汇报内容比较丰富，问题和建议也很有针对性，还对中国生物膜研究的发展提出了几点具体建议措施，因而获得了学部和院领导的好评。总之，这次考察对后来推动中科院乃至全国生物膜研究的发展起到了很好的作用。

确立生物膜研究主线

1978 年对杨福愉来说是个颇令人愉快的年份。除了全国科学大会之后获得到联邦德国考察的机会和接连发表 3 篇论文之外，他与林治焕、邢菁如、史宝生、李生广等人在 20 世纪 60 年代共同取得的“线粒体结构与功能”研究成果荣获了当年的中国科学院重大科技成果奖。同年 7 月，杨福愉又到甘肃兰州参加全国细胞培养与体细胞杂交线粒体呼吸代谢与杂种优势会议。这是“文化大革命”之后国内首次举行的较有影响的学术会议，很多生物学界的老前辈如殷宏章、汤佩松、郑国锠等都参加了。在大会上，他应邀做题为“线粒体结构与功能”的报告。特别是这年秋天，生物物理研究所招收了“文化大革命”后首届研究生，张玉中、谢小松便是杨福愉的首批硕士研究生，这为开展研究工作提供了有利的人才条件。

在 1978 年全国科技大会带来的“科学的春天”的阳光雨露滋润下，杨福愉分析和思索着从考察联邦德国生物学研究状况中受到的启发和生物膜研究中的重要问题，并结合自身在 20 世纪 60 年代有关线粒体氧化磷酸化的研究工作基础，确立了以膜脂 - 膜蛋白相互作用及其调节与生物膜的结构与功能相互关系为生物膜研究的主线，在其后的有关生物膜三大基本功能相关膜蛋白功能调节的研究中充分体现了这一中心研究思想，并取得了创新的研究成果。

二价金属离子通过影响膜脂 – 膜蛋白相互作用调节膜蛋白的功能

Mg^{2+} 离子通过影响膜脂的流动性调节重组线粒体 ATP 合酶的构象与活性（1980—1990 年）

膜脂 – 膜蛋白相互作用可能受多种因素调节并影响生物膜的功能。生物膜的拆离与重组是从分子水平上研究膜蛋白的功能及其分子机理的直接而有效的方法。杨福愉在探索线粒体 ATP 合酶在脂质体重组过程中，历时 1 年多的失败，在分析原因中，联想并受到 20 世纪 60 年代初期自己对线粒体氧化磷酸研究所积累的一些结果的启发，发现在重组体系中加入适当的 Mg^{2+} 对重组线粒体 ATP 合酶表现稳定的高活性的酶活力具有非常重要的作用。

卷首语
Introduction

线粒体：细胞中一种多功能的细胞器

图 5–2　杨福愉应邀为《科学世界》组织的线粒体专题撰写的前言

顾名思义，ATP 合酶是细胞用来合成 ATP 的催化剂。它是一个非常复杂的膜蛋白，分布于线粒体内膜之上，由膜内的 F_O 部分和膜外的 F_1 部分组成，所以 ATP 合酶又叫 F_1F_O–ATP 酶。蛋白质是由多肽链构成的，简单的蛋白质只有 1 条多肽链，复杂的蛋白质可以由多条多肽链组成。当这些多肽链形成的结构彼此并不以化学键连结、而是以较弱的分子间作用力相连结的时候，我们就把构成每一个多肽链的结构称为一个亚基。ATP 合酶的 F_1 部分由 5 种亚基构成，用希腊字母分别命名为 α、β、γ、δ 和 ε，其中 α 亚基和 β 亚基各有 3 个，所以 F_1 部分一共由 9 个亚基构成。F_O 部分主要由 3 个亚基构成，用拉丁字母分别命名为 a、b 和 c。因为 F_O 部分具有把氢离子（H^+）从膜的一边“泵”（术语叫转运）到另一边的功能，所以 ATP 合酶也叫 H^+-ATP 酶；而又因为 F_O 部分的活性可以被一种称为寡霉素（oligomycin）的细菌天然产物抑制，这正是其名字中作为 F_O 下标的字母 o（不是数字 0）的由来。

杨福愉选择 ATP 合酶作为研究组的起步研究对象，也是从实际出发考虑的结果。从考察联邦德国回来之后，他深感国内无论在研究课题还是在研究方法上，与国际相比差距都太大，为了追上国际水平，必须“白手起家”。但是，为了降低填补研究空白的难度，最好还是结合自己以往的研究经验。因为在 20 世纪 60 年代初从事线粒体结构与功能研究时，已经积累了一些有关线粒体氧化磷酸化功能的研究基础，那么从线粒体中的膜蛋白入手是个不错的选择。在线粒体的 1000 多种蛋白质中，很多重要的蛋白质都是膜蛋白。其中，ATP 合酶作为线粒体内膜呼吸链中的一个关键酶，在能量转换过程中具有很重要的作用，阐明其结构与功能的相互关系是生物膜能量转换机理研究中的核心问题。

杨福愉小组的第一步工作是用大豆混合磷脂或其他各种合成的纯磷脂做成人工膜脂质体，再利用生物膜的拆离与重组方法，先分离、纯化猪心线粒体 ATP 合酶或其质子通道 F_O 亚基，然后把它重组到脂质体中构建含有 ATP 合酶或 F_O 的脂酶体。这一步工作一开始进行得很不顺利，ATP 合酶总是很难重组到脂质体中。研究人员不得不反复摸索，不仅要试验多种重组方法（如保温、稀释、超声、冰冻 – 融化、透析等），而且还必须逐一确定各种影响重组成功的相关实验条件（如重组体系中蛋白与脂质的比例、蛋白质或脂质的浓度、去污剂的浓度、pH 值、温度和时间、金属离子的浓度等）对每种方法重组成功率的影响，工作量之大可想而知。即使他们终于把少量的 ATP 合酶勉强重组到脂质体上，又发现它的活性降得很低或是很不稳定，使后续的实验无法进行。在长达一年多的时间里，实验结果都是如此的不理想，组内参加工作的一些研究人员几乎一度丧失信心，甚至对是否应该继续实验持怀疑的态度。

作为负责人，杨福愉感到压力巨大，他整日苦苦思索解决之道。终于有一天，他不经意间回想起十多年之前曾观察到金属离子螯合剂 EDTA 能使离体线粒体膨胀的有关实验结果，感觉那个结果暗示线粒体内含的金属离子可能很重要，而他们在纯化线粒体 H^+–ATP 酶过程中很可能将它们丢失了。ATP 合酶的重组如此困难、活性如此之低，是否和没有金属离子镁来“点亮”它有关？他从“金属”这个词获得了灵感，于是开始尝试用透析重组方法并加入 Mg^{2+} 来进行重组，可谓“立竿见影”。在重组体系中尝试加入一定浓度（1mM）的镁离子（Mg^{2+}）后，ATP 合酶不但能够稳定地重组到脂质体上（几乎得到 100% 的可重复性），而且重组的 ATP 合酶表现了较高的酶活性（包括 ATP 水解活性和反映磷酸化功能的 $^{32}P_i$–ATP 交换活性或 F_O 的质子转运活性），这是一个重要的发现。因为，以前国外的文献在报道重组 ATP 合酶时并不强调镁离子的重要性，且一般认为像镁离子这样的二价金属离子在生物膜中的作用主要是中和膜表面的负电荷而已。他们的研究结果又是一次倏然而至的灵感，催生了一项具有自主创新意义的发现，也使人们更加深入地认识到细胞果然是一个有机的、复杂的系统，其中看似没有关系的两种物质却可能具有意想不到的联系；看似只有简单作用的分子或离子却可能有让人吃惊的多种功能。这一研究成果后来在国际重要学术刊物上发表①。

后来，杨福愉在回忆这次成功发现时，把原因归结为以前多年研究的积累。他认为，即使 20 世纪 60 年代初的那些有关电离辐射对线粒体影响的研究是在“理论联系实际”的硬指令下不得已而开展的应用性研究，但因为能全身心投入，也总能积累一定的经验，为后来的研究提供灵感的源泉。

从镁离子促进重组 ATP 合酶活性这个发现切入，杨福愉迅速展开了一系列研究。其中，最引人入胜的是对 ATP 合酶受镁离子调控时其构象变化与活性关系的研究。通过运用 NMR（核磁共振）、ESR（电子顺磁共

---

① Yang Fuyu，Guo Beiqi，Huang Youguo. Role of Mg^{2+} in lipid–protein interaction in reconstituted porcine heart mitochondrial H^+–ATPase. Biochim.Biophys. Acta，1983（724）：104–110.

振）、荧光光谱、圆二色光谱、原子吸收光谱和激光拉曼光谱等先进的实验技术，他的研究组分别测定了镁离子对脂酶体中膜脂的流动性以及 ATP 合酶、F_O 和 F_1 部分构象变化的影响。实验结果表明，镁离子可以通过增加膜脂的流动性来调节 ATP 合酶或 F_O 的构象；F_O 的构象发生改变之后，又可以把这信号传递给 F_1，使它的活性催化亚基——β 亚基发生一定的变化，从而有利于重组酶呈现较高的酶活性。这就为金属离子影响膜脂物理状态，进而影响膜蛋白的构象与活性的作用模型找到了一个清晰的实例。

随后，许多相关研究接踵进行。比如，研究组把镁离子（Mg^{2+}）与钙（Ca^{2+}）、锰（Mn^{2+}）、锌（Zn^{2+}）或铜（Cu^{2+}）离子等作对比，看看同为二价金属离子，对线粒体 ATP 合酶的活性有什么样的影响；或者用一种三价离子，看看三价离子和这些二价离子在效应上又有什么区别；同时，把 ATP 合酶换成细胞色素氧化酶、猪肾 Na^+/K^+-ATP 酶，看看镁离子对含有这些酶的脂酶体活性有什么影响。在最后这一系列实验中，镁离子表现出了和线粒体 ATP 合酶实验相类似的作用，而其他的二价金属离子或三价离子都无明显作用，也就是说镁离子的影响具有显著的生物学专一性。

通过这一系列研究，杨福愉明确了生物膜研究组的研究主线——膜脂与膜蛋白的相互作用及其调节对膜蛋白功能的影响。事实上，既然生物膜主要是由膜脂和膜蛋白构成的二维流体动态结构，那么研究膜脂与膜蛋白的相互作用与生物膜结构和功能的相互关系并阐明它在调节细胞生理活动中的作用，就应该是生物膜研究中的一个中心问题。尽管生物膜研究中有不同的领域，不同时期也有不同的研究主题和对象，但膜脂 - 脂蛋白的相互作用对生物膜结构和功能的影响及其与细胞功能调控的关系始终是膜生物学研究中的一个“永恒”主题，只要在这个方向上持之以恒，定能有所成就。因此，即使后来像重组 DNA 之类技术的引进迅速吸引了很多国内学者的注意力，连一些本来做生物膜研究的人也都去做这些新领域了[①]，但是杨福愉始终坚守在膜脂与膜蛋白的相互作用及其与生物膜功能的相互关系这块田地上耕耘。

---

① 杨福愉访谈，2013 年 5 月 30 日，北京。资料存于采集工程数据库。

不仅如此，在这一系列研究中，杨福愉还注意了多学科交叉研究相互结合。毫无疑问，这是从贝时璋建立中国科学院北京生物物理研究所以来就始终作为全所研究特色和风格的重要思想。在后来的研究中，杨福愉更是把生物化学、分子生物学、细胞生物学、生物信息学、医学以及现代物理、化学等学科的多种研究方法和手段相结合来开展相关研究，这就为获得丰富而严谨的科学数据和可靠的实验证据提供了保证。就这样，杨福愉在研究中逐渐形成了“突出一个中心，注意两个结合”（膜脂－膜蛋白相互作用这一中心，坚持基础理论研究与实际相结合、注意多学科交叉研究相结合的这两个结合）、积极开拓、锐意创新的鲜明特点。

有关二价金属离子对膜脂－膜蛋白相互作用的调节及其对膜蛋白活性影响的这一系列研究，以其系统性、深入性、富于特色和创新性的特点引起了国际生物膜界的瞩目（杨福愉曾应邀为国际专业刊物撰写相关综述论文[①]，这对一位学者来说是很大的荣誉）。其中部分研究成果先后获中科院科学技术进步奖二等奖（1986 年）和国家自然科学奖三等奖（1989 年），而且也为后来由杨福愉牵头并连续承担的国家自然科学基金委员会支持的“七 · 五”重大以及“八 · 五”和“九 · 五”连续两期重点（当时暂停设重大）项目“膜脂－膜蛋白相互作用研究”的圆满完成提供了有利条件，也为进一步开展以“膜脂－膜蛋白相互作用”为中心的生物膜结构与功能的研究奠定了良好基础。

跨膜 Ca^{2+} 离子梯差对与物质运输相关的膜蛋白功能的调节作用（1987—1992 年）

在前述证明镁离子可通过调节膜脂流动性影响线粒体 ATP 合酶的活性之后，杨福愉很自然想到这是否只是个别的特殊例子，能否像科学史上多次出现的情况那样，从个别推向一般，进一步了解其他的二价金属离子——比如钙（Ca^{2+}）离子对膜蛋白的功能是否也有影响，从而得出“二价金属离子普遍可以通过影响膜脂物理状态调控膜蛋白活性与构象”的一般性结论呢？显然，这是一个值得进一步探索的重要问题。

---

① F. Y. Yang, Y. G. Huang, Y. P. Tu. Divalent cation and lipid-protein interactions of biomembranes (review). Biosci. Reports, 1993, 13 (3): 143-157.

在谈到人类的科学探索时，有一个很生动的比喻——已知的科学知识就像是平面上的一个圆，我们知道得越多，这个圆的周长就越长，于是直接和我们已知的知识相接的未知领域也就更广。近几十年来，不少科学家对细胞内钙离子的细胞生物学功能进行了大量卓有成效的研究，取得了许多重要成果。

但是，另一方面人们业已知道细胞质内的 Ca^{2+} 浓度在 10^{-6}—10^{-7}M，而细胞外则为 10^{-3} M，也就是说细胞质膜两侧存在 1000—10000 倍的 Ca^{2+} 浓度梯差。同样，作为细胞内膜系统之一的肌质网膜的膜内 Ca^{2+} 浓度为 10^{-2}—10^{-3}M，与细胞质中的 Ca^{2+} 浓度也形成了相似的 1000—10000 倍的跨膜 Ca^{2+} 梯差。这种梯差也可能成为 Ca^{2+} 作为细胞内第二信使的重要基础之一。同时，我们也会想到，无论是在细胞质膜还是细胞器膜上都存在许多具有与能量转换、物质运输和信号跨膜转导这三大重要生理功能相关的膜蛋白，那么仅凭感觉，也能让人想到其中有一些膜蛋白的活性和构象很可能是受跨膜 Ca^{2+} 梯差通过影响膜脂流动性来调控的。可是，翻遍相关领域的文献，杨福愉却看不到这方面的报道，显示出学界尚未想过要探讨这种在正常生理条件下存在的跨膜 Ca^{2+} 梯差的重要功能。杨福愉决定就从这个方向迈出“已知之圆”，突入未知领域，首先探索跨膜 Ca^{2+} 梯差对与物质运输相关的肌质网 Ca^{2+}-ATP 酶活性与构象的影响。

肌质网是心肌和骨骼肌细胞中的一种特殊的细胞器膜，它的功能是把 Ca^{2+} “大海捞针”般地从低浓度的细胞质中富集起来，然后在需要的时候突然放出，促成肌肉完成收缩运动。在肌质网膜上负责运送 Ca^{2+} 的膜蛋白就是 Ca^{2+}-ATP 酶，它利用 ATP 提供的能量把 Ca^{2+} 从细胞质泵送到肌质网膜内，所以也被形象地称为“钙泵”（Ca^{2+} pump）。

同样，运用生物膜的拆离与重组方法可以将纯化的肌质网 Ca^{2+}-ATP 酶重组到脂质体上，得到含有 Ca^{2+}-ATP 酶的脂酶体。通过精细的操作，可以使脂酶体要么在膜内外形成具有类似于生理条件的钙离子梯差，要么没有梯差，要么具有反向的梯差——膜内的 Ca^{2+} 浓度高于膜外浓度。之后，用生物化学方法分别测试脂酶体中重组 Ca^{2+}-ATP 酶的活性，并用生物物理方法对其构象和膜脂流动性的影响进行测定。结果表明，具有与正常生理条件下相似的跨膜钙离子梯差（1000—10000 倍）的脂酶体其膜脂的物理状态会受 Ca^{2+} 梯差调节，产生较合适的流动性使重组 Ca^{2+}-ATP 酶呈现较合适的构象，从而有利于表现较高的水解 ATP 活性。相比之下，处在其他 Ca^{2+} 梯差条件下的脂酶体中的 Ca^{2+}-ATP 酶的活性就差多了。这一研究结果为二价金属离子通过影响膜脂物理状态调节膜蛋白功能的假设提供了进一步有力的实验证据①。

这样，从生物膜角度对肌质网发挥作用的全过程可作如下描述：在肌肉收缩过程中，Ca^{2+} 会从肌质网内释放到细胞质中，从而降低跨膜 Ca^{2+} 梯差；当跨膜 Ca^{2+} 梯差下降到一定程度时，膜脂流动性开始升高，从而导致 Ca^{2+}-ATP 酶活性上升，又使 Ca^{2+} 重新回流到肌质网内储存，重建高水平的跨膜 Ca^{2+} 梯差；此时，膜脂流动性又恢复到较低水平，Ca^{2+}-ATP 酶活性也回复到低水平状态。如此循环往复不已。

这项研究主要是由杨福愉的博士生屠亚平在 20 世纪 90 年代初完成的。因为这项具有创新性的研究成果，屠亚平在 1993 年毕业后便留在生物物理研究所工作，并破格晋升为副研究员。

跨膜 Ca^{2+} 梯差对与信号跨膜转导相关膜蛋白的偶联功能的影响（1993—1995 年）

在上述有关跨膜 Ca^{2+} 梯差影响与物质运输相关的 Ca^{2+}-ATP 酶活性的实验结果基础上，杨福愉在“从个别到一般”的探索之路上又向前迈出一步：生物膜的三大基本功能中还有一个重要功能，就是信号跨膜转导。Ca^{2+} 既然在细胞信号传递中起着重要作用，那么，膜内外的 Ca^{2+} 梯差是否对信号跨膜转导相关膜蛋白的功能也有影响呢？这显然是一个非常有趣而值得深入阐明的重要问题，其研究结果将对二价金属离子通过影响膜脂-膜蛋白的相互作用调节膜蛋白功能的普遍性提供具有重要科学意义的实验证据。

信号要从膜一侧的信使传递给另一侧的信使，需要膜蛋白的中介作用实现其跨膜转导。在这些介导信号传递的膜蛋白中，G-蛋白是最重要的

---

① Y. P. Tu，F，Y. Yang. Transmembrane Ca^{2+}gradient-midiated modulation of Sarcoplasmic Reticulum Ca^{2+}-ATPase.Biochem. Biophys. Res. Comm.，1993，196（2）：561-568.

一类。G-蛋白的全称是“GTP结合蛋白”，它是由α、β、γ三个亚基组成的异三聚体（Gαβγ），因其能够和一种叫做GTP（三磷酸鸟苷的英文缩写）的小分子结合而得名。以细胞膜上的G-蛋白为例，膜外的第一信使作为配体（也叫配基）与“迎接”它的膜受体蛋白结合之后，这种受体蛋白即与G-蛋白结合（术语叫“偶联”），导致G-蛋白异三聚体的α-亚基与βγ-亚基“分开”（术语叫“解离”），而α-亚基与GTP结合并被“活化”，在细胞膜上移动一段距离后，再与另一种作为其效应蛋白的膜蛋白或膜酶偶联，使后者产生或释放出第二信使。比如G-蛋白可以与腺苷酸环化酶偶联，从而激活或抑制后者；腺苷酸环化酶在活化的时候可以把GTP转化为胞内信使物质cAMP（环单磷酸腺苷的英文缩写），并参与细胞功能的调节。

信号跨膜转导通路，特别是上述G-蛋白偶联的信号跨膜转导通路调节的研究，是近二三十年来细胞信号转导研究中的热点之一。现有研究表明，临床上所用的70%—80%的药物靶点都与这一信号通路中的一些膜蛋白有关。因此，众多科学家对这一信号跨膜转导通路高度关注，由此开展了广泛而深入的研究并取得许多重要成果。显然，这项研究既具创新性，也不可避免地具有竞争性和挑战性。面对这样的国际前沿研究热点，要在与国外同行的竞争中做出贡献，如何凸显自身的研究特色成为一个关键问题。

因此，在上述对物质运输相关的Ca^{2+}-ATP酶研究的基础上，杨福愉决定继续研究跨膜Ca^{2+}梯差对G-蛋白偶联的cAMP信号跨膜转导通路偶联功能的影响。这条通路由β-肾上腺素能受体（β-AR，可以和第一信使β-肾上腺素配基结合）、激活型G蛋白（Gs，可以激活而不是抑制效应蛋白）和效应蛋白腺苷酸环化酶（AC）组成。在20世纪80年代，把一种或两种膜蛋白重组到脂质体上并无太大的困难，但要把三种膜蛋白重组到脂质体上还要保证这三者都能表现出偶联活性，就实属不易了。因此，在学界罕见报道。显然，这项研究不仅是对二价金属离子调节膜蛋白功能作用的深入和发展性的研究，更体现了研究特色和在理论、技术上的双重创新性。

为了成功完成这项研究，杨福愉充分利用自己研究组通过多年积累形成的技术基础和优势，同样用生物膜的拆离与重组方法来进行相关研究。首先，研究组从北京鸭的红细胞膜中分离纯化β-AR，从牛脑皮层细胞膜分离纯化Gs和AC，在鉴定了它们的纯度后，先实现AC在具有不同膜内外钙离子梯差的脂质体上的成功重组，继而实现Gs和AC以至（β-AR+Gs+AC）的成功重组，这样就获得了三种相应（只含AC的，含Gs和AC的，同时含β-AR、Gs和AC三种膜蛋白）的脂酶体。解决了脂酶体构建的技术难题后，研究组再分别测试在这三种脂酶体中激活AC产生第二信使cAMP的活性，同时用荧光光谱方法测试脂酶体的流动性和蛋白构象变化。把这些测量结果结合起来，就明确无误地显示在正常生理条件下的跨膜 Ca^{2+} 梯差（即1000—10000倍）同样会通过影响脂酶体中膜脂的流动性来调节G-蛋白偶联cAMP信号跨膜转导通路中的三种膜蛋白的偶联活性[①,②]。研究结果显示，在类似生理条件的合适的跨膜钙离子梯差环境及其一定的变化范围之内，膜脂产生合适的流动性使β-AR呈现合适的构象，从而有利于与配基相结合，继而通过Gs的中介激活效应蛋白AC使得G-蛋白偶联的cAMP信号跨膜转导通路表现较高的偶联活性。

这一研究结果为二价金属离子通过影响膜脂－膜蛋白相互作用调节膜蛋白功能的假说提供了更进一步的实验证据，从而实现了科学理论探索从个别到一般的过程，体现出科学研究的魅力。不仅如此，这项研究的特色还在于，它显示了膜两侧的 Ca^{2+} 梯差不仅可以通过影响膜脂流动性来调节偶联体系中单独一种膜蛋白（如AC）的功能，而且对两种（如Gs+AC）以及两种以上膜蛋白（如在配基作用下启动的β-AR+Gs+AC三元）偶联体系产生第二信使cAMP的相互偶联功能也具有重要调节作用。应该指出的是，能将三种膜蛋白相互偶联的功能成功地在脂质体上再现的技术不仅在国内尚无先例，在国际上也实属罕见。

这项研究主要由杨福愉的博士生范高峰完成，他因此获得了中国科学院院长奖学金特别奖（1995年）。后来，杨福愉还应国外重要刊物的邀请，

① Gaofeng Fan, Youguo Huang, Yanhong Bai, Fuyu Yang. Effect of transmembrane Ca^{2+} gradient on Gs function. FEBS Letters, 1995 (357): 13-15.

② Gaofeng Fan, X. Y. Yang, Y. G. Huang, F. Y. Yang. Effect of transmembrane Ca^{2+} gradient on the coupling of β-adrenergic receptors and adenyly cyclase. Bioscience Reports, 1996, 16 (4): 327-341.

就上述有关跨膜 Ca^{2+} 梯差影响膜蛋白功能的研究成果撰写了综述论文①。

以上的一系列研究都是用纯化的膜蛋白在分子水平上的研究结果。从科学哲学的观点来看，这些都是科学家在实验室中创造的“人工自然”，对这种“人工自然”的研究结果是否反映了活体内的实际情况，从生物学研究角度来说，还需要从细胞水平和体内（如动物或人体）研究加以证实，而这将对体外分子水平研究结果的生理意义提供证据，同时为基础理论研究成果是否可用于生产或生活实际开辟新途径。所以在进行这些研究的同时，杨福愉也在探索另一个重要问题，即膜两侧的 Ca^{2+} 梯差在活细胞天然膜体系上的功能。这时，他想到了一种人类疾病——动脉粥样硬化症。

动脉粥样硬化是很常见的心血管病，因为患者的动脉血管壁上沉淀了黄色粥状的脂质而得名。从细胞水平上说，它起于血管内皮细胞的损伤。内皮细胞出现损伤之后，血液中的低密度脂蛋白就会渗入血管内皮之下。这时，血液中的一种叫单核细胞的免疫细胞就将之视为“异己”，渗过血管内皮转变为巨噬细胞，利用其细胞膜表面的“清道夫受体”识别这些脂质，从而吞噬它们。吞噬了过多脂质的巨噬细胞会变成泡沫状的“泡沫细胞”，在死亡之后，其中的脂质就沉淀在血管壁上。此外，还有一些血管中的平滑肌细胞也会在这个过程中蓄积脂质，最后同样转变为泡沫细胞。死亡的泡沫细胞中的脂质在血管壁上不断累积，就形成脂质条纹和斑块，最终扩大成为粥样沉积物。

此前，人们在动脉粥样硬化和冠心病的发病过程中发现斑块钙化是其特征之一，还发现钙通道阻滞剂（钙通道是细胞膜上选择性地让钙离子通过的膜蛋白，钙通道阻滞剂是一类可以抑制钙通道活动，避免细胞内钙离子大量内流的药物）有抑制动脉粥样硬化斑块形成的作用。可是，在动脉粥样硬化症状发展的关键环节——泡沫细胞的形成过程中，对于钙信号是否变化、如何发生变化，人们并不清楚；至于跨细胞质膜或跨细胞器膜的 Ca^{2+} 梯差是否与此相关，就更无研究结果报道了。因此，有必要把泡沫细胞的形成过程研究和分子水平上观察到的跨膜 Ca^{2+} 梯差影响的研究结合起

① F. Y. Yang，Y. G. Huang，Y. P. Tu. Transmembrane Ca^{2+} gradient and function of membrane proteins（review）. Bioscience Reports，1995，15（5）：351-364.

来，以便在细胞水平上进一步了解钙信号对泡沫细胞形成的调控作用。这样的研究不仅是对跨膜 Ca^{2+} 梯差作用的更深入研究，而且可以为阐明跨膜 Ca^{2+} 梯差调节生物膜功能的生理意义提供很有价值的实验证据。

鉴此，杨福愉研究组利用流式细胞仪和激光共聚焦显微仪等生物物理手段，对一种动脉粥样硬化敏感品系 C57BL/6J 的小鼠巨噬细胞做了研究。结果显示，在用低剂量（10μg/mL）OxLDL（低密度氧化脂蛋白）诱导巨噬细胞形成泡沫细胞的过程中，可以观察到清道夫受体的转运活性增大，使细胞内胆固醇和胆固醇脂的含量增加。与此同时，跨细胞膜（特别是近质膜区）的钙离子梯差以及包括线粒体膜、核膜等细胞器膜内外的 Ca^{2+} 梯差也发生变化，这样就促进了细胞凋亡信号通路的启动，最后导致泡沫细胞死亡，这表明跨膜 Ca^{2+} 梯差的维持和变化可能是机体调控细胞生存与死亡的一种重要方式。这些结果不仅在细胞水平上对维持跨膜 Ca^{2+} 梯差的生理意义提供了很好的实验例证，而且为干预和控制动脉粥样硬化及其并发症的发生和发展提供了有益启示——或许我们可以从改变跨膜 Ca^{2+} 梯差而调节细胞凋亡入手。

在对镁、钙离子进行研究的同时，杨福愉研究组还发现同为二价金属离子的锌离子（Zn^{2+}）能够通过人红细胞膜中一种名叫“带 3 蛋白”的膜蛋白上的巯基（–SH）来调节其结构与功能，从而影响整个红细胞膜骨架的稳定性，并在这方面做了一定探索。

上述二价金属离子通过影响膜脂物理状态调控生物膜三大基本功能——能量转换、物质运输和信号跨膜转导的研究，充分体现了杨福愉研究组在生物膜研究中突出“一个中心”——膜脂 – 膜蛋白相互作用调控膜蛋白功能及其机理的研究，和注意“两个结合”——多学科交叉和运用多种现代手段相结合以及基础理论研究与医、农实际相结合的学术思想，从分子、亚细胞和细胞水平多层次的综合研究成果既系统又深入，既富有特色又体现原创性。这一系列具有鲜明内在逻辑演进顺序、首尾完整、由表及里的研究，为揭示和阐明二价金属离子通过影响膜脂物理状态调节膜蛋白的功能可能是生理条件下机体的一种重要调控方式的新观点提供了多方面的、有力的实验证据，不仅让中国科学家在膜生物学理论的构建中占据了坚实的一席之地，而且在研究思路上也足以启人深思，堪作后学的榜样。

提出“克山病是一种心肌线粒体病”的新观点（1986—1990年）

继前述的20世纪70年代中期“匀浆互补法”预测农作物杂交优势研究之后，杨福愉在理论与实际相结合的研究中，值得详细介绍的是他在80年代中期至末期的有关克山病机理的研究成果。

克山病是1935年在中国东北的克山县首次被发现并以此命名的。那年冬天，克山县爆发了一种医学界前所未知的怪病，患者突然发生心前区压迫和疼痛，继而出现恶心、呕吐，严重者可导致死亡。后来，在中国其他地方也陆续发现了克山病病例，它在中国的分布明显分为不相连的两个区域，一个区域包括黑龙江省的山区和吉林省东部山区，另一个区域较为狭长，从陕北黄土高原南部向西南延伸，断续经秦岭、巫山、大凉山山区到达云南省北部。克山病的死亡率很高，在20世纪40年代可达80%以上，1949年之后仍然高达30%左右。

克山病是一种具有原因不明的坏死性损伤的心肌疾病。最易感的人群是2—7岁的儿童和育龄期妇女。临床上看，克山病的症状包括心源性休克、心脏扩大、充血性心力衰竭、心律失常、心电图变化等，可以呈现急性或慢性发作。从组织病理学水平上来看，克山病患者的心肌会出现多灶性坏死和心肌组织纤维化症状。流行病学调查显示，克山病是一种局限性很强的地方病，发病有明显季节性，在中国东北以冬季为主，在西南以春季为主，发病率在年际间也有波动。更奇怪的是，发病的几乎都是农民，工人和其他职业从业者几乎从不发病。

有关克山病的病因，长期以来一直没有弄清，医学界提出了很多假说，比如病毒感染说、环境毒素致病说、营养缺陷说等。

1960—1980年，由中国医学科学院为主导对克山病流行区做了广泛调查，最终慢慢确定克山病的发病与以谷物为主的单调的低硒饮食相关，而低硒谷物又和低硒环境相关。这说明克山病很可能是一种因为缺乏微量元素硒而引起的营养不良疾病。给病区居民补充硒剂（如在粮食或食盐中补充亚硒酸钠）之后，克山病的发病率大为下降。当然，硒缺乏只是引发克山病的一个普遍原因。此外，应该还有其他因素（如病毒感染）的作用，这些因素造成了克山病发作的季节和年际波动性①。除克山病外，另一种叫大骨节病的地方病（国外称 Kashin–Beck 病）这时也被发现可能和硒缺乏有关，它的病区分布与克山病相似且范围略大。

1949 年以后，中国政府对地方病防治工作非常重视。1960 年成立了中共中央地方病防治领导小组，组长指定由政治局成员担任。20 世纪 80 年代，杨福愉先后参与了 1979—1982 年陕西永寿县的大骨节病考察总结工作。在这次考察的基础之上，杨福愉开展了硒与红细胞膜骨架的基础研究。从 1973 年发现第一种含硒的酶——谷胱甘肽过氧化物酶（GSHPx）以来，学界一般都将硒对细胞膜的保护作用归结于这种酶的作用——它具有抗氧化效应，能够催化谷胱甘肽与脂过氧化物作用，从而使细胞膜可以免受脂质过氧化的损害。然而，杨福愉研究组的研究表明，大骨节病患者红细胞膜存在异常，原因在于其膜骨架异常，而硒不仅可以通过 GSHPx 对膜起保护作用，而且对红细胞膜骨架还有直接的稳定作用。具体来说，硒能明显地延缓人红细胞在体外“老化”过程中 $Na^+\cdot K^+$–ATP 酶活性和膜脂流动性的降低；能通过红细胞膜骨架的主要组分之一——血影蛋白（spectrin）的巯基与之作用，导致其构象变化，从而防止其解聚；硒还能与细胞膜骨架的另一组分肌动蛋白（actin）相作用，有助于其聚合并促进血影蛋白与肌动蛋白寡聚体的联结，增加整个骨架的稳定性；最后，硒对红细胞的重要内在膜蛋白——带 3 蛋白也有影响，可以通过与其巯基的相互作用而提高其转运阴离子的作用。大骨节病患儿因为体内缺硒，其红细胞膜骨架中的血影蛋白与膜的结合程度明显下降，血影蛋白本身的聚合状态也有变化。用病区的低硒粮饲喂大鼠，也观察到了类似的结果。这样，就扩充了人们对亚细胞水平上硒的生理功能的认知。1984 年 5—6 月，杨福愉应邀参加了在北京香山召开的第三届国际硒与生物学和医学讨论会，并就自己研究组的最新发现做了报告。在这次讨论会上，“硒是人体必需的微量营养

① 夏弈明：微量元素硒的研究进展——第四届国际硒学术讨论会。《生理科学进展》，1989 年第 20 卷第 2 期，第 190–191 页。

素"得到各国学者的公认。1985 年 10—11 月，杨福愉应邀参加在北京举行的大骨节病与非传染性疾病国际讨论会并做报告[①]。

因为杨福愉从生物化学方面的研究结果给了大骨节病防治的有益启示，1984—1986 年，他又被邀请参加中共中央地方病防治领导小组与卫生部共同组织的对克山病高发地区（云南楚雄）的综合性科学考察。这次考察历时三年，到现场进行考察的人员包括从事流行病学、生态环境、临床防治、病理学和生物化学研究等各方面的专家。这一回，杨福愉研究组发挥自己的研究特长，承担了克山病患者心肌线粒体生化变化方面的课题。

从病理、生化以及临床治疗等方面对楚雄考察中的大量病例所做的多学科交叉研究结果的分析表明，克山病患者的心肌线粒体有明显变化。由此，杨福愉在了解国际上有关线粒体与疾病的研究动态之后大胆提出，克山病是一种"心肌线粒体病"（mitochondrial cardiomyopathy）的观点[②]。由于国外没有类似克山病的地方性心肌病，取材又不便，因此国外对线粒体病的研究基本偏重于肌细胞线粒体病，对心肌线粒体病的研究则寥寥无几，而且仅对个别尸体做了形态观察，并未进行生化等方面的测试。

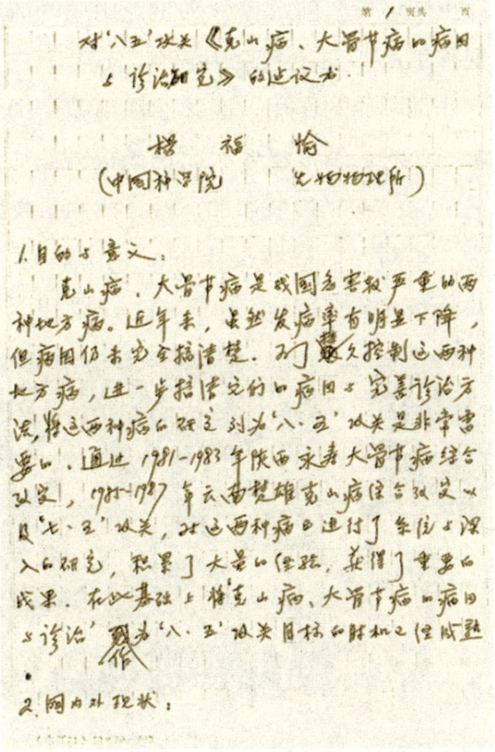
对"八五"攻关《克山病、大骨节病的病因与诊治研究》的建议书

杨福愉

（中国科学院 生物物理所）

1.目的与意义：

克山病、大骨节病是我国危害较严重的两种地方病。近年来，虽然发病率有明显下降，但病因仍未完全搞清楚。为了持久控制这两种地方病，进一步搞清它们的病因与完善诊治方法，将这两种病的研究列为"八·五"攻关是非常需要的。通过1981-1983年陕西永寿大骨节病综合考察，1984-1987年云南楚雄克山病综合考察以及"七·五"攻关，对这两种病已进行了系统与深入的研究，积累了大量的经验，获得了重要的成果。在此基础上将克山病、大骨节病的病因与诊治列为"八·五"攻关目标的时机已经成熟。

2.国内外现状：

图 5-3 杨福愉对克山病研究的建议书手稿（共 6 页）

① 夏弈明：微量元素硒的研究进展——第四届国际硒学术讨论会。《生理科学进展》，1989 年第 20 卷第 2 期，第 190-191 页。

② F.Y.Yang，Z.H.Lin，S.G.Li，B.Q.Guo，Y.S.Yin. Keshan Disease—an Endemic Mitochondrial Cardiomyopathy in China. J. Trace Elem.Electrolytes Health Dis.，1988（2）：157-163.

显然，在基于楚雄考察之后众多实验结果的基础上提出的“克山病是一种心肌线粒体病”的观点是很有意义的，不仅使人们对克山病发病机理的认识进一步深入到亚细胞水平，而且也为国际医学界提出了这种疾病的一个新概念[①]。

杨福愉的这个观点得到了中国著名克山病防治专家、楚雄克山病考察队队长于维汉[②]教授和当时担任中共中央地方病防治领导小组办公室副主任的孙玺的充分支持，认为这一成果推进了克山病的病理研究。后来，于维汉在回顾克山病研究的历程时认为，有四件事情在这种地方病的研究史上具有重要地位，前三件分别是克山病的流行病学及初步临床观察及诊断；发现维生素C对抢救克山病有比较显著的效果；发现亚硒酸钠对预防克山病有非常明显的作用；而第四件事就是揭示克山病是一种心肌线粒体发生异常的疾病。于维汉多次邀请杨福愉参加自己主持的克山病理论讨论会，他甚至说：“有杨教授参加，就是我们的会议的最大成绩！”[③]

然而，杨福愉提出的“克山病是一种心肌线粒体病”的这一观点，并不被当时国内部分专家、教授和医生认同，杨福愉未免有些心存忐

图 5-4　杨福愉出席克山病综合考察总结大会代表合影（前排右 4 为杨福愉）

① 杨福愉访谈，2013 年 5 月 21 日，北京。资料存于采集工程数据库。

② 于维汉（1922-2010），辽宁大连人，地方病学专家，1945 年毕业于满洲医学院，后任哈尔滨医科大学教授、名誉校长，1997 年当选中国工程院院士。在长年研究克山病的过程中，于维汉提出了克山病的营养性生物地理化学病因学说，并在预防克山病发生、提高克山病治愈率方面做出了很大贡献。

③ 贾宏图:《于维汉传》。北京：高等教育出版社，2012 年，第 140 页。

态。1987 年杨福愉赴美国参加戈登会议（Gordon Conference，这是由戈登非营利性组织举办的国际学术研讨会，议题包括生物学、化学和物理学研究的前沿和相关技术），他在“线粒体与疾病”分组会上向与会各国专家扼要介绍了楚雄克山病考察情况和研究结果以及在这一学术上的分歧，并希望听取参会专家们的意见。结果与会专家不仅同意这一观点，而且认为与一般的线粒体疾病不同，克山病不是遗传性疾病，而是一种营养缺陷导致的线粒体疾病。后来，随着国外对心肌线粒体病研究的逐步增多，1997 年美国一些学者为“心肌线粒体病”做出明确定义，其内涵与杨福愉等人在 10 年前（1986 年）提出的有关标准基本吻合[①]。1989 年，杨福愉又应邀出席在莫斯科举行的全苏微量元素与人类健康讨论会。这次会议是在苏联卫生部、苏联医学科学院、苏联科学院微量元素与生物委员会以及苏联医学科学院人类形态研究所等单位的联合赞助下召开的，共有 200 名代表参加。在会上，杨福愉应会议主要主持人、苏联医学科学院院士阿夫岑（**А. П. Авцын**）的邀请做了题为“克山病是一种心肌线粒体病”以及“硒稳定红细胞骨架”的报告。

图 5-5　1989 年杨福愉访苏联应邀作报告（左为杨福愉）

随着改革开放的深入和经济发展，我国人民生活水平逐步提高，公共卫生事业也得到发展，中国的克山病发病率持续大幅度下降，最后在 1990 年后基本消失，几乎难以寻得病例。而且克山病的动物模型虽经长期探索，但尚未成功。这样一来，有关克山病的研究在客观上也就很难继续深入下去了。尽管如此，在 1990 年，生物膜组参与的“楚雄克山病综合型考察”获得卫生部集体科技进步奖二等奖；1995 年，“克山病心肌坏死的

① F. Y. Yang. Kashan disease and Mitochondrial Cardiomyopathy（mini-review）. Science in China（Series c），2006，49（6）：513–518.

细胞分子机理”研究成果获得国家教委集体科技进步奖二等奖。而与此相关的由杨福愉主持的基础研究“微量元素硒与人红细胞膜骨架”研究成果获得了中国科学院自然科学奖二等奖（1995 年）。

探索膜脂对膜蛋白功能的调节（1991—1999 年）

二价金属离子通过影响膜脂物理状态调控生物膜三大基本功能的系列研究，堪称杨福愉学术成果中的得意之作。除此之外，从“一个中心”出发，杨福愉研究组还对膜脂调节膜蛋白的功能展开了系统研究。

生物膜主要是以膜蛋白（占 30%—40%）和膜脂（占 40%—50%）为基本组分形成的脂双层膜结构，膜脂主要由磷脂构成，此外还有胆固醇和糖脂等其他脂质。研究这些膜脂是否影响膜蛋白的功能，是膜脂 – 膜蛋白相互作用研究的重要内容，对于了解和阐明膜蛋白的功能与细胞生理活动的关系具有重要意义。在进行二价金属离子影响膜蛋白功能研究的同时，从 20 世纪 90 年代开始，杨福愉研究组从这一主干研究衍生的新思路先后不断探讨了磷脂及其性质对膜蛋白功能的重要调节作用。

磷脂是一类以甘油为基本骨架含有磷酸基团的脂质的统称。它的分子形状像是一枚大头的发卡，“头部”因为含有磷酸基团而具有极性，表现出憎油亲水的性质；“尾部”由两条脂肪酸侧链组成，极性很弱，表现出憎水亲油的性质。根据磷脂分子极性头部化学组分的不同，可以把磷脂分为磷脂酰胆碱（phosphatidylcholine，PC）、磷脂酰乙醇胺（phosphatidylethanolamine，PE）、磷脂酰甘油（phosphatidylglycerol，PG）、磷脂酰肌醇（phosphatidylinositol，PI）、磷脂酰丝氨酸（phosphatidylserine，PS）、心磷脂（cardiolipin，CA）和磷脂酸（phosphatidic acid，PA）等；同一种磷脂又因其含不同脂肪酸侧链而形成多种衍生形式，比如磷脂酰胆碱（PC）就包括二棕榈酰 –L–α– 磷脂酰胆碱（DPPC）、二豆蔻酰 –L–α– 磷脂酰胆碱（DMPC）、二油酰 –L–α– 磷脂酰胆碱（DOPC）、二硬脂酰 –L–α– 磷脂酰胆碱（DSPC）等。

杨福愉研究组对不同种类的磷脂及其性质影响多种膜蛋白的活性进行

了系统、深入的研究。比如，实验结果表明，不同极性头部（如 PS、CA、PI、PA、PG、PC 或 PE 等）和不同脂肪酸侧链的磷脂（如 DOPC、LPC、DPPC 或 DSPC 等）对去脂的线粒体内膜 ATP 合酶[①]及其呼吸链上细胞色素氧化酶活性的恢复能力不同[②]；磷脂对肌质网 Ca^{2+}-ATP 酶呈现适合的构象从而表现较高的酶活性是必须的；磷脂酸（PA）在 RGS4 参与 G- 蛋白偶联信号转导通路调节中具有重要作用，等等。这些对与能量转换（线粒体内膜 ATP 合酶或细胞色素氧化酶[③]）、与物质运送（肌质网 Ca^{2+}-ATP 酶）以及与 G- 蛋白偶联信号跨膜转导相关的调节蛋白（RGS4）[④]的研究结果清楚表明，磷脂对与生物膜三大基本功能相关膜蛋白的活性与构象都具有重要调节作用，从而为了解和阐明磷脂参与膜蛋白功能调控的普遍性提供了丰富的实验证据，让人们进一步认识到细胞中各类物质之间具有丰富多样的相互作用机制。

在生物学中有一条令人会心一笑的“规律”，那就是“凡规律总有例外”。尽管生物膜大多由单位膜构成，而单位膜中的磷脂分子的上下两层对排形成脂双层结构。但是，也有的生物膜中的脂质结构不是脂双层。不同种类的磷脂具有不同的成层特性，有的磷脂易于形成脂双层结构，也有的磷脂如 PE、CA、单葡萄糖甘油二脂（monoglucosyldiglyceride，MGDG）和单半乳糖甘油二酯（monogalactosyldiglyceride）等却倾向于形成非脂双层结构，这些磷脂被称为“非双层脂”（non-bilayer lipids）。既然在肌质网膜、线粒体内膜、支原体膜以至植物叶绿体类囊体膜中都含有较多的非双层脂，其分布也算广泛，那么研究这些脂质的作用对于了解膜蛋白功能如何受磷脂的调节自然就具有重要意义。

---

① Xujia Zhang, Jia Li, Fuyu Yang. Phosphatidylethanolamine induces conformational change of reconstituted delipidated SR Ca^{2+}-ATPase. *J. Biochem. Mol. Biol. & Biophys*, 2001（5）: 123-132.

② F.Y.Yang, F. Hwang. Effect of non bilayer lipid on the activity of membrane enzymes(review). *Chemistry and Physics of Lipids*, 1996（81）: 197-202.

③ Yang Fuyu, Zhang Yuzhong. Effect of “boundry lipids” on reconstitution of pig heart mitochondrial cytochrome oxidase into liposomes. *Scientia Sinica*（B）, 1982, 25（5）: 496-507.

④ Ying-Shi Ouyang, Yaping Tu, Sheryll A. Burkor, Fuyu Yang. Regulators of G-protein signaling（RGS）4, insertion into model membranes and inhibition of activity by phosphatidic acid. *J. Biol.Chem*, 2003, 278（13）: 11115-11122.

杨福愉研究组利用将纯化的膜蛋白在含有不同磷脂的脂质体上进行重组的方法，研究了非双层脂对几种膜蛋白构象与活性的影响，结果表明：PE 含量增加可促进非双层脂结构的形成，可明显影响线粒体辅酶 Q 细胞色素 c 还原酶或线粒体 ATP 合酶的构象与活性；具有形成非双层脂结构倾向的 CA（心磷脂）可使重建 ATP 合酶的 F_O 部分具有合适的构象，从而表现出较高的质子转运活性；同样，对蛋白质跨膜运送的研究也表明，非双层脂 PE 含量的增加可以促进细胞色素 c 的前体脱血红素细胞色素 c（apocytochrome c，简写 apocyt.c）的跨脂质体膜转运，而能够促进非双层脂结构倾向的 PA 与 PE 相互作用又可进一步提高其转运效率。1996 年，杨福愉受邀并与黄芬一起在《脂类化学与物理学》（*Chemistry and Physics of Lipids*）纪念其创刊 30 周年的专刊上撰写文章，综述了这方面的研究结果。

在杨福愉组进行的非双层脂对蛋白质跨膜运输影响的研究中，还必须提到的是利用分子生物学突变技术对脱血红素细胞色素 c（apocyt.c）跨膜运输机理研究所取得的重要成果。Apocyt.c 是细胞色素 c 的前体，而细胞色素 c 是线粒体呼吸链末端的一个重要蛋白质。Apocyt.c 在细胞质中的核糖体上合成之后，跨越线粒体外膜被运输到线粒体内外膜间隙，并在酶的催化下通过共价键与血红素分子结合形成细胞色素 c。Apocyt.c 是一个很小的蛋白质，只含有 104 个氨基酸残基，它的跨膜运输很特殊。很多蛋白质的前体都含有一段“前导肽”序列，仿佛是特别“通行证”一样，凭此标志跨越生物膜，到达目的地之后再把前导肽序列切掉形成成熟的蛋白质，但是细胞色素 c 却没有前导肽。蛋白质在跨膜转运时，往往需要 ATP 或跨膜电位提供能量，或是需要生物膜上有特殊的受体协助其转运，但细胞色素 c 的跨膜转运既不需要能量，而迄今又没有发现它需要特殊受体的协助，完全是“自助游”。因此，有关它的跨膜转运机理是一个十分有趣并需要阐明的问题。

上面已提到非双层脂 PE 含量的增加可以促进脱血红素细胞色素 c（apocyt.c）的跨脂质体膜运送，而 PA 和 PE 的相互作用则能进一步增强其转运效率。Apocyt.c 在插入膜、通过脂质体的过程中，其构象发生明显变化，其中一种叫做“α- 螺旋”结构的形成是运输能否顺利进行的关键。从鸡心细胞提取的apocyt.c分子有自发折叠倾向，不利于在插膜和之后的过程中形成α-螺旋结构，这就影响了跨膜转运效率。然而，只要稍把apocyt.c分子中第92位的缬氨酸（Valine，简写Val）突变成丙氨酸（Alanine，简写Ala），即形成突变体（V92A），仅仅这一个氨基酸残基的变化就可以使整个分子不再产生自发折叠，从而使之表现出与其他动物来源的apocyt.c相同的跨膜运送效率①。这是杨福愉研究组首次把分子生物学突变方法引入生物膜研究中，这在当时来说是一种崭新的尝试。这项重要成果由博士生童俊超在朱镏琴协助指导下完成，他因此获得了中国科学院颁发的院长奖学金特别奖（1996年）及1999年度"全国百篇优秀博士论文奖"。

从这些有关膜脂对膜蛋白功能调节的研究中，我们同样能够看到，杨福愉研究组在坚持"一个中心—膜脂－膜蛋白相互作用"研究的基础上，不断从中发现有趣的、值得深入探讨的新研究方向。这些新研究方向往往成为研究组中的年轻科研人员的起步工作，他们后来便在这些方向上深入拓展，仿佛是开枝发叶一般，不断扩大着老师开创的膜脂－膜蛋白相互作用研究领域，而这正是学术进步的典型模式之一。

胰凝乳蛋白酶不只是一种消化酶，揭示其参与溶酶体－线粒体细胞凋亡的新途径（2000—2010年）

似乎是科学研究的自身规律抑或是历史的必然，到20世纪末，线粒体研究在生命科学研究中又成为一门时髦的课题。自从线粒体于1894年被发现之后，从20世纪初以来，人们对线粒体的结构和功能的研究已经取得巨大进展。如今，学界对线粒体功能的认识早已超越了仅仅把它视为生物体内能量转化和利用的细胞器的观念，而认识到它与细胞生命活动的其他方面也密切相关。这样，探讨线粒体的新功能就成为近年来生物学研究中的一个受到高度关注的热点，无怪著名的*Science*杂志刊文指出，线粒体的研究乃是当前生命科学和分子医学中的新前沿。而在这场线粒体研

① J. C. Tong, L. Q. Zhu, F.Y. Yang. V92A mutation altered the folding propensity of chiken apocytochrome c and its interaction with phospholipids. *Biochemistry*, 1996, 35 (29): 9460-9468.

究热潮中，有关线粒体与细胞凋亡关系的研究实属研究热点中的热点。

生物学界对细胞凋亡的研究始于20世纪50年代开始的以秀丽隐杆线虫（*Caenorhabditiselegans*，略作 *C. elegans*，中文简称“线虫”）为模式生物的研究。这种肉眼勉强能看到的小型低等动物具有一个非常突出的特点——组成它的身体的细胞数目是固定的，而且从受精卵开始的发育过程也非常精确。比如，对其雌雄同体的个体来说，在个体发育过程中一共会形成1090个细胞，其中131个细胞会死亡，这样成体虫最终有959个细胞，这些数目对几乎每一个这样的个体来说都丝毫不差。正是通过对这种生物的观察，人们发现生物体细胞的死亡并不都是被动的、有害的，可以是一个主动的、遵程序的进程，而细胞这种程序性的死亡实际上是多细胞生物个体发育中必不可少的环节。因此，为了把这种精确调控的细胞死亡和其他的细胞死亡过程区分开来，1972年澳大利亚病理学家克尔（J. F. Kerr）等人明确提出了“细胞凋亡”的概念，并用古希腊语词根为这个概念创造了其西文词汇——apoptosis。

20世纪80年代之后，细胞凋亡成为一个非常活跃的研究领域，研究者逐渐发现了一系列从线粒体释放出的因子与细胞凋亡调控相关，比如能够影响线粒体形态和膜通透性的因子以及从线粒体释放出的凋亡因子。其中具有代表性的一个例子就是1996年美籍华裔学者王晓东因发现线粒体细胞色素c的释放在诱导细胞凋亡调控中的重要作用而获得美国科学院院士的荣誉称号。这些研究使人们对线粒体在细胞生命活动和疾病中的重要性的认识又提高到一个新的高度，这也是促成20世纪末再度兴起“线粒体热”的重要原因之一。

在如此的研究热潮中，杨福愉根据自己研究组对线粒体结构与功能、脱血红素细胞色素c的跨线粒体膜转运等研究的长期积累和基础，开展了线粒体与细胞凋亡关系的研究。

王晓东等实验室的实验结果发现，细胞凋亡过程中细胞色素c从线粒体中泄出是关键的一步，这是由一种tBid蛋白与线粒体外膜相互作用的结果。杨福愉研究组在重复这些实验过程中，发现在分离纯化线粒体时，如果纯化得不干净，溶酶体（另一种细胞器）中有一种蛋白质因子会把Bid

酶切成 tBid，后者可诱发细胞色素 c 从线粒体中释放。显然，溶酶体中的这种因子是什么、是否代表了新类别的蛋白质是值得深入探究的。于是，杨福愉研究组转而着手从纯化的溶酶体中试图把这一因子分离出来的研究。这个工作进行得非常艰难，因为溶酶体中有数十种酶，每一种含量都非常少，把其中单独一种酶分离出来积累成较大的量，这项工作的难度较之杨福愉早年从事的米虾眼柄激素的分离有过之而无不及。好在 20 世纪初，生物学技术已经有很大突破，研究组历时 1—2 年的坚持不懈、克服困难，面对浩量的实验工作不弃不累，最终把这种因子成功分离出来，从 103 只大鼠肝脏中纯化出 4—5 微克蛋白，经测定其分子量约为 25 kDa（Da 是“道尔顿”的英文缩写，是用于衡量生物大分子分子量的单位）。就是这样一种含量极微的蛋白质，却在细胞凋亡这种重要的生理活动中发挥着作用。

研究组把这种蛋白质称为“溶酶体 Bid 降解因子”（lysosome Bid degradation factor，LBDF）。起先以为它可能是一种新的蛋白质，但是通过生化特性分析和质谱等方法测定，意外发现 LBDF 是人们早就知道的胰凝乳蛋白酶 B（chymotrypsin B）。顾名思义，胰凝乳蛋白酶 B 是一种由胰腺分泌、可以水解蛋白质帮助消化的酶。长期以来，人们只知道它有这一种功能，想不到它居然也存在于细胞内的溶酶体中并参与细胞凋亡过程。国际著名学术刊物 *Nature* 有一份旨在评论中国具有代表性的创新研究成果的分刊 *Nature China*，该刊于 2008 年 2 月 20 日在线发表杨福愉研究组的成果要闻时，用了这样一个题目——Chymotrypsin B：Not just a digestive protease（胰凝乳蛋白酶 B 不只是一种消化蛋白酶），文中还评述道：

> 这些结果不仅第一次在大鼠肝溶酶体中鉴定出胰凝乳蛋白酶 B，而且显示了这种蛋白酶的细胞内促凋亡功能，这意味着胰凝乳蛋白酶 B 在细胞生理过程中可能扮演着比以前所知的复杂得多的角色。

这个出乎意料的有趣发现促使杨福愉研究组对这一早已发现、生化界广为人知的“经典酶”分子的功能做了进一步研究，结果表明在 TNF-α

之类细胞凋亡因子的诱导下，胰凝乳蛋白酶B可以从溶酶体移位到细胞质，之后通过水解剪切Bid成为tBid，即可使细胞色素c从线粒体释放出来，最终导致细胞凋亡。为了进一步证明胰凝乳蛋白酶B的这种功能，研究组又设计了几个实验来检验。首先，用BioPORTER方法（这是一种新型的脂质体转染方法，把需要导入细胞的外源核酸或蛋白质包埋在脂质体中，因为脂质体可以和细胞膜融合，这样脂质体的内容物就可以被细胞摄入，从而实现外源大分子的导入）把外源胰凝乳蛋白酶B引入细胞。果然，哪怕这种酶并非由细胞本身合成而是来自外界，它一样可以显著诱发细胞凋亡。其次，如果在TNF-α诱发细胞凋亡的过程中同时加入胰凝乳蛋白酶B的特异抑制剂TPCK，细胞凋亡率就会部分降低；如果应用RNA干扰技术使胰凝乳蛋白酶B基因的表达受到阻抑，同样也会部分降低TNF-α诱发的细胞凋亡。这几个实验都有力支持了胰凝乳蛋白酶在促进细胞凋亡中的积极作用。当然，后两个实验也表明即使在抑制胰凝乳蛋白酶B的情况下，细胞凋亡也并未完全被抑制，这说明除了胰凝乳蛋白酶B，溶酶体中其他释放出的蛋白水解酶或其他凋亡途径也可能发挥着一定作用，提示我们细胞世界的活动仍然十分复杂，需要继续不懈地探索[①②③]。

更有意思的是，研究组在先前使用的RH35大鼠肝瘤细胞之外，又同样检测了大鼠原代肝细胞、大鼠原代神经胶质细胞和小鼠成纤维细胞，结果也都证明其中有胰凝乳蛋白酶B的分布，而且也都定位于溶酶体中。它的分布如此广泛，不免让人猜测除了参与溶酶体－线粒体凋亡途径之外，胰凝乳蛋白酶B可能还有其他有待进一步探索的重要功能。

我们再回来看tBid。对于tBid与线粒体外膜相互作用形成孔道的过程，具体来说可能是这样——tBid与线粒体外膜中的心磷脂相互作用，进而引

---

① Dayong Zhai, Xingxu Huang, Xuehai Han, Fuyu Yang. Characterization of tBid-induced cytochrome c release from mitochondria and liposomes. *FEBS Letters*, 2000（472）: 293-296.

② Ling Yan, Qi Miao, Yang Sun, Fuyu Yang. tBid forms a pore in the liposome membrane. *FEBS Letters*, 2003（555）: 545-550.

③ Qi Miao, Yang Sun, Taotao Wei, Xingyu Zhao, Kai Zhao, Ling Yan, Xujia Zhang, Hongjun Shu, Fuyu Yang. Chymotrypsin B cached in rat liver lysosomes and involved in apoptotic regulation through a mitochondrial pathway. *The Journal of Biological Chemistry*, 2008, 283（13）: 8218-8228.

起 Bak 或 Bax 蛋白寡聚化，从而形成孔道，使细胞色素 c 等因子外泄。在这个过程中，线粒体外膜表现出了不稳定性、通透性（mitochondrial outer membrane permeability，MOMP），是线粒体外膜的重要性质，学界已有不少研究报道。

然而，通透性并非只是线粒体外膜的专利。溶酶体膜也有类似的通透性（lysosome membrane permeability，LMP），而学界对于 LMP 的研究却相对较少。于是，杨福愉研究组又在先前用脂质体作为模型模拟线粒体膜的膜脂组分对 tBid 与心磷脂相互作用形成孔道的机理研究的基础上，继续探索 tBid 与溶酶体膜脂的相互作用。与线粒体外膜不同，溶酶体膜虽然也含有 PA、PS、PI 这些酸性磷脂，但并不含心磷脂，因此 LMP 一定另有其机制。研究结果显示，tBid 和 PA 同样具有较强的相互作用，一样可以形成孔道，造成溶酶体内的蛋白质外泄。更有意思的是，在这一过程中，Bak 或 Bax 的存在不再是一个必需的条件，虽然它们的存在可以稍稍促进 LMP 的发生过程。从更微观的水平上进行的初步研究表明，tBid 与 PA 相互作用后能插入脂双层的深层并发生寡聚化，使脂双层呈现非脂双层状态，这可能就是脂质孔道的形成原因，但对于这种脂质孔道的本质尚有待进一步研究。

上述对细胞凋亡过程中线粒体释放细胞色素 c 的机理研究以及对胰凝乳蛋白酶 B 参与的溶酶体 – 线粒体细胞凋亡新途径的揭示，不仅体现了杨福愉研究组对线粒体和线粒体膜的研究在新世纪更加深入，也表明在杨福愉的率领之下，研究组始终能够很好地把国际热点与本组的研究特色结合起来，能够在像细胞凋亡这样的热门领域中做出原创性的、得到国际同行认可和重视的重要成果。

如今在回顾这一研究工作的探索和成功之时，应该提到的是，从大鼠肝溶酶体中提取微量胰凝乳蛋白酶 B 的工作是由杨福愉的研究生苗琦博士，在得到杨福愉的应该和必须坚持下去的极大鼓励以及组内相关人员的帮助、经反复摸索之后才终于成功的。据苗琦回忆，除了因为需要不断优化方法所做的多次小规模试验之外，仅完整的全纯化周期就做了 4 次，前后总共用了 500 多只大鼠，每一个周期需要用 60—100 只大鼠。这些大鼠还得以 20 只为一批进行分批处理，每处理一批都需要连续干上两三个星期，最后得到的纯化样品少到以纳克（1 纳克 =10^{-9} 克）为单位计算。由于样品量太少，用质谱法测定十分困难，前 3 次送出去测定的样品都因此作废，直到第 4 次进行更大规模的分离纯化，质谱测定才终于成功。能够完成这样艰苦卓绝的工作，不仅充分体现了年轻一辈学人坚持不懈、踏实苦干、追求科学发现的精神，而且也让人们在他们身上看到老师当年在苏联留学期间加班加点超额完成任务的勤奋作风于今已有继承。

为什么经过长期进化，消化酶 chymotrypsin 仍有一部分留在溶酶体中？它的生理功能除了参与细胞凋亡，还有其他什么重要生理功能？这是杨福愉一直思考的。在他的头脑里，研究工作从来没有终结的尾声，只有开启的新征途。

第六章
汇聚多方力量提高中国生命科学研究水平

为建设和发展生物物理研究所做出重要贡献

生物物理研究所于1958年成立时，因为没有独立的办公大楼，只好到处租借中关村其他研究所（包括高能物理所、化学所、微生物学所、动物学所等）的房子，以至生物物理研究所获得了“八大处”“十三陵”一类的戏称。尽管要面对这种工作地点分散的不利局面，所长贝时璋却一直没有主动向国家申请建设属于生物物理研究所的大楼，总是觉得应该先做出点贡献，才能考虑索取。最后因为被租借房子的其他研究所均有扩展需要，时任中科院副院长的裴丽生才主动找贝时璋商量办公空间，他这才开始考虑生物物理研究所的搬迁事宜。

20世纪80年代，朝阳区南沟泥河一带还比较荒凉，有很多的空地。考虑到生物物理研究所为国家做出的巨大贡献，有关部门决定为生物物理研究所建办公大楼。由于生物物理研究所做的很多工作长期属于国家机密，不为外人所知，因此拟建大楼的消息传到院里，科学院有关部门及部分兄弟研究所都有所不解。为此，研究所党委派杨福愉（时为研究所党委委员）给承建大楼的科学院基建局同人以及在适当的场所给大家讲解生物物理研究所的历史和在国防建设事业中的贡献。比如，在建造核动力潜艇的时候，因为艇内空间狭小，人与放射源挨得很近，因此必须考虑人体遭受辐射的问题，而测定这个辐射剂量的工作就是由生物物理研究所完成的，等等。听了杨福愉的报告，一些原本有意见的人也就心服口服了，而且也意识到贝时璋一直没有向国家申请建立属于生物物理研究所的大楼，从某种意义上说正是他的人格魅力所在[①]。在上级领导的支持和全所同志的努力下，生物物理研究所于 1991 年完成了从北京海淀区中关村到朝阳区南沟泥河的搬迁工作。自此，生物物理研究所才有了完整的、集中的实验和办公楼群。杨福愉在任副所长期间（1979—1986 年）和卸任后参与了部分搬迁策划工作，在大力整顿、迅速恢复和开展研究所的正常业务工作等方面做出了贡献。

尽管杨福愉兢兢业业完成了这些行政工作，但是他觉得自己并不适合搞行政管理。当他任满第二届副所长（1986 年）之后，换届之时他主动找到院有关方面负责人，表示希望能够从行政岗位上退下来，集中精力搞研究。院领导尊重他的个人选择，满足了他的意愿，后来在正式宣布新一届生物物理研究所领导名单的时候，院负责人还在会上赞赏杨福愉主动让贤的风度，认为他和那些想尽办法当所长的人形成了鲜明对比[②]。与担任行政职务的态度不同，在科研学术领域，杨福愉总是积极主动承担重

图 6-1　生物物理研究所名誉所长贝时璋向杨福愉授奖（右为杨福愉）

① 杨福愉访谈，2013 年 5 月 23 日，北京。资料存于采集工程数据库。

② 杨福愉访谈，2013 年 5 月 21 日，北京。同①。

任。从 1979 年开始，他一直担任生物物理研究所学术委员会委员，直至 2002 年卸任。此后，2003—2008 年又担任了生物物理研究所学位委员会主任。在自己熟悉和喜爱的研究工作中，能发挥自己所长是他的荣幸、也是他的责任。

建设生物大分子国家重点实验室

在自己主持的研究组不断取得重大成果的同时，杨福愉也很重视本所研究水平的全面提升，在邹承鲁的倡议下，他与梁栋材教授等一起为生物物理研究所的生物大分子国家重点实验室的筹建与发展付出了许多心血，继续为发展和壮大生物物理研究所做出贡献。

为了适应现代科学技术的快速发展、加强国际交流与合作、促进中国科技水平尽快提高，20 世纪 70 年代前后，中国科学院决定以成立重点实验室的方式，对下辖各所一些水平较高的研究工作加以大力扶持。经过几年时间的筹划，这项评选重点实验室的工作于 1985 年正式启动。在最早被选中的研究工作中，就有生物物理研究所邹承鲁领导的酶学研究。

中国科学院成立重点实验室的决策也影响了发改委的领导层。1984 年，发改委启动建设国家重点实验室的工作，决定在全国范围内遴选学科比较重要、研究成果比较优秀、工作基础较好的实验室成立国家重点实验室，在设备及经费等方面给予重点支持。根据规定，这些实验室必须经过专家论证，试运行一年后才能正式验收；而且国家重点实验室的评选必须贯彻“开放、流动、竞争”的原则——每 5 年要对专业相近的国家重点实验室进行一次专家评估，根据运行成绩予以不同程度的支持，成绩不佳者则给予黄牌警告，连续遭黄牌警告的实验室将被除名。

这一政策出台后，全国各科研相关单位包括中国科学院、各高等院校以及其他科研机构等纷纷提出申请。一般来说，如果一个实验室已经是各部委建设较好的部门重点实验室，那么，在申请国家重点实验室方面就会具有较有利的条件。可能正是因为生物物理研究所的酶学实验室已经是中科院的重点实验室，当时正在院里的支持之下良好运转，所以生物物理研究所并没有为它积极申报第一批国家重点实验室。一直到 1988 年中科院酶学重点实验室第一期运行结束，才由邹承鲁提出建议，把生物物理研究所由他领衔的酶学研究组、梁栋材[①]领导的结构生物学研究组以及由杨福愉领导的生物膜研究组联合起来正式向发改委提出成立国家重点实验室的申请。

杨福愉从苏联回国后，所领导专门成立由他主持的研究线粒体小组，在短短的几年内，他在二价金属离子通过影响膜脂 – 膜蛋白相互作用调节与能量转换、物质运送以及信号转导相关的膜蛋白功能等方面取得了显著成绩。

邹承鲁、梁栋材和杨福愉三人的研究领域较为接近，平时的学术活动多在一起举行。邹承鲁非常重视与国际接轨的问题，认为中国的生命科学研究在遭到政治运动的耽误之后必须在总体水平上积极向国际看齐，而不能关起门来自说自话，这个观点杨福愉和梁栋材都深为赞同。邹承鲁不仅主张“打到国际上面去”，把好的研究文章都送到国际英文期刊上发表，而且为了敦促中国生物化学界与国际接轨，他还在 1989 年亲自用英文编过一本书，题目叫《中国的生物化学现状》(*Current Biochemical Research in China*)。他邀请了很多国内知名生物化学家参与撰写文章，但只挑其中最优秀的收入书中，这样这本书在国外出版之后，就代表了中国生物化学界的最高水平。为了适应形势发展变化，邹承鲁提出联合这三个研究组在生物物理研究所建立“生物大分子国家重点实验室”的申请，得到了研究所的支持，申请工作便紧锣密鼓地开展起来。

然而事情并不顺利。与三年前相比，此时（1988 年）教育部隶属的吉林大学已经成立了酶工程国家重点实验室，中国科学院上海生物化学研究

---

① 梁栋材，1956 年从中山大学毕业后赴苏联留学，从事晶体学研究，1960 年毕业于苏联科学院元素有机化合物研究所。回国后到中科院物理学研究所工作。1965 年被国家选派到英国牛津大学，在著名晶体学家、诺贝尔奖获得者霍奇金（D.C. Hodgkin）的实验室学习刚刚兴起的蛋白质晶体学。1967 年回国后参加北京胰岛素晶体结构研究组，在 1969 年年底与他人共同完成猪胰岛素晶体结构测定。1975 年调到生物物理研究所，组建生物大分子晶体学研究室，1980 年当选中科院生物学部最年轻的学部委员，1983–1986 年接替贝时璋出任生物物理研究所第二任所长。

所成立了分子生物学国家重点实验室，中国医学科学院成立了医学分子生物学国家重点实验室，中国科学院动物学研究所则与教育部隶属的清华大学和北京大学联合成立了生物膜与膜工程联合实验室。考虑到当时生物物理研究所的酶学、结构生物学和生物膜研究这三部分的研究工作在国内均具有一定特色和优势，联合组建国家重点实验室对实质性推动中国生物学的快速发展十分必要，生物物理研究所抱着这一信念，经过反复斟酌，决定以“生物大分子国家重点实验室”这一名称向国家发改委提出申请，一则避免名字上的重复，二则可凸显生物物理研究所的特色。可是，发改委在看过申请书之后，仍然觉得这些研究工作和前述已经成立的几家国家重点实验室的工作相同或相近，认为在这一领域已经成立了那么多的国家重点实验室，再成立一个类似的“生物大分子国家重点实验室”显得不是很必要和迫切。当时，中国科学院生物局对生物物理研究所的申报工作也不是很积极，因此申报形势显得十分严峻。

为此，邹承鲁、梁栋材和杨福愉分头积极向各方面反映意见，阐述生物物理研究所在生物大分子研究方面的特色，强调生物物理研究所酶学、结构生物学、生物膜研究在全国各单位中所具有的优势以及几年来所获得的重要成果；他们还指出生物物理研究所与国际同行的交流也比较活跃，无论是参加或举办国际、国内各种学术会议还是出访或邀请国际著名学者来访都比较频繁，等等。好事多磨，经过多方面较长时间的努力，他们终于说服了国家发改委和中国科学院的相关领导同意召开论证和评审会。会

图6-2　1988年申请成立生物大分子国家重点实验室论证会代表合影（第二排右5为杨福愉）

议于1989年秋在北京举行，由中科院院长周光召、植物学研究所汤佩松、生物物理研究所贝时璋和中国农业大学的严隆飞等在京著名生物学家组成的专家委员会听取实验室汇报，并对实验室工作进行提问和评审。国家发改委、中科院生物局、国家自然科学基金委员会的领导等也都应邀出席了会议。由于生物物理研究所各项准备工作都做得很细致，会议取得了比较满意的结果。根据相关规定，国家发改委同意“生物大分子国家重点实验室”先运行一年，之后再正式验收。自此，实验室开始了试运行时期。大家经过商量，考虑到邹承鲁对实验室的创立贡献最大、年龄也最大、学术地位较高，决定由他出任实验室主任；邹承鲁指定杨福愉担任学术委员会主任，重点工作包括每年年会的组织等；梁栋材则担任实验室副主任，同时负责国际交流工作。

为了与国际同行保持经常联系，及时了解和掌握国际研究动向，确定研究战略，杨福愉与邹承鲁、梁栋材一起推动生物大分子国家重点实验室成立了由16名国际著名科学家组成的国际科学委员会，由（上海）生物化学研究所王应睐教授应邀担任委员会主任。显然，从实验室试运行时开始就是按国际水平来严格管理运行的。

依照生物大分子国家重点实验室管理的相关规定，每年年初第二个星期必须举行实验室年会，以检阅一年来的研究工作成绩，并及时纠正存在的问题。因此，在论证评审会结束还不到一年时，1990年年初即举行了第一次实验室年会。除了实验室全体工作人员、全体学术委员会委员外，年会还邀请了发改委、中国科学院等部分领导出席。这是继论证会之后生物大分子国家重点实验室的第二次亮相，会议内容除了汇报一年来实验室在业务上取得的各项成绩之外，还向与会人员展示了根据国家重点实验室“开放、流动、竞争”的精神所制定的各项规章制度。年会给参会人员留下了深刻印象，到会的中国科学院李振声副院长还专门发言对实验室加以肯定和表扬。国家发改委负责全国国家重点实验室建设的马德秀司长在休息时对杨福愉说：“现在看来，我们下决心成立这个国家重点实验室还是很正确的。”

鉴于一年来实验室运行良好，1991年1月，以学部委员周廷冲为专家委员会主任的专家小组如期对实验室进行正式验收。当年 11 月，实验室又迎来了五年一度的全国生物医学类国家重点实验室评估活动。按理说，生物大分子国家重点实验室验收之后运行还不满一年，本来不具备参与评比的资格。但是，领导破例要求实验室参加评比，以示鼓励，当然另一方面也想借此机会进一步了解该实验室的底细。

评估会议举行的那几天，实验室的三位责任人邹承鲁、梁栋材和杨福愉都或忙或病——中科院时隔 10 年才恢复的学部委员增选工作此时正处于关键阶段，邹承鲁当时担任中科院生物学部常委，忙于相关事务，很难脱身；梁栋材当时是中国共产党第十三届中央委员，需要参加第十三届八中全会，也不方便请假；而前文已述，这个时候的杨福愉因患黄疸性肝炎被迫住院三个月，此时病情刚有好转，在家休养。考虑到这次评估会很重要，邹、梁二位无法脱身参与，杨福愉觉得应该由自己努力争取机会，而不能过多顾及病情尚未稳定的情况。经请示医师妥善安排相关治疗事宜之后，实验室决定让他代表生物大分子国家重点实验室去成都参加评估会议，实验室秘书赵康源陪同前往。

杨福愉就这样亲自上阵了。评估程序采取分组向专家组汇报的方式进行，而且每个实验室只允许一个人发言，这个任务自然就落在了杨福愉身上。原本十分紧张的评估气氛，杨福愉看上去却像是“等闲视之”。他只带去了实验室 1988 年编印的部分论文汇编分送给每一位评委，然后对实验室开始运行以来的工作及取得的成绩做了提纲挈领的简要汇报。之后，评委专家只提了几个问题，整个汇报即告完成。后来回忆起来，杨福愉觉得自己之所以并不紧张，是因为按照规定，生物大分子国家重点实验室参加这次评估属于特例，因此觉得不太可能获得什么奖励，这样一想也就没有心理包袱。但是没想到，当杨福愉一行离开成都后，评委们却给了他们一个意想不到的喜讯——生物大分子国家重点实验室在这次全国生物医学类国家重点实验室的评比中荣获第一。甚至还有一位评委说：“单凭你们这份论文汇编，就足以评得首位。”这真应验了“一分耕耘一分收获”的格言，之前踏踏实实的工作才是获得一致肯定的基础。

此后，生物大分子国家重点实验室在 1996 年年初和 2001 年 3 月又分别参加了第二、第三次评估，并连续被评为“优秀”。按照评优规定，连续三次评估获得优秀的实验室可以免评一次且继续保持优秀称号，因此2006年实验室仍旧保持了优秀称号。2011年，生物大分子国家重点实验室又恢复参加全国生物医学类国家重点实验室的评比，在业已十分激烈的竞争条件下，该实验室仍然保持住了优秀称号。据悉，从第一批国家重点实验室成立迄今，连续五次评估被评为优秀的，仅生物大分子国家重点实验室一家，如此佳绩实属来之不易。

此外，1994年9月，在实验室成立10周年（从前身中科院酶学重点实验室1984年成立起算）之际，该实验室还被国家计委、科技部和财政部评为先进集体，荣获“金牛奖”，同时被科技部选为全国首批5个国家重点实验室试点单位之一；1996年，该实验室被中国科学院人事局评为先进集体；1999年作为优秀实验室首批进入中国科学院在北京地区启动的“生物科学的开放实验室知识创新”试点；2004年，该实验室在成立20周年之际，再度被科技部评为先进集体并荣获“金牛奖”。

生物大分子国家重点实验室的成功运作，本身是邹承鲁、梁栋材、杨福愉三位学者互相尊重、互相配合的结果。以最容易引发矛盾的经费问题来说，虽然邹承鲁团队的人最多，而杨福愉团队的人要少一些，但是邹承鲁并没有狭隘的小群体意识以人多为由要求多分经费。每次经费发下来，三个团队总是均分，这样就避免了无谓的摩擦。反过来，实验室的成功也进一步加深了杨福愉与邹承鲁、梁栋材的深厚友谊。他们之中无论谁过生日，另外两个都会庆贺，关系极为融洽。

在生物大分子国家重点实验室之外，生物物理研究所还有一个脑与认知国家重点实验室。比起生物大分子国家重点实验室，这个实验室的历史稍短一些，原来也属于中科院重点实验室，2005年才转为国家重点实验室，并于2006年首次参加全国评估，迄今也已连续两次被评为优秀。在杨福愉看来，这两个国家重点实验室能够获得如此突出的成绩，体现了生物物理研究所的崛起，标志着这个在中科院生物科学类各研究所中于1958年才成立的“小字辈”已经成长为不容忽视的著名研究机构。他认为这一方面是这两个国家重点实验室以及生物物理研究所全体工作人员共同努力奋斗的结果，另一方面也反映出生物物理研究所创始人贝时璋建所时倡导的学科交叉研究生命科学的指导思想取得了重要成就，贝老大力培养年轻干部的卓越功绩开始显现出来。

2010 年 7 月，已经不再担任生物大分子国家重点实验室领导职务的杨福愉，以名誉主任身份与生物物理研究所的梁栋材、王志珍、常文瑞、王大成、陈润生等一起出席在本所召开的生物大分子国家重点实验室 2010 年度夏季战略研讨会。作为前任实验室的学术委员会主任，杨福愉在会上发表的讲话不仅回顾了实验室从申请、建设到蓬勃发展的历史，对于实验室在 1991—2001 年由邹承鲁、梁栋材和他本人主要负责的阶段之所以能够取得成功的原因还总结了几点心得体会。不妨把他的心得体会抄录如下，以供后学参考。

图 6-3　2010 年 7 月，杨福愉在生物大分子国家重点实验室夏季战略研讨会上发言

1. 研究室领导的团结、包容是关键

从生物大分子国家重点实验室争取建立开始以及之后的连续三届运行过程中，邹承鲁先生、梁栋材先生以及我本人始终贯彻团结、包容精神，遇到重要事情经常碰头商量，这是生物大分子国家重点实验室取得成功的一个关键因素。“你们实验室有三位院士，彼此之间是如何团结共事的”成为每次评估会上必问的问题之一。

2. 积极贯彻国家重点实验室的“流动、开放、竞争”原则

国家重点实验室成立目的之一就是要带动全国某一领域的科研工作，因此，研究所的所内课题和所外客座课题数需要一个合适的比例。当时，所内只选了 6 个课题，而外部课题数还多于所内课题数，无论所内还是所外课题的立题及进展情况都需实验室学术委员会评

审，根据情况吐故纳新，使实验室保持活力。有不少外部课题也获得了可喜的成绩。

3. 严格按规章制度办事

比如，每年实验室的年会按规定必须一月的第二个星期中召开；坚持实验室年报每年定期出版；无论内部课题还是外部客座课题，如不按时上报年度工作实质性进展报告或不派人出席实验室年会，就不再提供下一年度研究经费支持，等等。

4. 重视发挥学术委员会和国际科学委员会的作用

实验室聘请的这些委员都是从事相关领域研究的著名科学家。实验室采取邀请出席年会、通信联系征求意见和建议、定期赠送年报等多种方式加强与他们的联系。

5. 研究室领导亲自阅审文件、报表

对年会、年报以及评估工作都贯彻严肃、严格、认真的精神，实验室领导要亲自审阅相关报表、年报，以身作则，反复检查，追求完美。

参加国内外或地区学术会议，努力推动中国生物膜研究的快速发展

亲自组织和召开中国膜生物学研讨会（1979—2010 年）

1978 年“全国科学大会”结束不久后的 5 月，杨福愉率领的赴联邦德国考察生物膜研究小组回国后，向中科院领导详细汇报了联邦德国对生物膜研究的普遍重视，并提出如何发展中国生物膜研究的建议，引起了院领导的重视，表示除在经费方面支持外，还建议由挂靠在生物物理研究所的中国生物物理学会牵头并联合中国生物化学学会和中国细胞生物学学会定期举行生物膜专题讨论会以促进该学科的迅速发展。三大学

会还联合做出决定，以后将坚持每三年举办一次全国性生物膜学术讨论会，并由每个学会轮流主持，会议决定中国生物化学学会由林其谁负责、中国细胞生物学学会由顾国彦负责，杨福愉在三个学会中都担任理事，中国生物物理学会由他负责组织。经过各方面的协商和准备，1979 年 3 月，杨福愉在北京友谊宾馆的科学会堂主持召开了第一次全国生物膜的结构与功能学术讨论会。这次会议共收到 28 篇学术报告，后来汇编成专集发表在由科学出版社主办的《生物科学参考资料》第 13 集专刊上。这次全国性的学术交流和讨论会不仅是对中国当时生物膜研究状况的一种“摸底”调查，也是 1949 年之后中国生物膜研究队伍的集体亮相，更显示了生物膜研究工作者决心大力推动和积极发展中国生物膜研究的坚强信心与奋斗精神。

为了促进全国从事生物膜研究工作者的联系，更好地组织和开展学术交流活动，杨福愉于 1981 年亲自组建了中国生物物理学会所属的膜与细胞生物物理专业委员会，并任第一至第六届专业委员会（1981—2002.5）主任，现为名誉主任。自此，从 80 年代起，膜与细胞生物物理专业委员会在杨福愉直接领导下参与全国生物膜学术研讨会的具体组织工作，于 1982 年 10 月 25—30 日又在北京组织召开第二次生物膜的结构与功能学术讨论会，会议收到有关“膜的结构和物质运输”；“膜与能量转换”；“细胞表面、可兴奋膜”；“生物膜与医学”和“技术方法”5 大类 127 篇学术论文和报告，交流成果较第一次讨论会有大幅增长。后又于 1985 年 10 月在成都召开第三次、1990 年 5 月在苏州召开第四次、1993 年 4 月在海口召开第五次、1996 年 8 月在延吉召开了第六次全国生物膜学术研讨会等。而且，为了更好地调动青年学者积极参与生物膜研究，1997 年 12 月 22—26 日在北京召开了海内外“中国青年学者生物学学术讨论会——生物膜研究的前沿”讨论会。会议分信号跨膜转导、三类 ATP 酶、光合膜蛋白、膜蛋白的结构以及研究膜的新技术和新方法等几方面进行交流，共收到论文摘要 81 篇。有来自美国、加拿大、德国、瑞士和中国香港地区等华人青年学者代表近 100 人参会。会议旨在吸引国外从事生物膜研究的青年科技人员与国内同行多做交流，以便利于中国生物膜研究的迅速发展。其后，不到两年（1999 年 11 月）又在昆明召开了第七次全国生物膜学术研讨会。

图 6-4　1997 年，中国青年学者生物膜研究前沿学术讨论会代表合影（前排右 10 为杨福愉）

在连续举办了上述七次全国生物膜学术研讨会和 1984 年的国际生物膜与生物能学学术讨论会的基础上，杨福愉还发起申办，并与中科院上海生化研究所的林其谁、北京大学医学部的林克椿以及中科院动物学研究所的陈佺等共同作为会议执行主席主持了题为“21 世纪我国生物膜研究”的第 200 次香山科学会议（2003 年 1 月 13—16 日）。“香山科学会议是由科技部（前科委）发起，在科技部和中科院的共同支持下于 1993 年正式创办的系列学术会议，是中国科技界“以探索科学前沿、促进知识创新为主要目标的高层次、跨学科、小规模的常设性学术会议”。

参加这次会议的共有国内外 23 个科研单位和高等院校的 40 余名代表，其中包括生物化学、生物物理学、细胞生物学、生物信息学、稀土生物无机化学、理论生物物理、化学生物学、医学、化学、物理、植物生理生化等方面的专家。会议邀请国内外老、中、青生物膜专家提交专题发言 29 篇，除总的综述报告外，这些专题发言分别对膜蛋白结构、光合膜、受体与通道蛋白、信号跨膜转导、生物膜与细胞凋亡、研究生物膜的新方法、生物膜与医学、仿生物膜等专题进行了深入、热烈的交流

图 6-5　2003 年 1 月，第 200 次香山科学会议学术研讨会代表合影

（从左至右　第一排：陈　佺　徐天乐　赵进东　张建平　屠亚平　许亦农　徐　涛
第二排：朱才宏　江　龙　刘树森　林其谁　林克椿　杨福愉　匡廷云　沈允钢　孙大业　张志鸿　张旭家
第三排：张传茂　韩　华　欧阳钟灿　吉永华　马小军　隋森芳　许彩民　尹长城　杨正中　黄有国
第四排：邢　达　李俊柏　廖　侃　吴毓林　程和平　胡坤生）

和讨论。这是一次典型的体现生物膜研究多学科交叉结合特色的学术讨论会，是香山会议精神的生动体现。

香山生物膜科学研讨会的两个月后，2003 年 3 月 25—30 日，杨福愉又以 76 岁高龄主持了在广西北海举行的第八次全国暨 2003 海内外生物膜学术研讨会。会议显示，中国生物膜研究水平整体上比几年前有了较大提高，特别是在离子通道、信号跨膜转导、生物膜脂筏和细胞凋亡等国际上的热门领域中投入较多，研究成果突出。研讨会就信号跨膜转导与细胞功能调控等 9 个方面组织了 9 个特邀报告、15 个专题报告、墙报 24 份，这是杨福愉最后一次直接参加这个会议的组织工作。

举行专题讨论也是进行学术交流的重要方式之一，为了贯彻基础理论研究与实际相结合的精神，杨福愉还亲自关照和参加了于 2004 年 12 月

图 6-6 第八次全国暨 2003 海内外生物膜学术研讨会代表合影（第二排左 14 为杨福愉）

23—26 日在海南三亚召开的生物膜与重大疾病学术研讨会。海外华裔年轻科学家近百人到会，主要就糖尿病、肥胖症、癌症、心血管、阿耳茨海默症和衰老等与生物膜的关系进行交流和讨论。其后，2007 年 10 月在宜昌召开了第九次全国暨 2007 海内外生物膜学术研讨会。自本次起，研讨会由中国生物物理学会的《膜与细胞生物物理专业委员会》单独主办（该专业委员会于 2015 年 11 月改为中国生物物理学会膜生物学分会，其专业委员名称也更名为分会理事）。

杨福愉在主持和参加这一系列会议时，提出了四个字作为指导思想——五湖四海。这四个字的意思是说，要对全国各单位都一视同仁，特别注意和克服“以我为中心”的倾向，防止“一言堂”“小圈子”式的学风，避免把不同学术机构和取得高低不等的成绩的科研人员分三六九等的做法。这个指导思想体现在他点点滴滴的具体行动上。比如说，会议要竭力让全国各地从事相关研究的工作者都有机会做报告、都有机会和全国各地的同行深入交流，即使对方的单位很小、工作也很少。虽然每次会议日程只有三天，而要求发言的人常常太多，发言名单的排列有很大难度，但这时候杨福愉宁可让自己所在的生物物理研究所少做报告，也要把名额让给其他做生物膜研究时间还不太长的单位。即使在安排会议座位和住宿的时候，也一律坚持平等原则，而不能根据研究水平区分什么等级，决不让谁感觉优越、谁感觉低人一等[①]。这样一来，这些研究人员对三年一次的生物膜会议建立了感情，下次

① 杨福愉访谈，2013 年 5 月 23 日，北京。资料存于采集工程数据库。

图 6-7　第九次全国暨 2007 海内外生物膜学术研讨会代表合影（第一排左 12 为杨福愉）

会议愿意再来参加，有的代表甚至做到了基本上每一次会议都不错过。这样，参加生物膜会议的代表也就一次比一次多，近些年来每次的与会人数都在 150 人以上。不仅如此，对每一次生物膜会议的召开，杨福愉都要求主题紧密关联国际上的前沿问题，为此广泛汇集大家的智慧，听取意见和建议，这样每一次开会，参会者都可以了解到未来几年国际上的研究热点和趋势。按照上海大学吉永华教授的说法，每开一次会，就是对中国生物膜研究的一次推进；每一次推进之后，中国在相关领域的科研工作布局总会有一次明显的进步。杨福愉还特别重视会议对年轻人的激励，每一次会议他都非常关注对青年研究者优秀论文的评选。随着评选形式的不断变化，这个奖励的含金量也越来越高①。他还特别关照和提醒会议组织者对在每一次会议进行中可能出现的问题和事情要事先有所考虑和准备。他的一一指点对历次全国生物膜会议的成功召开具有重要的指导作用。值得一提的是，最近几次的生物膜会议，梁栋材院士也都参加，由此可见会议质量之佳、效果之好、口碑之足，对相关研究领域的杰出学者也有很强的吸引力。

鉴于海外学成回国效力并从事生物膜相关领域研究的年轻华人学者日益增多，在 2007 年于宜昌举行的第九次全国生物膜研讨会之后，主办方决定把研讨会改为两年一次，并积极邀请外国科学家、海外华裔科学家和年轻学者参加，为争取在国内举行正式的国际生物膜研讨会积极创造条件。这样，从 2009 年的第十次全国生物膜研讨会起，会议名称就改为第一次国际暨第十次全国膜生物学研讨会（2009 年 7 月，桂林），体现出国际特色。

① 吉永华访谈，2013 年 9 月 22 日，北京。资料存于采集工程数据库。

此时，年逾八旬的杨福愉已退居二线，但仍然坚持参加此次以及 2010 年 11 月在宁波举行的第二次国际暨第十一次全国膜生物学讨论会和 2012 年 11 月在珠海举行的第三次国际暨第十二次全国膜生物学研讨会，连续三次会议均有来自 10 个左右国家或地区的 20 余名著名的外国科学家和华裔科学家参会。如 2009 年 7 月在桂林举行的第一次国际暨第十次全国生物膜学术会议邀请了耶鲁大学詹姆斯 · E · 罗斯曼（James E. Rothman）教授，他后来在 2013 年获得了诺贝尔生理学或医学奖。尤其是回国参加会议的华裔年轻学者明显增加，会议语言也改为英语，研究生专题报告评比会也用英文做报告和提问。像以前一样，杨福愉仍然自始至终坚持参加这些会议的全过程，并且总是坐在第一排，从第一个大会报告开始一直认真听到最后，以脑力上如此高强度的方式参会，连一些年轻的学者都自叹不如。

同时，为了更加提高生物膜研讨会的吸引力、促进更多年轻学人参会，杨福愉还亲自邀请国内中青年优秀科学家参会和做报告。在 2010 年 11 月的宁波生物膜讨论会上，杨福愉亲自邀请入选第一批“千人计划”的国家特聘专家、国家杰出青年基金获得者，同时又是颇受媒体热议的清华大学结构生物学家施一公及其助手颜宁到会做大会报告，再次体现了会议只求学术交流、不计其他的“五湖四海”精神。这样的做法使会议对进一步促进国内膜生物学研究的快速发展、加强各学科之间的交叉合作、增强与国外的学术交流、缩短与国际水平的差距起到了“催化剂”作用。而与会的外国和华裔科学家通过参会，不仅现场感受和了解到中国膜生物学的研究现状，也对中国生物膜研究的快速进展和某些前沿热点的研究成果深刻印象。不仅如此，会议还为海外华裔年轻学者与国内同行的合作搭建了一个很好的交流平台，从而促成更多学者回国效力。

除了全国生物膜学术讨论会之外，杨福愉还主办了其他一些和生物膜有关的会议，如 1984 年 10 月上旬在国际生物化学学会、国际生物物理学会和中国科学院的共同赞助下，在北京主持召开了国际生物膜与生物能学学术讨论会，这是在中国第一次召开生物膜和生物能学领域的国际学术讨论会；1992 年 11 月 12—14 日，与邹承鲁、梁栋材一起推动生物大分子国家重点实验室、联合国教科文组织及全球的分子及细胞生物学会联合在江苏无锡举办生物大分子结构与功能国际会议。这次会议以蛋白质折叠和生物膜为中心内容，有来自 10 个国家的 95 名代表参会，其中国外代表 32 人。这些会议对及时开展与国外同行的面对面交流、增加国外同人对中国生物膜的了解、提升中国生物膜的研究水平、逐步扩大其影响起到了促进作用。

走出去，参加国外或地区国际学术会议，扩大中国生物膜研究的影响（1985—2000 年）

从 20 世纪 40 年代以来，科学研究进入“大科学”时代，单靠个人或小团队的力量，已经很难再取得重要的科学成就，科技进步越来越依赖多方合作，而且往往需要一国政府的鼎力支撑。美国之所以在第二次世界大战之后成为世界第一科技强国，直至今日仍然保持这一地位，和美国最早建立“大科学”科研体制密不可分。因此，对于像现代生命科学研究这样的尖端基础研究来说，必须随时关注国际科学发展前沿和动态，走出国门，了解和认识差距，才能更好、更快地发展我国的生命科学研究。

在“文化大革命”逆境中依然专注于科学研究的杨福愉，已经感受到中国的生命科学研究与国外的差距越拉越大。从 1978 年赴联邦德国考察生物膜研究到后来参加在加拿大和澳大利亚召开的国际生化大会以及从邀请来华的美国、日本、联邦德国等国生物膜专家参加的国内会议等方面的信息，他更是深切感受到在生物膜这个热门领域中，国内的生物膜研究之落后，与西方发达国家的水平完全不能相提并论。在这样的大背景下，有很多人通过一些渠道纷纷联系出国进修，以弥补“文化大革命”在学术上给他们个人的研究工作造成的滞后状态；而又因为种种原因，很多人后来滞外不归甚至落籍归化。杨福愉可以理解这些同行的个人选择。老实说，从年轻时代就一心向学的他，此时面对摆在面前的机遇，看到同人们不管年龄大小纷纷出国，自己也并非没有萌生过类似的想法。但是，考量再三，他还是决定留在中国。他坦陈了自己的心路历程：首先，自己已经年过半百，从事科研的黄金时期已过，再去国外的实验室做长期工作，不太可能是一个受欢迎的对象；其次，要想在一个自己还不太上手的领域真正做出一点成绩，没有几年时间是很困难的，所以只去国外某个实验室短期进修，是不容易出什么成果的；何况，过早钻进一个虽然先进却不免狭窄的课题研究之中，对个人的眼界和学识也未必有什么真正的帮助。对于心中始终抱有家国情怀的杨福愉，即使满腔抱负一次又一次被政治运动削减，依然还是觉得从国家的角度，总得有人在比较艰苦的条件下尽快做些基础性工作，让国内的生物膜研究能够坚实地起步，即使一时水平不那么高，总归还是可以做出一些成果。他希望能尽快通过自己和自己团队的努力做出一些成果，以便将来再与国外同行交流时，不再出现当年访问联邦德国时的那种尴尬。

图 6-8　1979 年赴加拿大参加第十届国际生化大会途经美国纽约参观联合国大厦（左 1 杨福愉，左 2 沈善炯，左 3 梁栋材）

图 6-9　1984 年杨福愉应邀访问意大利并作报告（左 3 为杨福愉）

就这样，综合各方面因素进行理性的考虑之后，杨福愉下定决心要为发展中国的生物膜研究做点“铺路石子”般的工作。他这一代人毕竟已经在国内从事了二三十年的研究，对各方面的情况比较了解，研究的自由度也比较大，通过自己的勤奋做出点成果还是有可能的。国门既已打开，通过参加各种学术会议、邀请一些著名的专家来华讲学或做短期工作，多少也能学到一些国外先进经验。更重要的是，

图 6-10　1988 年杨福愉出席第二届中日生物物理双边会议（第一排左 3 为杨福愉）

留在国内做研究还可以培养新一代的年轻人，为中国的生物膜研究逐步建立研究梯队。这样，在杨福愉确立以生物膜结构与功能研究为主线，而且研究工作有了起色之后，就有了机会尽可能多地参加一些国际、区际和地区的学术研讨会，他先后出访了欧洲、美洲和大洋洲等相关大学和研究机构，对迅速提高国内的研究水平、逐步扩大其影响起到积极作用。继 1978 年 5 月赴联邦德国考察生物膜研究之后，杨福愉于 1979 年和 1982 年分别参加了在加拿大多伦多召开的第 11 届国际生化大会和在澳大利亚珀思召开的第 12 届国际生化大会；1984 年赴意大利参加并应邀在国际 ATP 合酶讨论会上作报告；为了促进亚太地区的学术交流，1985 年杨福愉参加了在无锡举行的第一届中日生物物理双边讨论会；1987 年 7 月出访日本冈崎国立生理研究所、名古屋小泽（Ozawa）研究所、八木（Yagi）研究所等；1988 年 5 月参加在日本京都召开的第二届中日双边生物物理学术会议，会后应邀对名古屋、东京和 JEOL 公司进行学术访问与交流；同年 10 月，杨福愉到巴西科学院、里约热内卢巴西大学生化系德梅斯（DeMeis）教授实验室访问；次年 5—6 月出访加拿大期间，访问渥太华的加拿大国家科学委员会、汉密尔顿的麦克玛斯特（McMaster）大学生物化学系、安

图 6-11 1988 年杨福愉访问巴西科学院（右 3 为杨福愉）

图 6-12 1994 年 6 月杨福愉参加第六届亚太生化年会与留学苏联同学合影（左 1 李英，左 2 范慕贞，左 3 刘树森，左 4 杨福愉）

蒂戈尼什的圣弗朗西斯·泽维尔（St. Francis Xavier）大学物理系以及温哥华的哥伦比亚大学生物化学系等；同年 8—9 月，在民主德国参加第七届国际红细胞结构与功能学术讨论会期间，到联邦德国重访马普生化研究所，并访问了法兰克福马普生物物理研究所、慕尼黑技术大学物理系、多特蒙德马普营养生理研究所等；1990 年 11 月，在上海参加首届亚太地区生物学会议并做报告；1992 年 1 月、1994 年 6 月和 1995 年 9 月相继参加分别在上海、泰国曼谷和澳大利亚悉尼召开的第五、第六、第七届亚太地区生物化学与分子生物学大会（FAOBMB）。其中，悉尼会议由澳大利亚和新西兰生物化学与分子生物学学会主办，其主题是“线粒体 DNA 与老化和疾病”，共有来自 33 个国家和地区的 1100 多名代表赴会（包括中国代表 20 名）。会议期间，杨福愉与马海官及生物物理研究所的王志珍一起根据国家自然科学基金委员会与澳大利亚新西兰基金会的协议顺道访问了澳大利亚墨尔本大学、拉特罗布（Latrobe）大学，新西兰达尼丁的奥塔哥（Otago）大学生化系和农业研究中心以及奥克兰的奥克兰大学生物学系等；1992 年

6月，受邀前往美国访问多个科研机构和大学，在俄亥俄州克利夫兰参加“离子动力型ATP酶：结构、功能和调控”国际学术会议，并在会上以“H^+-ATP酶的脂质-蛋白质相互作用的研究”为题做大会报告；

图6-13　1995年杨福愉与瑞士Azzi教授共同主持天然抗氧化剂的分子机理与健康国际会议讨论会（右为杨福愉）

1993年6月受邀参加在意大利巴里举行的第二届国际生化与分子生物学讨论会，在会上做题为“细胞膜的生物化学”报告；同年8月，根据中国科学院与英国皇家学会交流协议访问英国牛津大学、剑桥大学等四所院校的生物化学系；1995年与瑞士Azzi教授共同主持在北京召开的天然抗氧化剂的分子机理与健康国际会议讨论会；1996年8月，赴荷兰参加在阿姆斯特丹举行的第12届国际生物物理大会，会后顺访法国巴黎，参观居里研究所、居里大学生化系等研究机构；2000年5月，参加在韩国庆州举行的东亚生物物理讨论会。

值得一提的是，1996年杨福愉参加了由中山大学等组织的、在台北举行的海峡两岸生命科学学术研讨会，这是两岸关系解冻之后陆续举办的众多学术交流会中的一次。大陆代表团由中国医学科学院的吴旻院士带队，团员中有翟中和院士、郑国锠院士、郝水院士、王亚辉教授等。

图6-14　杨福愉和夫人王锦兰访台北时在日月潭留影

图 6-15　1996 年杨福愉在台北出席海峡两岸生命科学学术研讨会（右 3 为杨福愉）

会后，杨福愉在台北参观了几个研究所，还游览了台湾的几处名胜。

除上述国家与地区外，杨福愉曾经到访过的国家还有捷克、瑞典、印度、比利时等国的研究机构或大学。

组织力量共同开展生物膜多学科交叉研究，促进中国生物膜研究水平迅速提高

主持“膜脂 – 膜蛋白相互作用”重大课题合作研究

为了更实质性地促进中国生物膜研究的发展，遵照“大科学”模式，杨福愉积极促进国内研究单位的合作研究，把多方力量汇聚起来共同开展生物膜领域中的一些重大课题研究。整体研究水平上去了，单个研究团队才更容易在良好环境中取得突破性的进展。因此，杨福愉一方面积极搞好自己研究组的科研工作，一方面通过多种方式积极提高中国的生物膜研究水平。为此，他除了精心组织前述的全国生物膜研讨会之外，做的第二件事就是积极

促进国内相关单位的实质性合作，把多方力量汇聚起来共同开展生物膜中的一些重大课题研究。

图 6-16　1999 年 10 月，杨福愉主持国家自然科学基金委支持的重大研究项目验收会

从 20 世纪 70 年代末开始，由杨福愉和黄芬主持的中国科学院生物物理研究所生物膜研究组就与中科院生物化学研究所、植物研究所、化学研究所、北京医科大学、清华大学和中国医学科学院基础医学研究所等单位的生物膜研究力量始终保持密切联系。从 20 世纪 80 年代起，便由他和黄芬牵头组织生物物理研究所、中科院植物学研究所的匡廷云和简令成、北京医科大学（现北京大学医学部）的林克椿、清华大学生物学系的赵南明和医学科学院基础医学研究所的潘华珍等生物膜研究组负责人共同承担并圆满完成了国家自然科学基金委员会支持的“七・五”重大项目“膜脂－膜蛋白相互作用的研究”。后因基金委暂停重大项目，就由生物物理研究所两个研究组合作申请并继续获支持成为“八・五”和“九・五”期间的重点项目。先后共三期、历时 12 年（1989—2001 年）的合作研究，对推动中国生物膜研究队伍的建设、促进中国生物膜研究整体水平的提高、及时在国外有影响的刊物发表研究成果、促进与国外同行进行实质性的交流起到了明显的效果，其中部分成果还曾获得国家自然科学奖、中科院自然科学奖、科技进步奖，卫生部和教育部科技进步奖、何梁何利科技进步奖等。

与此同时，杨福愉积极地把自己研究组贯彻的“两个结合”之一——多学科交叉研究相结合在全国范围内进行推广。在大力提倡、积极主张多学科交叉、多种研究方法相结合的研究技术路线方面，杨福愉可谓不遗余力。事实上，由他主持的生物物理研究所生物膜研究组在技术路线上的进步，首先就离不开与兄弟单位的交流与合作，很多现代物理学、化学和医学方面的技术手段都是在与清华大学生物学系和中科院的植物所、化学所、物理所以及与医科院的合作中获得的。反过来，生物物理研究所也积极与这些兄弟单位就共同感兴趣的生物膜研究领域中的热点开展学术讨论和交流，实现多学科交叉促进合作研究。

其中，生物物理研究所和清华大学生物系的交流合作最值得称道。清华大学生物学系成立于 1926 年，是中国大学中最早成立的生物学系之一，在民国年间取得了国内领先的教学和科研成果，可惜在 1952 年院系调整之后撤销，大部分并入北京大学生物学系。32 年之后的 1984 年，为了重新建设综合性大学，清华大学又重新成立了生物科学与技术系（简称“生物系”，后于 1992 年升为清华大学生命科学学院）。此后，在杨福愉、黄芬和沈淑敏三位研究员的亲自关心和组织下，生物物理研究所与清华大学生物系多次联袂举行座谈会或报告会，介绍双方的研究工作和实验室情况。不仅生物物理研究所方面了解和学习到可用于生物膜研究的一些新的物理学手段和方法，同时也促进了清华大学方面对生物膜研究的了解。双方又利用各自长处，对共同感兴趣的课题进行合作研究，共同发表研究论文。

图 6–17　杨福愉获得的部分奖励证书

这些研究不仅进一步促进了生物物理研究所掌握更多的物理学手段开展工作，而且对恢复不久的清华大学生物系的发展起到了很好的促进作用。从清华大学生物系成立伊始即担任领导之职长达 15 年的赵南明和生物系第三届系主任隋森芳，都参与到了杨福愉的生物膜研究项目中来。这些早期的交流合作为直至今日双方仍然保持的可以相互利用实验室条件及时开展实验工作的友好关系奠定了良好基础。

还应提到的是，杨福愉是中国较早关注并着力推动膜蛋白空间结构研究的学者。膜蛋白的空间结构解析一直是结构生物学研究中最难但也最热、最体现蛋白质科学研究高水平的领域，有多位从事这方面工作的科学家获得过诺贝尔化学奖及生物学或医学奖。从 20 世纪 90 年代中期起，杨福愉就有意启动中国膜蛋白空间结构研究，除了利用已经应用几十年、较为成熟的 X- 射线晶体衍射方法进行这方面研究外，还积极向中国科学院争取，为在中国较早开展膜蛋白三维结构的电子晶体学研究积极创造条件，由此取得了一些有意义的初步结果。可以说，杨福愉是中国利用这种新技术进行膜蛋白结构生物学研究的先行者，为促进中科院生物物理研究所时至今日的开展蛋白质或其复合物或单颗粒结构研究的冷冻电子显微镜技术的进一步建立与发展奠定了基础，为推动中国膜蛋白空间结构研究的发展亦起到了引领潮流的积极作用。

主编生物膜研究成果相关著作，记录和传承合作研究成果

科学专著的及时撰著是科学研究中不可或缺的一环，对此，杨福愉也甚为上心。自从组织兄弟单位的生物膜研究力量承担生物膜相关的重大课题的合作研究以来，杨福愉就考虑把研究成果汇编成集，既对先前的工作进行总结，同时也为国内新加入生物膜研究的团队提供重要参考。这样，在国家自然科学基金委员会支持的“七・五”重大、“八・五”和“九・五”重点项目“膜脂 – 膜蛋白相互作用的研究”圆满完成之后，杨福愉就与黄芬一同主编了《膜脂 – 膜蛋白相互作用及其在医学和农业上的应用》一书。这部 413 页的学术著作于 1996 年出版发行，当年就被北方十

省市科技出版社优秀科技图书评选委员会评为“十省市优秀科技图书一等奖”，并被山东省编辑协会授予“山东省优秀图书奖”。

后来，在2003年的第200次香山生物膜讨论会和第八次全国暨2003海内外生物膜学术研讨会之后，根据这两次会议上交流的学术研究成果，杨福愉又倡议并组织49位国内生物膜专家参与撰写《生物膜》一书。由于杨福愉的号召力，凡是收到他邀请的学者都二话不说、非常乐意承担任务。这部专著最后于2005年10月出版，全书约70万字，共分7篇34章，从分子到细胞水平较系统、全面地介绍了当前生物膜研究的国内外最新研究进展，并展示了生物膜研究的重要前沿领域及其多学科交叉研究的特色，不但反映了当前生物膜的研究动向，也对国内的研究情况作了基本描述，对生物膜研究和教学有很好的参考价值。此书在出版后的次年（2006年）获得了首届中华优秀出版物奖（图书），被业内人士视为学术精品和值得要求学生阅读的参考书，连素来对学术出版物质量要求很高的邹承鲁对此书的质量也很满意。

为合作承担国家重大基础“973”研究项目创造条件

更重要的是，无论是香山会议还是《生物膜》一书的出版都为后来生物物理研究所的生物大分子国家重点实验室联合北京大学、清华大学以及中科院动物学研究所连续成功申请国家科技部支持的“国家重点基础研究发展规划973项目”——“生物膜和膜蛋白的结构与功能研究”项目奠定了良好基础，这也是杨福愉为提高中国生物膜研究整体水平所做的第三件事。

总之，杨福愉始终抱着要尽快发展中国生物膜研究的信念，以他宽广的研究视野和高尚的人格魅力聚四海之友，组织起一支队伍，凝聚成一股力量，在不断拓展国内外交流与合作中积极推动中国生物膜研究队伍彼此之间以及与国外同行之间的交流合作，为培养和造就中国的生物膜研究力量、提高研究队伍的水平、促进高水平研究成果的产出、参与国际竞争等发挥了积极而重要的作用。这种胸怀大局、构筑合力、精诚报国的精神，无疑值得在中国科学界持续弘扬。

随着国内从事生物膜研究的青年一代逐步成长以及像施一公这样在国

外学成的结构生物学专家不断归来，加上研究经费越来越有保障，中国的生物膜研究正在蓬勃发展。到了这个时候，杨福愉觉得最难的创业时期已经过去，他们这一代生物膜研究工作者的“铺路石子”任务已经基本完成，他对此感到十分欣慰。

谋划中国生命科学事业的长远发展

积极承担生命科学相关学会的领导工作

生物学有狭义和广义的分别。狭义的生物学只是指研究生物本身的结构、功能、发育、起源、演化和分布的科学；广义的生物学则关注生命现象的各个层次，大至整个生态系统，小至细胞、分子，无不是其研究内容。国际上习惯把广义的生物学叫做“生命科学”，这个名称现今在中国已经得到了广泛使用。按照联合国教科文组织对学科的划分，生命科学与数学、逻辑学、物理学、化学、天文学和天体物理、地球科学和空间科学并列为自然科学的七大基础学科；如果把数学和逻辑学归并，就相当于中国学界常说的“数理化天地生”。

生命科学虽然有许多分支，但它们都统一在由达尔文提出的自然选择式的演化论（也叫进化论）之下，这是生命科学共有的思想基础。此外，随着研究的不断深入和综合，生命科学的各个分支也在其他方面相互关联、相互呼应、相互促进，即便是传统上只处理宏观生命现象的分类学（生物系统学）和生态学，现在也要大量应用分子生物学技术。此外，作为基础科学的生命科学，还和作为应用科学（技术科学）的农学、林学、医学、营养学等学科有着千丝万缕的联系，共同构成一个更广义的、包罗各层次的生命科学体系。

正如要提升一个研究组在生物膜研究上的水平，需要提升全国生物膜研究的水平一样；要提升生命科学某个专门领域的研究水平，也需要提升全国生命科学研究的整体水平。于是，在搞好自己主持的实验室研究工作、促进国内生物膜研究同人的交流之外，杨福愉从来都不忘记要为中国整个生命科学的研究发展发挥自己力所能及的作用。

杨福愉非常重视专业性学会在学术研究中的重要作用。在 1980 年中国生物物理学会成立大会上，杨福愉做了题为“生物膜的流动性”的大会报告。次年，他就亲自组建了中国生物物理学会膜与细胞生物物理专业委员会，至今（2017 年）已延续到第十届专业委员会，每届专业委员会的成员由来自全国各相关科研单位和高等（含医学）院校，体现了“五湖四海”精神。在他直接领导和关心下，该专业委员会成为中国生物物理学会（杨福愉于 1981—1987 年任中国生物物理学会理事）中相当活跃、正常而有效开展学术交流研讨会的专业委员会之一。1981—1983 年，杨福愉还担任了中国细胞生物学学会理事。

除了对中国生物物理学会的建设和发展的努力外，杨福愉对其他学会如中国生物化学学会的发展也做出了重要贡献。1979 年 5 月，中国生物化学学会从中国生理学会分离出来之后，杨福愉即任其理事，1981 年又任副理事长，直至 1987 年卸任（后中国生物化学学会于 1993 年 10 月经中国科协批准更名为中国生物化学与分子生物学学会）。1997 年又一次担任该学会副理事长兼秘书长。生化学会主办或参加的国内外学术会议，杨福愉基本都会参加，如 1981 年 11 月在南宁举办的第四届全国生物化学学术会议、1984 年 2—3 月在长沙召开的中国生化学会全体理事会、1997 年在海口举办的第八届全国生物化学与分子生物学学术会议（亲自担当主持）、2001 年 9 月

图 6-18　2002 年，杨福愉（左 1）与日本三菱化学生命科学研究所的永井克孝（左 3）、中国科学院微生物研究所的张树政院士（左 2）、铃木明身（右 2）和金城研究员（右 1）共同主持第 192 次香山会议（糖链结构与功能展望）

在上海召开的中国生物化学与分子生物学会第八届会员代表大会暨全国学术会议等。特别是 2002 年 10 月 9—11 日，杨福愉与日本三菱化学生命科学研究所的永井克孝（Yoshitaka Nagai）和铃木明身、中国科学院微生物研究所的张树政院士和金城研究员共同担任执行主席，主持了以“糖链结构与功能展望”为主题的第 192 次香山科学会议。这次会议讨论了日益受到关注的糖生物学研究领域的现状和发展，会议认为糖链的结构与功能研究是后基因时代生命科学研究的重要领域。与会专家学者围绕会议主题，就糖链的生物合成及结构与功能、糖链与神经发育及胚胎发育、糖链与免疫以及糖生物学研究中的新技术等领域近年来的重要进展和发展趋势进行了深入的交流和讨论，进一步了解和把握了糖生物学与糖工程研究的战略方向。

对北京生物化学学会建设和发展的贡献。北京是中国的学术中心之一，这里云集了中科院生物物理研究所、动物学研究所、植物学研究所、中国医学科学院、北京大学、清华大学等国内一流的生物化学和分子生物学研究单位。因此，1982 年北京的生化同仁们决定成立北京生物化学学会，2 月 26 日成立大会在北京大学办公楼礼堂召开，到会同行专家及科技工作者数百人。经过协商和选举成立了学会理事会，北京大学的张龙翔为第一届学会理事长，刘培楠、周廷冲、杨福愉、王镜岩为副理事长，王镜岩兼任秘书长；同时聘请刘思职、周启源、沈同、汤佩松、张昌颖、梁植权、邹承鲁为学会顾问。此后，杨福愉积极参加学会所组织的各种会议。学会在改名“北京生物化学与分子生物学学会”之后，他又于 1991 年出任理事长，直至 1997 年卸任。

努力办好学术刊物

杨福愉与上述学会的密切关系使得他对学会主办的学术期刊也甚为上心。《生物物理学报》是中国生物物理学会的会刊，于 1985 年 3 月创刊（2015 年 8 月改称 *Biophysics Reports*，并开始全部以英文出刊）。杨福愉长期担任这一学报的编辑委员会委员，1991 年更是出任主编，直至 2002 年卸任。据林克椿回忆，在出任主编期间，杨福愉一直头疼一件事，就是国内学者的研究成果都不愿意投到学报，而是投给国外高影响因子的 SCI 期刊，无疑这对评职称、实验室评比都有好处。可这样一来，《生物物理学报》每一期有分量的文章就很少，内容相近的文章很多。杨福愉想了很多办法，还不时与同行专家共商如何解决这个问题，尽管该学报坚持发表中文文章等原因，最终效果未尽人意，但由此可见他盼望国内期刊提升学术质量的一片苦心[①]。

图 6-19　1990 年杨福愉在北京生化大会上作报告

在 1981 年于南宁举行的第四届全国生物化学学术会议上，生化学会的发起人之一、著名生物化学家、营养学家、医学教育家张昌颖与郑集、张龙翔、邹承鲁等人提出，应该由中国生物化学学会创办一份高级学术刊物。这个建议得到了学会理事和广大会员的赞许，大家一致推荐由张昌颖负责筹备创办，此时他已经 76 岁。杨福愉在 1984 年也参加了这份名为《生物化学杂志》新刊物的首届编辑委员会会议，1985 年 2 月，《生物化学杂志》正式发刊。从 1987 年起，《生物化学杂志》（后于 1999 年改名为《生物化学与分子生物学报》）即被权威的美国《化学文摘》列为千种核心期刊之一且排名逐年上升，其中自然不能说没有杨福愉的一份功劳。杨福愉自该杂志创刊起，历任第一届至第五届（1984 年 6 月—2004 年 10 月）编委和副主编，自 2010 年 11 月（第六届）起改任顾问至今。

积极参与“大百科”全书和高校教材等编写工作

从 80 年代末开始，杨福愉不断参与撰写各种教材和参考书，为培养

① 林克椿访谈，2012 年 12 月 6 日，北京。资料存于采集工程数据库。

生命科学后备人才不遗余力。在由北京大学沈同、王镜岩二位教授主编、1990年12月出版的《生物化学》第二版中，杨福愉负责了其中第9章“生物膜的组成与结构”的撰写，并与黄有国合作撰写第11章。这部教材于1980年出第一版，1988年即被评为“国家优秀教材”。第二版出版后，在国内的名气更响。沈同去世后，王镜岩与北京大学生命科学院的朱圣庚、徐长法继续主编工作，又于2002年出版了这部教材的第三版，杨福愉再度应邀撰写其中的第18章“生物膜的组成与结构”，其研究室同事黄有国、张旭家则撰写了第21章“生物膜与物质运输”。第三版的《生物化学》虽然已经扩充为两册极厚重的“砖头书”，却是全国报考生物化学和分子生物学专业研究生的学生几乎人手一部的生物化学教材，反复再版约20次，甚至引起了海外包括台湾在内的高等教育界的重视和关注。

1992年，杨福愉还与中科院上海细胞生物学研究所的顾国彦一同撰写《中国大百科全书·生物学Ⅲ》（贝时璋主编）中的“细胞膜”词条，同时独立撰写“线粒体”词条。1993年，他参与《基础分子生物学》（第二版，刘培楠、吴国利主编）一书的编著，撰写了“蛋白质的跨膜运送”章节。1997年与中科院化学研究所的胡亚东一起参与中科院主持编撰的《科学发展报告》中“生命过程中能量转换奥秘的解释”和“1997年诺贝尔化学奖评述”的编写工作；后来在2004年，又再次参与这一年鉴性质的连续出版物的编撰，编写了“通道研究的突出贡献——2003年诺贝尔化学奖评述”一节，迄今仍担任该刊顾问。2000年，杨福愉与北京大学的翟中和共担副主编，参与了邹承鲁主编的《当代生物学》一书的编撰，书中包含了杨福愉和屠亚平合作发表的“转运体和ABC转运体”工作，杨福愉还独立承担撰写了“线粒体”部分。2004年，参与《20世纪中国学术大典·生物学》（钱迎倩、祁国荣、王亚辉主编）一书中“生物膜研究”部分的撰写。2007年，他还应邀为引进的英文版《线粒体》第二版撰写了中文导读。

第七章 科学事业，薪火相传

当选中国科学院院士

正因为杨福愉在生命科学研究中做出了如此卓越的贡献，1990年中国科学院恢复学部委员增选工作之后，他于1991年就被光荣增选为学部委员。

中国学术界的院士（学部委员）制度始于民国年间的1948年中央研究院院士选举，贝时璋就是那一届当选的院士之一。中华人民共和国成立之后不久，为了“建立和健全全国科学领导中心，吸收优秀科学家参加中国科学院的学术领导，使全国科学研究工作和科学事业的发展更能根据国家需要有组织有计划地进行”，决定在中国科学院建立学部制。在得到中共中央和政务院的批准之后，学部于1954年6月开始筹备，1955年6月正式成立4个学部，即物理学数学化学部、生物学地学部、技术科学部和哲学社会科学部（前3个学部后来重新划分为数学物理学部、化学部、生物学部、地学部和技术科学部）。与此同时，又开展了学部委员的推选工作，入选条件主要包括三个方面：学术成就、在推动中国科学事业方面的贡献、对人民事业的忠诚。那一年，不计哲学社会科学部，一共评选出233名学部委员。之所以称为“学部委员”而不是“院士”，是因为当时认为院士是一种荣誉称号，必须授予具有很高学术水平的学者，考虑到中国科技水平落后、不同学科发展水平参差不齐的现实，如果在各个学科都选出一批“院士”来，不仅难以服众，在国际上影响也不好。相比之下，学部委员并非只是荣誉称号，实际上是实在的职务，被选为学部委员的学者要承担中国科学院乃至全国科学技术的学术领导工作。

本来，学部委员应该每隔一段时间增补一次，以反映学术界年轻优秀人才的不断涌现，也反映科技人才的新陈代谢。但是由于政治原因，1955年之后，除1957年增补了18名学部委员之外，在此后23年内都没有再增补，直到1980年才又增补了283人。这时，学部委员大会仍被视为中国科学院的最高决策机构，学部委员常常要承担繁重的行政工作，严重影响其科学研究。在这种情况之下，原有的学部制度已经难以为继，因此学部委员的增选又中断了11年之久。

1990年，中国科学院和国家科委报送“中国科学院学部委员增选办法”获得国务院批准。当年的学部委员增选仍旧采取推荐－评选的方式进行。因为距上次增选已经过去10年，这次被推荐人员的数量就显得特别多，竞争十分激烈。

学部委员推荐通过三个渠道进行。一是申报人所属单位推荐。以中国科学院为例，先由各研究所推荐，汇总之后再由科学院组织评选委员会经过评比投票产生推荐候选人上报；高等教育系统由教育部汇总，而各省市不属于上述两系统的单位也可推荐候选人。二是由中国科协推荐。中国科协下辖很多全国性科学协会，每一协会经过评选产生若干候选人，再由科协组织专家评审组通过投票评比产生推荐候选人。三是学部委员个人推荐，每一申报人必须由至少三位学部委员推荐才有效，并且可以不经初步评选直接报到中科院作为“种子”候选人。通过三大渠道推荐的候选人最终汇总到中科院之后，即成为正式候选人。根据专业不同，中科院5个学部分别对候选人进行几轮评审、投票，选出学部委员。该选举结果报中科院学部主席团审核之后，还须再上报国务院，由国务院最后批准新增选学部委员名单。由于推荐人数众多、手续烦琐，各级评审会议需逐步进行，汇总到中科院之后，又要经过初审和终审两个阶段，因此在增选学部委员的一年多时间里，参加评审的专家开过的会议和投票次数可谓不计其数。

生物物理研究所经过评定，决定推荐王书荣和杨福愉作为推荐候选人。可是在1991年春节之前，杨福愉突然患上肝炎，不得不去西苑中医研究院住院治疗。由于生病住院，杨福愉没有太多精力准备推荐材料，最后递交的材料相对比较粗糙。当时，所党委书记马重光与人事处处长为此专门到医院，一则探望，二则向杨福愉强调，所里希望被推荐的两人都能当选，暗示杨福愉这不仅是个人的荣誉，也是全所的荣誉，要认真对待，而杨福愉提交的申报材料与王书荣的材料相比，还有很多不足之处，需要认真加工。可是过了两天，杨福愉的病情加重，开始发烧并出现黄疸，不得不转至北医三院。当时西苑医院的医生和护士都认为杨福愉的病情很严重，但没有和他明说。杨福愉自己那时对病情的严重性还没有明确的认识，在转院前夕，在所里的催促之下，不得不一面委托同事林治焕替他整理材料，一面进一步补充修改推荐书。从西苑医院转至北医三院之后没几天，杨福愉又被从北医三院转到北京医科大学第一附属医院（后改名北京大学第一医院）专治肝病的传染科。此后几个月，他一直躺在病床上，无力他顾。虽然听说中国科协也同意推荐他，但因自己已逐渐认识到病情的严重，在思想上更是很少考虑学部委员是否能够当选成功的事了。

由于黄疸长时期不退，杨福愉的病情的确有些凶险，鉴于当时他已经64岁，对于这个年纪的黄疸性肝炎患者，连北大一院传染科这样技术高超、久负盛名的科室医生也感觉没有把握。好在加入中药治疗后，病情开始好转。这样，在住院三个多月之后，杨福愉才终于离开医院回家休养。

但是此时的杨福愉主要关注的还是如何快速恢复健康，早一天重新开始研究工作。当时生物大分子国家重点实验室的申报、生物物理所搬迁到北京北郊生命科学园区的工作更是转移了他的注意力，因为这些工作也都需要杨福愉强支病体参加。但即使这样，不少小道消息还是辗转传到杨福愉耳中。1991年11月，新增选的学部委员名单正式公布，杨福愉名列其中。这对于大病初愈且一贯低调的他来说，兴奋之余，多少觉得有些意外。

然而，只要综合回顾杨福愉当时在生物膜研究方面取得的突出成就，了解他正在主持“七·五”期间国家自然科学基金会有关生物膜研究方面的重大项目，对中国生物膜研究的开创和发展所起到的巨大推动作用，在理论联系实际的农业和医学研究方面所获得的卓著成果以及他多次获得中科院自然科学或科学技术进步奖、国家自然科学奖等重大奖项，我们就不难推断他能够在生物学部的激烈竞争中脱颖而出，入围最终的增选名单也属实至名归、水到渠成。与此同时，国家人事部还批准杨福愉享受 1991 年政府特殊津贴，津贴金额 100 元，从当年 7 月起发放。

图 7-1　邹承鲁（中）、梁栋材（左）举杯祝贺杨福愉当选中科院生物学部学部委员

杨福愉当选为中科院生物学部新的学部委员之后，生物物理研究所领导专门在所食堂召开了一次小型庆祝会，由副所长王贵海主持。会上，于 1980 年当选学部委员的邹承鲁、梁栋材都做了热情发言以示祝贺。特别是邹承鲁作了较长篇的讲话，介绍了这次学部委员增选耗时漫长而又认真严谨的过程，他形象地比喻说：“正可谓过五关斩六将。”大家听他这么一说，都认识到杨福愉的当选实属不易。那天，所里还特别邀请已经退休在家的杨福愉夫人王锦兰前往参加，认为她是杨福愉取得成就的幕后英雄。

在杨福愉看来，戴上“学部委员”（1994 年后正式改称“院士”）这顶桂冠，对他来说既是一种荣誉，同时又加重了肩上的责任感，因为这个称号不只是对自己几十年来研究成果的肯定，也是对中国生物膜研究发展的嘉奖。然而，后来社会上的种种不正之风逐渐侵蚀学术界，连每两年增选一次的中国科学院、中国工程院（1994 年成立）“两院”院士的工作也多少受到不良风气的侵袭，颇让这位新晋院士深感痛心。他自己也免不了要参加许多社会活动，真切地感到社会上对院士头衔的尊敬度在逐渐淡化。要扭转这种趋势，一方面要依靠院士们的自重自爱，另一方面也要依赖社会风气的不断纯化。“切不要将院士这个庄严的称号商业化！”这是杨福愉的殷切呼吁。

积极培养和建设合理的研究人才梯队

注重并呼吁建设结构合理的研究人才队伍

人才是立国之基、强国之本，也是创新之魂、竞争之道。一个合理的人才队伍结构更是保持科学研究后继有人、不断实现科技创新的实力和组织保证。回顾中国生物膜的研究进程，为了推动中国生物膜研究的开展、尽快缩短与国际上的明显差距，杨福愉对培养和壮大中国生物膜研究人才队伍做了很多卓有成效的工作。除上述组织和汇集国内相关力量共同开展生物膜重大课题合作研究、亲自参与组织领导学会建设和相关学术会议、积极参与国外的学术交流活动等工作外，杨福愉在自己的研究组中更是注重人才培养和科研梯队建设。

20 世纪 90 年代中期以前，他所领导的生物膜研究组就基本形成了研究员、副研究员、助理研究员、研究实习员、技术 / 实验员的较合理的梯队结构，正是这样才保持了研究工作的积累和技术方法的传承，从而对研究工作的顺利开展起到保证作用。在那之后，中国的不少研究机构普遍面临技术人才短缺、人才梯队不合理、课题组结构畸形（很多只有研究员和研究生两类人员）的严重问题。因此，杨福愉一直向有关部门呼吁，希望能够重视并采取切实措施，尽快改变这种不合理的科研状态，以促进中国科学研究的持续健康发展。

付毕生心血培养研究生

1978 年恢复研究生招生制度后，杨福愉即获得硕士生导师资格。1986

年 9 月起他又成为博士生导师。几十年来，杨福愉对研究生的培养非常用心用力，在主张“研究生是整个论文工作中的主体”的同时，坚持做到“三必须”：一是研究生的入学面试他本人必须亲自参加；二是研究生的整个培养过程他本人必须亲自过问、指导，包括帮助学生确定研究选题、定期听实验进展汇报、参加中期和年终考核以及学位论文答辩会等；三是研究生的学位论文和待发表的文章他本人必须亲自审改，不仅逐字逐句地仔细阅审，连一个错别字或错用的标点符号也不放过，以致论文不改过三五遍绝不会最后定稿。这样的作风不仅体现了对研究生的高度负责，也让学生们时时能感受到导师严谨的治学态度。

杨福愉明确指出，研究生培养是一个相互学习、相互促进、共同提高的过程。导师不能以“老板”（姑且借用时下较流行的口语！）身份高高在上，应该实行“学术民主”，充分听取研究生的学术见解以及对论文实验工作的建议。在平时忙碌的各种工作中，杨福愉尽力挤出时间与学生谈心，了解学习、生活等各方面的情况，从思想上启发他们，在生活上关心他们，从而让学生们树立正确的科学研究态度。杨福愉强调，一定要把“要我学”的被动状态变为“我要学”的主动状态，不要为拿学位而学习，而要培养真正的科学研究兴趣，这样才会真正焕发出积极的主观能动性，获得刻苦研究的动力。

杨福愉把做好学问与如何做“科学人”结合起来，切实关心、努力提高学生的思想认识和品德修养的做法，充分体现了他以培养全面发展的高素质研究生为目的的严谨、负责、用心的育人精神。学生们纷纷感到，在求学期间不仅掌握了新的科学知识、理解了治学思路，也学到了老师待人接物和处事时的认真踏实、不虚不浮的人生态度，无论后来出国深造，还是留在国内工作，对他们毕业后的新人生里程都大有裨益。一些旅外学生在回国拜访老师时，都由衷地感慨他们此生难忘在生物物理研究所膜生物学实验室度过的几年求学时光，难忘杨老师给予他们的多方面良好教育。为了表彰杨福愉在教书育人工作中取得的成就，2000 年他被授予“中国科学院华为优秀导师奖”及“宝洁优秀导师奖”。

当然，杨福愉自己对研究生的培养也有心得，曾经多次应生物物理研

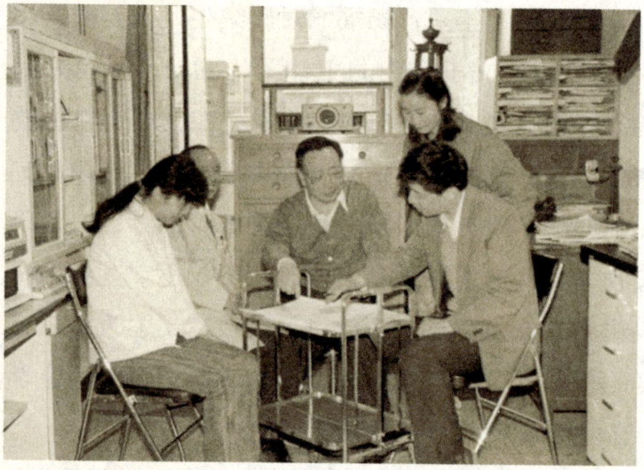

图 7-2 1987—1988 年，杨福愉（中）和黄有国（左 2）同研究生张先锋（右 1）、周立莘（右 2）以及钟文敏（左 1）讨论分析实验结果

究所的邀请向全所研究生做报告。在 1999 年科学出版社出版的《师德·师道·师魂：中国科学院研究生指导教师谈研究生培养》一书中，杨福愉在自己的文章中阐述了“给研究生经受困苦磨练的机会以培养创新的科研人才”的观点。2012 年 9 月 7 日，他以 85 岁高龄出席生物物理研究所 2012 级研究生新生开学典礼，通过向同学们回忆自己在科研道路上的经验，指导同学们如何从一名大学生转变成一名合格的研究生，积极打开自己通往科研道路的那扇窗。下面就把杨福愉近年来已经颇为成形的对研究生培养的总结文字抄录如下，以窥严谨学者之风。

评估培养研究生（尤其是博士生）是否成功，主要应以他们毕业以后是否掌握进行科研的基本功并具有初步的独立开展研究的能力来衡量，而不仅仅看发表几篇论文。

回忆我刚进科学院工作时，我国著名的实验生物学家朱洗教授曾语重心长地对我们一批科研战线的新兵说：“搞科研就是整天与困难打交道，失败是经常事。凡是怕困难、怕失败的就不要来搞科研。”在历经几十年的研究生涯后，我对朱洗教授这句名言有了更深刻的体会。回顾我们所获得的有意义的研究成果，无不经历了困难与失败的磨练。为了培养创新的科研人才，应该让他们有一个经受困苦磨练的机会，培养他们具有摆脱困境和超越困境的意志和能力。

基于上述考虑，我们对进实验室的研究生一般都先给一个小课题进行初步探索以增进他们对科研的了解，为贯彻“因材施教”做准备，然后再根据不同情况分别确定一个不同难度的论文题目。在论文开始之前，我对每一个研究生都要亮明如下观点：“我不希望给你们一个容易的题目，平平稳稳、顺顺利利完成论文，而是有意给你们一个与困难打交道的机会。你们可能会碰到很多的挫折与失败，但一旦你们摆脱困难、超越困难，就会获得创新的成果，同时也就能获得初步的独立进行科研的能力。”

培养研究生是一个师生相互学习、相互促进、共同提高的过程，而研究生应是整个活动中的主体，只有他们的主动性、积极性和创造性得到充分发挥才能获得成功。因此，对上述培养研究生的指导思想，如果师生没有取得共识，就会事倍功半。从我们实验室毕业的几位优秀研究生来看，他们都对此有比较正确的认识。在他们完成论文的过程中也都有一段艰难的历程，但他们在逆境中不气馁，经过艰苦奋斗终于获得了丰硕的成果。他们毕业后的工作业绩也充分显示他们已具有优秀的独立进行科研工作的素质。

目前，我国社会正处于转型时期，教育与科研单位也难免受到浮躁和急功近利的影响。大部分老师忙于为申请项目、研究基金奔波。研究生的学习动机也比较复杂，对科研感兴趣并愿意为此而献身的为数不多，有的人只是为出国或找一份满意的工作过渡一下，这样就很难沉下心来刻苦钻研、克服困难、力求创新。培养研究生与搞科研一样，有它本身的规律，虽然我国每年培养博士生、硕士生的数量已名列世界前茅，但如果在质量上要求不严，对我国的发展将无疑会产生深远影响。这个问题牵涉面很广，需要多方面进行深化改革，才能逐步解决问题。当然，最主要的一点还是无论导师还是研究生都应该对各自的责任有一个正确的认识[①]。

① 摘自杨福愉自传。杨福愉曾撰有《谈谈研究生的学习与培养》一文，由2005年1月20日杨福愉在生物物理研究所首届研究生思想政治教育工作会议上的发言整理而成。自传中的这几段文字系由该文部分内容整理扩充而成。

感怀教学相长

心血育芬芳 桃李满天下

有耕耘就自然会有收获。从1978年招收张玉中、谢小松作为首批硕士研究生开始，至2016年杨福愉亲自先后培养了63名研究生，其中博士29名、硕士34名，另有博士后5名，如果算上来实验室进修的学生，那就更多。至今，他仍担负着指导研究生的任务。其中有很多人在他的指导下不仅出色地完成了学业，而且在毕业之后走上了科研道路，成长为生命科学研究界的有为人才。

现为上海大学生命科学学院教授的吉永华，在1977年曾经在杨福愉实验室实习一年。那时候虽然中国社会整个科研的体制遭到了“文化大革命”的严重冲击，但在实验室中，他仍然看到在杨福愉身上那种崇高境界的感染下，每个人身上仍然拥有一种如何为国争光、振兴中华的雄壮气概。在离开实验室的时候，他就给自己立下了“振兴中华”的愿景。除了精神境界上的高尚，吉永华还和实验室里的很多人一起感受到杨福愉的严谨。由于这种一丝不苟的作风，他们都觉得杨福愉颇为威严，有人甚至后来见到老师时仍然会有情不自禁的敬畏之心。但是另一方面，杨福愉又很低调，在生活中对吉永华也很亲切，虽然他不是杨福愉的正式学生，但是始终把他视为“杨家门”出来的一员。如今，吉永华仍然盛赞杨福愉是让他走上科研道路的第一个启蒙人，无论什么时候都是心目中的一根旗杆，是一种精神和力量的支撑、一个正能量的源头。他希望自己也能努力地、尽量地传承先生的精神——特别是为民族振兴而努力的精神——把这种风范多少也传给下一代①。

现任中科院生物物理研究所研究员的卫涛涛于1999年获得博士学位并

① 吉永华访谈，2013年9月22日，北京。资料存于采集工程数据库。

留所工作，2003 年加入杨福愉的研究团队。谈到从老师那里得到的收获，卫涛涛认为首先是一种周密严谨的做事态度。这种态度可以让人沉下心来做自己真正认为有意义的科研，从而耐住寂寞，不是浮躁地跟着潮流走；这种态度还可以让人拥有科研的毅力，即使在实验中遇到一时的挫折，也能坚持下去不放弃。卫涛涛佩服老师的另一点是在科学成果的分享上具有大度而豁达的心态，这种与国际同行共同合作交流的做法事实上也有助于自己实验取得进展。杨福愉的这两种作风都是现今的年轻学者比较缺乏的。此外，杨福愉关心所里的青年职工、呼吁行政部门为他们解决实实在在的问题、在研究团队里实行学术民主，也都给卫涛涛留下了深刻印象①。

后生感悟　事业喜人

如果要更具体、生动地了解杨福愉的教书育人风格，那不妨一起看看他的学生们亲自撰写的关于记忆中与导师相处的难忘时光。

张玉中（1978 年入学，1981 年获硕士学位，后赴美留学，于 1987 年获得俄勒冈大学生物化学与分子生物学博士学位）：

> 我是 1978 年成为杨老师的研究生的。在中科院研究生院上了一年基础课后于 1979 年夏进入实验室。当时杨老师的实验室主要集中搞线粒体 ATP 合酶结构与功能方面的研究，并且取得了一系列重要成果。我进实验室后，原以为要在杨老师的几个课题里选一个继续深入研究，但是杨老师提出研究生要有自己的课题。他要我花些时间认真了解整个生物膜领域的研究动向，然后选择一个新的课题并且要订出一个初步研究计划。他说选题是学习做科学研究的第一步、是基本功，一定要打好这个基础。
>
> 当时没有网络等电子检索工具，全是靠手查 CA（美国《化学文摘》）索引，再去一篇一篇地找期刊、查找具体文献、做笔记摘要，

① 卫涛涛访谈，2013 年 10 月 22 日，北京。资料存于采集工程数据库。

只有十分需要的文献才可复印。这样前前后后在科学院和几个研究所的图书馆花了近两个月的时间，课题才定下来。其间我们几次开会汇报，老师更多是肯定前一段的努力，鼓励继续分析探讨，从来没有画框框、定调子。这充分反映了杨老师学术民主的精神和他培养学生科研能力的一片苦心。这一段围绕科研选题的学习使我在以后的研究工作中受益良多。

我最后确定的硕士论文课题是研究细胞色素 c 氧化酶复合体的结构与功能的关系。当时国内几乎没有实验室做类似工作，而国外的一些试验条件我们并不都具备。杨老师表示我们应该填补这一空白，但同时要求我拟定出一个详细的研究大纲和时间表，要求利用当时的各种条件看看能否在大约 2 年的时间里取得阶段性成果，既要有创新有突破，又要实事求是，决不可好高骛远、脱离实际。研究大纲完成后，杨老师亲自审阅并反复修改。根据修改稿，我先向实验室的老师们汇报。室里通过后，杨老师又邀请北京大学、动物学研究所、医学科学院以及 304 所（即今中航工业北京长城计量测试技术研究所）等单位的十几位老师参加课题论证会。会上，外单位的老师们又提出了许多改进意见和建议，这样的做法使得我们在进入新领域时尽可能地避免了一些弯路。一年后，杨老师还邀请这些老师参加了我的研究进展汇报会。

当年这个十分有条理确定研究课题的过程（决策程序）给我留下了十分深刻的印象。虽然只是关于一个研究生的课题，但杨老师走的是一个集思广益、通过集体智慧和经由学术民主而确定最佳科研方案的路子，而不是只凭他人发表的文章就匆忙做决定。这个科研决策过程很好地反映了杨老师科学研究中的创新精神以及严格严谨、实事求是的治学态度……现在回首我个人当年的经历，更觉得杨老师所实行的这个科学决策过程是非常值得提倡的。

屠亚平（1987 年入学，1992 年获博士学位后留所工作，后被破格晋升为副研究员，先后获中国科学院院长奖、中国青年科技奖、中国科学院王宽诚教育奖，并被授予“中国科学院杰出青年”等称号。1995 年赴美国得克萨斯大学西南医学中心药理系作博士后研究，现为美国 Creighton 大学药物学系终身教授）：

杨福愉先生是我的博士生导师，也是我从事科学研究的真正启蒙者。虽然我现在已经离开中科院十多年了，但在博士研究生期间受到的杨先生的谆谆教诲和对生物科学研究的启发，仍不断地教育我、鞭策我，催我奋进；杨先生的点滴往事犹历历在目，让人永生难忘，使我终身受益。

图 7-3　1993 年，杨福愉（右）与博士研究生屠亚平合影

记得我刚到中科院，杨先生就给我讲如何做科学研究、如何打破国内科研重复性低水平研究或简单跟踪、重复国际上的研究状态的局面。他指出：“科技创新是科学研究的灵魂，科技创新是科学发展的不竭动力”“希望你们博士研究生要在科学研究中独辟蹊径，在科研创新中不断往前闯、往前试，遇到障碍，一定要想办法解决。”杨先生的这些铮铮话语至今言犹在耳，记忆也尤其深刻。

……在我博士课题研究期间，由于中国处在一个敏感的特殊历史时期，我订购的许多试剂不能及时到位或根本买不到。我当时内心确实感到有点茫然，精神上出现了一丝松懈。杨先生不失时机地鼓励我：“在科学研究中除了要大胆假设外，还要在科学实验中小心求证，想办法求证”。这些教诲时时影响着我，并成为我科学研究中时时想起的至理名言。想到在艰难的日子里一定要磨练自己的耐力、忍受能力以及在逆境中求生存的毅力，我的内心暗暗地憋了一股子劲儿：不管遇到任何艰难险阻，一定要想方设法完成实验。

杨先生不但科学研究上谦虚严谨，在生活上也给予我这样远离家乡的博士生无微不至的照顾。每年杨先生都会组织学生们春季和秋季的旅游，那些峥嵘岁月使我感念至今。记得我由于实验工作紧张繁忙，不能回家举办婚礼。杨先生得知此事，在生病住院的情况下托师母给我举办了婚礼。当时的婚礼情景至今仍历历在目。我非常感动，内心感到无比温暖。

杨先生对研究生做出的成绩从来不大包大揽到自己身上，对于年轻学生时常不忘提携、表扬……他不仅是我的导师，他更是我人生的楷模。他给予了我科学研究的起点、科学的态度、科学的研究方法，使我受惠至今。杨福愉先生是一座永远矗立在科技创新前沿的丰碑。

范高峰（1992年入学，1995年获中国科学院院长奖学金特别奖，同年获博士学位后到美国国立卫生研究院从事相关领域的博士后研究）：

……我之所以拜师于杨老师的门下，始于我在西安医科大学的硕士学位研究课题与杨老师的早期研究的关联——硒与克山病。杨老师提出的“克山病是一种心肌线粒体病”理论是我硕士研究课题的灯塔，使我硕士毕业后决心报考杨老师的博士研究生。我为此做了非常充分的准备，通读了杨老师所有的论文和综述。在我考博时，英文和基础课发挥的很好，但专业课考试时杨老师只出了两题，其中一题是“论信号跨膜转导”。由于当时杨老师实验室的重点课题是蛋白跨膜运送，而且他在《生物化学和生物物理进展》刊物上发表了多篇综述，我没仔细看清题目，将我牢记的杨老师的蛋白跨膜运送理论很完整地写了上去。杨老师在面试时指出了我的错误，并要我谈谈信号跨膜转导的有关理论特别是cAMP信号跨膜转导体系，我很清晰地作了答复。这样，杨老师最后给我的专业课考试打了90分……

我于1992年秋来到中国科学院，在研究生院学习半年英语后于1993年进实验室。当时我希望能在杨老师的指导下继续硒与克山病的研究。但是杨老师希望我从事有关 cAMP 信号跨膜转导体系方面的研究，并要我在一个月内提交开题报告。当时压力很大，因有关这方面的研究在国际上是热点，而国内又很少有人从事相关研究。杨老师很理解我的顾虑，希望我多做一些功课、多读些文献，并结合我们实验室在膜脂和膜蛋白研究方面的优势定出研究方向。因为杨老师当时是生物大分子国家重点实验室学术委员会主任，工作相当繁忙，他特别指定刚从美国留学回国的黄有国教授具体指导我的工作，最终我们选定跨膜 Ca^{2+} 梯差对 G 蛋白偶联的 cAMP 信号通路偶联功能的调节作为我的博士研究课题。当时杨老师很高兴地对我说，我终于有了一个具体明晰的研究目标，但该课题要提纯三种膜蛋白和同时重组成功，它的工作量很大、困难也会很多，希望我做好心理准备。

将 cAMP 信号通路的三种膜蛋白纯化并要重组表现偶联功能，在国际上也只有诺贝尔奖获得者莱夫科维茨（R. J. Lefkowitz）的实验室成功过。为了获得具有高活性的纯化的膜蛋白，我必须把实验连续做下去。在将近一年的时间里，我吃住都在实验室，经常夜里连续做实验，终于纯化出了 cAMP 信号通路的三种膜蛋白。我很高兴地向杨老师汇报我的实验结果，希望能得到杨老师的表扬，但他要求很严，要我重复我的实验结果三次，并把其中的腺苷酸环化酶的纯度从 50% 提高到 90%。我花了半年的时间重复实验结果，并将纯化的三种膜蛋白重组于脂质体并表现出偶联功能，这让杨老师特别高兴，在年底便从他的课题提成中给我发了一个最大的年终奖……

杨福愉老师是我一生遇到的最好的恩师。他严谨的学术态度、精深的学术造诣和宽广的学术视野令我终身受益。

童俊超（1991 年入学，1996 年获中国科学院院长奖学金特别奖，1998 年获全国百篇优秀博士论文奖，后到加拿大从事生物医学研究）：

在杨先生的实验室做研究生的一段时间里，最深刻的印象就是杨先生对学术的严谨和实验室里自由和互相帮助的学术气氛，这种

图 7-4　1999 年，杨福愉（右）与博士研究生童俊超合影

气氛能鼓励学生尽快进入角色。我刚从大学和书本中出来的时候，还没怎么接触过实际的科研，对于课题的设计和论文的书写更是一窍不通。然而，生命科学是一门实验科学，拥有第一手的实验资料、广泛地阅读文献，才能产生新的想法和新的解决问题的方法。杨先生因而鼓励我尽快进入实验室，并指点我大量阅读相关文献尤其是英文资料。当时科学院的研究生第一年都集中在研究生院上课学习，并没有机会进入实验室，而杨先生却告诉我可以在课余时间——尤其是在第一年下半年课程比较少的时候回实验室参与工作，并且指定了另一位学生带我。这样，结合课堂上学到的知识、图书馆阅读的资料和实验室的第一手经验，并在先生的其他学生的“传帮带”之下，我很快地进入了课题，并能在四年多一点的时间里完成博士论文答辩。

在学术上，杨先生很鼓励学生有自己的想法。我当时接触的课题是细胞色素 c 在线粒体中的折叠和转运……但是运用分子生物学技术研究蛋白质的折叠和加工，当时在国内还刚开始，而且我们实验室也还没有将这方面技术用于生物膜结构和功能研究的经验和条件。我跟杨先生提出用基因定点突变和蛋白质重组技术来研究细胞色素 c 的折叠和转运，得到了先生的大力支持——这不仅是学术上的支持，还包括人力、资金支持，更关键的是与朱榴琴老师的分子生物学实验室进行合作研究的机会。杨先生还出面联系了美国康奈尔大学的吴瑞教授。吴教授是基因工程研究的先驱之一，并且克隆了很多种细胞色素 c 的 DNA 序列。我们因而从吴教授实验室拿到了鸡心细胞色素 c 野生型基因，然后开始了一系列的分子生物学工作。这些工作连续性很强，常常需要每天工作12—15小时，周末还要加班。杨先生不仅在工作上支持我，在经济和生活上也很关心我，常常提醒我要保重身体、注意饮食和休息。

学生的论文撰写和发表最能体现杨先生对学术的严谨。每一篇论文从草稿到投稿至少要来回修改十几遍，大到标题，小至一个标点符号，先生都仔细纠正，尤其是英文的语法、逻辑和用词。正是杨先生的严格要求使得我们投稿的成功率很高。在我的记忆中，博士论文期间发表的几篇文章都没有被杂志社拒绝的经历。

杨小毅和王丽华（俩人分别于1997年和1995年获博士学位，后赴美国国立卫生研究院做博士后研究）：

自主创新是科学研究的原始动力。回顾我们在杨先生实验室学习期间的经历，杨先生在课题选择、研究思路、结果分析、论文总结甚至是实验手段等各个环节都给予了细致的指导，使我们收获甚丰、受益良多，感触最深的是杨先生对科学创新的追求和对实际应用的重视。

尽管我们具有一些医学研究的背景，但二十年前刚刚踏入生物膜领域前，作为初学者，做什么课题还是有些茫然。在当时的氛围下，学术界一片“缩短差距，赶超国际”的声音。习惯思维认为，国际上什么是热点，我们就做什么，这样就可以和国际同行同步发展。但是，先生明确地告诉我们：瞄准国际前沿是对的，但是科学研究是一个累积的过程，不可能一蹴而就，科学研究不是跟风可以做好的，切忌急功近利。先生的教导让我们深受启发，因此，一方面我们积极参与实验室现有课题的研究，以求尽快熟悉本实验室的工作基础和研究条件。有关钙离子对细胞功能的调节，特别是细胞如何维持胞内低浓度的钙水平的机制一直是细胞生物学的研究热点，但是对细胞质膜内外所存在的1000—10000倍跨膜钙梯差，学界并未给予足够的重视。作为膜生物学家，杨先生敏锐地注意到如此之大的跨膜钙梯差本身就可能会影响膜脂－膜蛋白的相互作用，他在国内外最早提出了跨膜钙梯差可能通过影响膜脂物理状态调节膜蛋白的构象与活性的理论假设。当时杨先生实验室正在以人工膜体系开展跨膜钙梯差对 cAMP 信号跨膜转导途径各蛋白组分的自身功能以及相互偶联功能影响的研究，在师兄范高峰的帮助下，我完成了跨膜钙梯差对重组 β－肾上腺素能受体配基结合功能的研究。这项完全基于实验室已有基础的工作加深了我对跨膜钙梯差概念的认识，也提高了我在生物膜领域做进一步研究的信心。

另一方面，先生指导我（杨小毅）大量阅读文献，鉴于我的医学背景，建议我把视野打开，从人工膜体系扩展到活细胞天然膜体系，从正常细胞发展到病理细胞。在动脉粥样硬化及冠心病的发病过程中，很早就发现斑块钙化是其特征之一，而钙通道阻滞剂有抑制动脉粥样硬化斑块形成的作用，但是对作为动脉粥样硬化的关键环节——泡沫细胞形成过程中的钙信号以及跨质膜、跨细胞器膜的钙离子梯差变化均不清楚。经过多次讨论，在先生的鼓励下，我选择这个直接与医学临床相关的问题作为博士研究课题。

上述关于选题的例子充分体现了先生深邃的科学思维和求实的研究精神，也就是先生经常强调的“科学研究需要的是立足在学术积累基础上的思路创新、概念创新和理论创新，而不是跟风”。这一理念一直影响着我们后来的研究。

最后，我们再看看苗琦（2001 年获博士学位后，短期留实验室继续进行胰凝乳蛋白酶 B 的研究，后赴美国从事博士后研究）如何详细描述他在博士研究期间的心路历程的：

2001 年春，杨先生给我布置了一个课题——寻找一种似乎来自于线粒体的蛋白酶。在那之前，杨先生的一位博士生在把 Bid 蛋白和粗制线粒体一起温育后，发现 Bid 被剪切激活了，这提示这种线粒体制备物含有一种未知的蛋白酶，可以特异地剪切 Bid 的某个位点。彼时，这位博士生即将毕业离开实验室，但是这个现象引起了杨先生的关注……今天我再试图回想先生把这个课题交给我时的谈话情景的时候，记忆虽然已经不是十分清晰，但我仍然依稀记得先生给我概括了此前的实验观察结果，指出这些初步结果或许意味着存在迄今未知的一种 Bid 蛋白酶因子，这是令人感兴趣、值得进一步研究的。在这项工作发轫之时，我可能很难想到杨先生对这个未知因子的专注竟一直持续下来，至今已经超过 10 年。我自己后来在走过更长的研究道路之后，更能体验到这是一种可贵的精神——先生在 70 多岁高龄时没有固步自封，而仍然怀持对未知的好奇、对知识的热情，从而启动了一个新的研究领域。

实验室似乎可以被描述成这样一个地方——在这里，你发现、提出问题和假设，你被这些问题和假设所激动而努力工作，夜以继日，然而，这个地方又常常证明你错了。对这个未知的蛋白酶因子，我们起初的设想是：如果它来源于线粒体又通过剪切激活 Bid 而破坏线粒体自身，这是很新奇的。然而，后来我发现这个未知的因子可能来源于线粒体粗制备物所混有的溶酶体，而不是线粒体。面对一个与起初的观点和期望相左的可能性，杨先生却鼓励我用反复的实验论证来获得确切的结果，“即使与期待的不同也没有关系”。先生这种尊重客观事实的态度打消了我开始的忐忑不安和顾虑，得以沉静下来求问问题本身。在我为这个猜测找到可靠的证据后，他又以很肯定的方式鼓励我表达出自己明确的观点。他对年轻人的这种信任和勉励，我们在工作中能反复体会到。

在明确这个未知因子来自于溶酶体后，我们的工作实际上遇到了一个困境。这是因为当时国际上已经有几家比较著名的实验室在研究已知的溶酶体蛋白酶与细胞凋亡的关系，有的甚至已经发现了 Bid 是几种已知的溶酶体蛋白酶的底物。那么，我们的未知因子是否不过是已知的一种溶酶体蛋白酶呢？对于溶酶体和细胞凋亡两个领域来讲，我们都缺少经验，怎么能做出与这些实验室不同的发现？我们是该简单省事地用已知的溶酶体蛋白酶来试验，还是该采取复杂的从头纯化的策略？在思考这些问题的过程中，我们做了更多的初步实验，并且分析了文献中的一些实验方法和发现的缺陷，最后决定采用新的研究策略继续做下去。先生大力地参与、支持和鼓励了我们这些努力和思考；虽已届古稀之年，他仍保持着年轻人的活力以及敢于“探险”（创新）、勇于挑战的科学精神。如果没有这种精神的支撑，我们可能从一开始就裹足不前了。“好的开始是成功的一半”，这句话用在这个研究的历程上很恰当。

……此后，有一段时间实验很不顺利，我还记得自己曾经有过很沮丧的时候，但是我们毕竟坚持了下来。主要的原因在于：从杨先生那里，我们从未感受过抱怨或者放弃的想法，这或许是因为他们这一辈的老科学家经历过科研条件极其有限，却仍努力坚持不渝的时期，或许是因为他们能够更纯粹地对待科研工作。这对我们而言是一种无声的劝勉和鞭策。此外，杨先生还在实际上给了我们极大的支撑。在物质条件上，他毫不犹豫地支持我们一次次地试验，而且鼓励我们升级改进实验设备，使用新方法新材料。在研究策略上，在质谱测定没有结果时，他指示我们完成了一系列对这个未知因子做生物化学性质的鉴定工作。除了在研究所内的学术活动上，杨先生也把这个工作介绍给来访的科学家，通过与他们的交流，我们接受了许多及时、中肯的评价和建议，也受到了更多的鼓励。2004 年春季我们完成了第四次更大规模的纯化后，在一天晚上 8 点左右，我看到了电泳胶染色的结果，估测所获得的纯化蛋白应该足够用于质谱鉴定，就打电话到杨老师家里汇报，从电话里传来了他很高兴的回应的声音——这种声音所传达的喜悦与曾经有过的挫折感一起，如今仍然深深地印在我的心里，因为你所感受的是一种休戚与共的情绪……

2004 年 7 月，质谱测定结果终于反馈回来，证明这个未知的蛋白酶是胰凝乳蛋白酶 B，与我们先前根据生化性质预测的结果完全一致！这一久悬的疑问终于揭开了它的面目，带给我们前所未有的舒展、平静的喜乐……2005—2007 年，为了研究由此衍生的新问题，我们实验室又引入了一系列新的实验技术方法，其中有些当时在国内尚未普遍应用。杨先生以开放而坚定的态度，积极了解、欢迎和支持这些研究。因此，我们的研究小组比较顺利地完成了一个接一个的实验，基本上完善地验证、解答了这些问题，以致在论文于 2007 年年底投稿后，审稿人没有提出疑问和更多的补充实验的建议。这种同行的承认是对杨先生的认真严谨、长期坚定不移地坚持、踏实笃定地探索、勇于创新的科学精神的最好回应。

资深院士

老当益壮，努力做好“联谊会”工作

按照两院院士章程，为了维护老年院士的身体健康，在院士中实行资深院士制度，对年满 80 周岁的院士授予资深院士称号。这样，从 2007 年起杨福愉就成为中国科学院资深院士。资深院士不再参加院士每两年一次的增选工作，但仍可开展其他活动。

2005 年，两院院士师昌绪倡议成立中国科学院、中国工程院资深院士联谊会。他觉得这样不仅可以加强两院的联系，而且既然资深院士仍是国家的宝贵财富，那就应该组织起来发挥他们的余热，为国家为人民继续做贡献。师昌绪的建议得到了两院领导及中央有关部门的支持。两院资深院士联谊会成立之后，即以“老有所为，老有所学，老有所乐”为宗旨。在杨福愉成为资深院士的第二年，也就是 2008 年年初，他接到中科院院士局的来电，询问是否愿意参与两院资深院士联谊会的活动并担任理事。一向心怀社会与国家的杨福愉觉得这是很有意义的工作，就这样开始参与到两院资深院士联谊会的活动与工作中来，以一个科学家的使命感和科学态度投入到事关国计民生的建言献策工作调研与服务中。2010 年年初，由于资深院士数量逐渐增多以及某些担任领导的资深院士年事过高等原因，联谊会理事会进行了改选，83 岁的杨福愉被推选为副会长（2010—2013 年）。这样，需要他参加的会议和工作相对又增加了一些。

图 7–5　2010 年 7 月，杨福愉参加两院资深院士赴东北考察期间在满洲里中苏边境和夫人王锦兰合影

两院资深院士联谊会的活动丰富多样，但大多围绕一些重大国是和科技热点问题展开。比如杨福愉就多次参加了“三农”问题的专题讨论会——2008 年 11 月在深圳，2009 年 10 月在北京，2010 年 7 月在满洲里，12 月又在北京……“三农”问题一直是党和国家关注的热点问题。从 2004—2014 年，连续 11 年的中共中央一号文件都关注“三农”问题，对于这样重大的国是问题，资深院士们自然愿意从各自的角度出发为国家出谋划策。杨福愉在 2010 年 12 月的最后一次“三农”问题讨论会上，就与其他院士一起向国务院提出解决这一问题的三点建议。

2010 年起，“教育改革”成为两院资深院士联谊会关注的重点问题。当年 5 月在北京举办的专题讨论会上，“教育改革”正式立项，成为联谊会的一项调研项目。10 月，这一项目的启动会在北京举行，中国工程院院长周济、中国科学院副院长李静海、教育部部长袁贵仁、32 位两院院士以及教育部、有关研究所和大学的有关人员共 100 人参加，杨福愉的弟弟杨福家院士等在会上做报告。在这之前，杨福愉已经建议把项目重点放在提高全民素质与培养创新型人才之上，因为这正是他一直关心的问题。到了晚年，杨福愉一直有一种强烈的感觉，就是整个民族的素质似乎在下降，突出问题就是缺乏对祖国的热爱，只知道科学没有国界，却忘了科学家有自己的祖国。因此，提高全民素质的重点在于加强中小学生的素质教育，这绝不仅仅是要求他们拿国际奥林匹克竞赛的前几名，也不只是要求他们不随地吐痰、过马路不闯红灯、懂得垃圾分类，还应该从内心培养爱国主义意识，用实际行动体现爱国情怀，而不能是在校期间把爱国主义挂在口头上、出校之后就忘得一干二净。2011 年 11 月，项目顺利结题，杨福愉在北京参加审定了结题报告“关于推进我国教育改革的几点建议”。这一报

图 7–6　2011 年两院资深院士赴西北工业大学考察教育改革情况时合影（前排右 10 为杨福愉）

告同样通过政府向资深院士开放的“绿色通道”报送给国务院。

2013 年以来，资选院士们又自行选定了中国微电子产业作为重点关注问题。中国的芯片产业一直比较落后，不得不大量进口国外产品，这对国家安全造成了很大的隐患。手机、电脑中使用的国外芯片有可能被制造方动手脚，用来作为窃取使用者信息的工具；在导弹之类国防武器上使用进口芯片就更加危险。虽然国家已经意识到这个隐患，大量投资推动国产芯片事业的发展，但是布局并不合理，全国竟有 600 多家企事业单位都在从事芯片研发，风险仍然很大。通过一年多时间的调查，联谊会再次形成一份报告报送国务院。

两院资深院士联谊会在关注了上述“三农”问题、“教育改革”和创新型人才培养问题、“微电子产业”等重大国计民生问题之后，对每个问题都深入调研并撰写专门的报告。有的报告报送国务院之后得到了中央最高领导的批示，有关部门也采纳了报告中提出的一些建议。这种基于科学考察和深度研究的思想是国家决策的重要依据，这些显著的调研成绩充分体现了联谊会“老有所为”的宗旨。

从“老有所学”来说，每到一地调研时，联谊会都组织参观当地的著名企业、工厂等。比如 2010 年 5 月，院士们到成都四川大学参加“生态环境的改善有赖于治沙技术的推广”专题研讨会时，就参观了中航工业成都飞机工业（集团）公司。同年7月，联谊会到河北涿州调研“教育改革”项目时，参观了当地的科技企业孵化园区。2012年8月，杨福愉又参加了联谊会在黑龙江举行的系列活动，包括参观考察哈尔滨汽轮机厂、中国船舶重工业集团公司703研究所、中国第一重型机械集团公司等。这些参观活动让资深院士们了解到中国一些重要产业和社会服务业的发展成就，这是他们身处科研一线时难以获得的机会，因此普遍感觉收获很大。此外，联谊会还组织院士们听取相关领域著名专家对某些较为重要或当前社会上普遍关心的问题进行的高级科普式的演讲——比如“我国稀土的储存、生产与出口问题”、“核电站的建设与安全问题”、“转基因农作物问题”等，这也极大地帮助院士们进一步增加知识、了解国家建设的情况以及相关政策。

从“老有所乐”来说，每到一地调研时，也常常会安排参观当地的一些名胜古迹，虽然所占时间不多，但对年事已高的资深院士来说也是难得的怡情养性的机会。

杨福愉认为，这种集“所为、所学、所乐”于一体的两院资深院士联谊会的活动对国家有益、对院士个体安度晚年也有益，希望能不断总结经验推而广之。一向认真务实的他一旦投入这些工作，就开始研究琢磨起来。他感觉到资深院士联谊会活动模式应该扩展，目前联谊会活动主要是北京地区的两院院士参加，全国其他地方的两院资深院士很少有机会参与。为此，2013年起杨福愉着手帮助筹建了资深院士上海分会。同时，他还在总结思考联谊会存在的一些问题，比如专题考察调研工作由于每次选择的调研项目有一定的专业范围，这就影响了参加活动的人数，但如果几个项目同时进行，力量分散之后，每个项目又显得比较单薄；资深院士都已步入耄耋之年，如何选择合适的活动内容也是一个值得进一步研究的问题……

用心用力开展科普教育事业

如果我们把尚未进入科研阶段的大学生甚至中学生视为科研的“后备”人才的话，那么杨福愉面向大中学生的科普工作也是他重视人才梯队

图 7-7　2003 年 10 月，杨福愉参加庆祝解放军总医院成立 50 周年大会，在“科学与中国”院士专家报告会上做报告

培养的一个组成部分。当选院士以来，杨福愉应邀在“科学与中国”院士专家报告会上曾以“线粒体研究的回顾与展望”为题做科普报告。不过，多数科普活动是针对大中学生展开的。

2006 年 5 月 19 日，杨福愉参加了中国科学院“科学与中国”院士专家巡进团组织的“科学家进校园”活动，并在清华大学附属中学的首场报告会上为高二年级 500 多名学生做题为“谈谈生物膜”的报告。讲座既有科学性又有趣味性，在讲课中穿插着大量生动的图片和 Flash 动画，把学生们的学习兴趣和求知欲望充分地调动了起来。

此后，这一类型的科普活动便一发不可收：当年，作为生物物理研究所第二届

图 7-8　2006 年 7 月，杨福愉在生物物理研究所举办的第二届夏令营上作报告

夏令营指导专家，杨福愉又参加了与大学生面对面的交流活动；2008 年 11 月赴深圳考察期间，与深圳市第二实验学校学生进行“院士与中学生面对面活动”；2009 年 5 月赴四川考察期间，与成都七中初中学生进行了同样的面对面交流活动；2010 年 7 月赴满洲里考察期间，与满洲里第一、第三、第五、第六中学师生欢聚一堂，展开交流；2011 年 6 月在西安考察期间，与西安中学、爱知中学、西安交大附中、西安高新一中、西安市第一中学少年班等 400 余名师生开展面对面交流活动；同年 7 月去河北涿州调研“教育改革”项目时，与当地的中小学校师生开展对话交流；2012 年 8 月在黑龙江考察期间，与哈尔滨市第三、第十六中学及哈尔滨市师范学校附小的中小学生开展面对面交流活动；2013 年 5 月，与北京昌平区上苑中学和青云中学的学生零距离交流，并代表中国科学院、中国工程院向两所学校捐赠书籍 3000 余册……

这些与中小学生面对面的活动都是由两院资深院士联谊会组织的。活动受到学校所在的地方教育局和各学校的高度重视，学校师生们事先都会

图 7–9　2012 年 8 月，杨福愉参加两院资深院士赴哈尔滨与中学生进行面对面交流活动（前排右 6 为杨福愉）

做认真细致的准备，对每一位前往的院士情况都加以详细了解，并针对每个院士的科研领域就一些问题做针对性的提问考虑。因此，虽然每次活动仅仅两三个小时，但是气氛非常热烈。

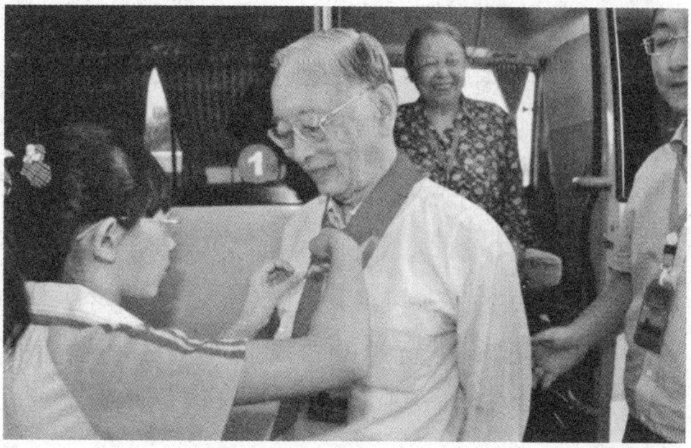

图 7–10　杨福愉在哈尔滨参加与中学生进行面对面交流活动，到达学校后在车上接受中学生献戴红领巾

有关方面也对两院资深院士在各地举行的面对面交流活动进行了报道和总结，因此使我们得以看到在哈尔滨与中学生面对面时，院士们是如何阐述法国著名微生物学家巴斯德（L. Pasteur）的名言“科学是没有国界的，但科学家还是有祖国的”，而同学们在聆听院士报告之后又引发了怎样的深思。哈尔滨第三中学南岗校区高二（2）班的刘俣伽在他的感想中写道：

命也，长在中国，名字叫中国人，这是我的命运，一生不可更改，如同我的国籍一样。生也，生在中国的土地上，占有并享受着这里的每一寸土壤、每一滴雨露，这份养孕之恩，我必要以涌泉相报！国也，“中国”这只东亚的雄鸡，要站在世界之巅发出黎明最响亮的鸡叫，我不想听它那略带悲哀的叫声，因为，它再不会、永远也不会遭受被遗弃的哀伤。我，我们，定会永远守护在你的身旁。我是一个在时光里迷失了的孩子，曾一度迷失了人生的方向。今天，我终于回到了起点，那个属于中国人的地方。命也，生也，国也。为国而生，此生无怨；一生为国，此生无悔[①]。

尽管这一段诗一般的文字笔法还显稚嫩，但是耄耋之年的杨福愉读了

① 《中国科学院学部通讯》2013 年第 3 期。

这段感言，回想自己一生的经历，不免产生共鸣，感到自己“深受教育”。像这样的活动，其实已经远远超出科普的初衷，成为了老一辈院士与青年一代爱国报国思想的互动交流，也体现出院士群体晚年对科学后辈的殷殷期待。无怪有资深院士把与中小学生的面对面交流活动称为两院资深院士联谊会活动的品牌，看来一点不为过！当前，中国迫切需要提高公民素质（包括爱国主义素质），素质教育应从青少年抓起。因此，杨福愉院士建议，在总结已经进行过的资深院士与中小学生面对面交流活动的基础上，有关部门应该将这一活动进一步加以组织推广。

晚年情怀

晚年的杨福愉院士已经是成就在身、桃李满天下的科学大家。1997年10月，生物物理研究所及生物大分子国家重点实验室特地举办“庆贺杨福愉教授七十寿辰暨从事科教事业四十七年”的庆祝会，众多同行、同事、专家会聚一堂，以开展学术交流的方式向杨福愉祝贺。2006年杨先生周岁七十九，虚岁八十，这年10月28日，生物物理所在北京怀柔举办了生物膜研究前沿学术讨论会暨庆贺杨福愉院士八十华诞座谈会，时年已经103岁的贝时璋特意为他题词——“我国研究生物膜第一人”。对于这个称号，一向谦逊低调的杨福愉认为这是贝老对后学的一种鼓励罢了；尽管他可以算是国内最早以生物膜为主要关注对象、

图 7–11 杨福愉（前排左 2）70 大寿时与夫人王锦兰（前排左 3）及实验室诸同事合影

图 7-12　2006 年北京怀柔生物膜研究前沿学术研讨会代表合影（前排右 12 为杨福愉）

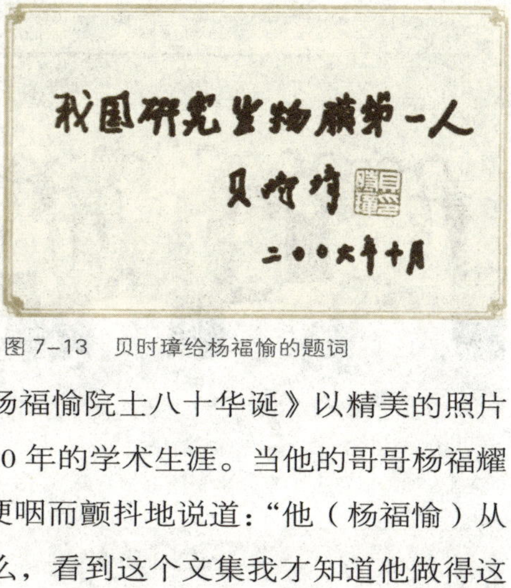

图 7-13　贝时璋给杨福愉的题词

把生物膜作为研究主线的人，但严格说来，国内做生物膜相关研究的早已有人，只不过那时不叫“生物膜”。但是，他的学生张玉中[①]和多年的同行林其谁院士[②]谈及这个称号是很认同的，许多同行也颇为共识。怀柔会议后出版的纪念文集《情系生物膜——祝贺杨福愉院士八十华诞》以精美的照片和翔实的文字概貌呈现了杨福愉近 60 年的学术生涯。当他的哥哥杨福耀拿出这本纪念文集时，忍不住声音哽咽而颤抖地说道：“他（杨福愉）从来不和我们说在干什么、做出了什么，看到这个文集我才知道他做得这么好、这么不容易……”[③]。

尽管受到人们如此的崇敬，杨福愉本人在回顾一生的时候，还是谦虚地说：“一生……比较平淡，虽然从大学毕业后除去到苏联学习三年半外，一直在中国科学院从事科研工作，但没有为国家做出重要的贡献，此乃憾事。”直到现在，他仍然心系生物膜，只要不生病，每天必定会阅读专业

① 张玉中访谈，2012 年 10 月 29 日，北京。资料存于采集工程数据库。
② 林其谁访谈，2012 年 12 月 4 日，北京。同①。
③ 杨福耀访谈，2013 年 10 月 30 日，上海。同①。

图 7-14　2006 年庆祝杨福愉八十华诞会上，杨福愉（左 2）与梁栋材（左 3）、王贵海（右 3）、匡廷云（右 2）、林克椿（右 1）、林其谁（左 1）合影

图 7-15　2006 年，杨福愉（前排左 5）和夫人王锦兰（前排左 6）以及实验室同事和研究生合影

图 7-16　2006 年，杨福愉（前排右 3）和夫人王锦兰（前排右 4）与留学苏联同学合影

文献、关注国际国内的最新研究进展；至今，他仍然参与生物大分子国家重点实验室的工作讨论和指导，应邀指导评审相关领域的学生论文，甚至还不惮年老体弱，仍然热心关注 2014 年 10 月在云南大理召开的第四次国际暨第十三次全国膜生物学学术研讨会。对自己毕生的学术探索，杨福愉有三点感想和体会：

（1）自主创新是科学研究的灵魂。因此，必须给从事科研的人员以稳定安宁的环境，使他们能够在不受干扰的平静环境中沉下心来、刻苦钻研、长期积累，这是产生创新成果的必需条件。急于求成、一味追求“短、平、快”是难以获得真正的自主创新成果的。对于国际前沿，应该密切注意，但切忌没有主见的随意紧跟。

从他的研究组获得的几项比较好的成果来看，无论是镁离子通过影响膜脂流动性调节线粒体 ATP 合酶的构象与活性研究、后继的跨膜钙离子梯差对肌质网 Ca^{2+}-ATP 酶和 G- 蛋白偶联的 cAMP 信号通路相关膜蛋白的偶联功能以及锌离子调节膜蛋白（包括红细胞膜骨架蛋白）的结构与功能研究等，还是提出“克山病是一种心肌线粒体病”的观点以及 21 世纪以来首次发现经典的消化酶——胰凝乳蛋白酶 B 不只是一种消化酶，它还分布在细胞的溶酶体内并通过溶酶体 - 线粒体途径参与细胞凋亡调控等的富于特色、体现原创性的研究，无不是在原有长期工作积累的基础上经过艰苦探索获得的成果。

图 7–17　2015 年 1 月，杨福愉在生物物理研究所召开的首届研究生政治思想工作会大会上发言

（2）如何真正做到“理论联系实际”。科学研究大致可以分为基础研究、应用基础、应用研究和开发研究四大类。一般来说，一个科学家不可能面面俱到、样样精通。从全局来看，从事基础研究的科技人员虽然是少数，但是在经费以及其他各种条件方面都必须予以足够重视和保证，因为从长远发展来考虑，基础研究是自主创新的最主要来源。

从杨福愉开始参加工作以来，“理论联系实际”始终是一个挥之不去的讨论热点，争论从未间断。总的来说，几十年间这个要求的正确贯彻一直不太正常。“文化大革命”之前的情况暂且不论，改革开放之后，政策上时而强调基础研究，时而强调应用研究，变化莫测，导致科研人员也不得不积累应对经验，每类研究都做一点，以求随机应变。每个研究所的布局也往往从基础研究、应用基础、应用研究一直到开发研究都一应俱全，以便应付各个时期的政策变化，从而使高校、中科院以至产业系统研究所之间的界线难以清晰。最近几年比较流行的口号是“科学研究应面向国家需求”，虽然基础研究也是国家的需求，但一般人却往往认为解决当前国家建设急需的研究才是“面向国家需要”，国家用大量经费支持的项目也绝大多数属于这一类。这些不正常情况急需通过深入改革加以改变，否则，国内搞基础研究的队伍是难以稳定下来的。

当然，既然中国一直处在建设时期，对“理论联系实际”的做法也不能矫枉过正，从事基础研究的科学家也的确应该结合自己的专长，尽可能做些国家当前需求的项目。杨福愉主要从事生物膜（包括线粒体膜）的基础研究，但在 20 世纪 80 年代仍然参加了中共中央地方病防治办公室与卫生部共同组织的云南楚雄克山病综合考察工作，这并不是国家下达的任务，而是他自己在参加了几次有关克山病的学术讨论会后被邀请参加的。后来，结合实验室在线粒体研究方面的基础，通过历时三年的考察和实验研究，杨福愉最终提出“克山病是一种心肌线粒体病”的观点，为克山病防治这样的应用型研究做出了贡献。坚持这种基于民主基础的论证和科学家的自主性的“理论与实践相结合”，正是杨福愉研究组“一个中心，两个结合”研究路线中的重要内容。

（3）要大力推行多学科交叉发展生命科学。与 20 世纪 40 年代或 50 年代不同，如今已经很少有人反对用多学科交叉的方法发展生命科学研究了，但是要真正做到这一点并非易事。诚然，当前的生命科学问题很少仅仅依靠生物学基础与技术就能解决，由不同专业人才组成的团队进行多学科交叉研究已经十分常见，但是能否真正把多学科交叉方法进行贯彻并获得较理想的成果，其关键在于：第一，参加研究组的每个成员是否对研究课题有共同的兴趣；第二，主持课题的人是否具备比较广泛的学术基础，更重要的是是否具有包容的心态、能吸纳广泛的意见、团结全体团队成员，让他们各自发挥专长，为同一目标而共同奋斗。

如果从这些角度审视新世纪以来的中国科研情况，就会发现其中存在不少问题。以科研成就管理为例，当下的科研成绩考核体系一直在引导学者急功近利，快发、多发 SCI 文章，不承认他们的失败、挫折也是获得重要成就难以避免的事件。有些年轻的科学家好不容易通过多年的实验积累了足够的经验，正处在出成果的边缘时，却被要求去当领导、搞行政工作。一旦开始搞行政工作，他们的注意力就很难再集中，这就在无形之中影响甚至扼杀了他们在科研上能够取得的更大成就。

再拿学科交叉和综合来说，当前各个科研系统组织的大项目基本上都具有多学科交叉的特点。这些项目支持强度很大、参加单位众多，但能否真正实现取长补短、做出优异成绩，却主要取决于顶层设计以及合适的主持人的选择。如果“多学科交叉”只能在经费申请阶段贯彻，一旦项目通过、经费分配完成以后就各自为政，那就很难产生预期效果，可是目前科技界的情况很难使人不产生这样的忧虑。显然，这个问题牵涉到中国现行的科技体制；在教育界、科技界存在众多问题的情况下，如果不下定决心进行改革，要贯彻多学科交叉发展生命科学是很困难的。

步入晚年，在学术和行政工作之外，杨福愉的私人生活重又丰富多彩起来。特别是 1991 年大病一场之后，他意识到自己之前的工作太紧张了，就有意放慢了人生节奏，多享受一些生活的美好。这当中，他与夫人王锦兰相濡以沫、白头偕老的佳话是最令人称道甚至艳羡的。

“文化大革命”结束后，杨福愉的工作又开始变得忙碌，尤其是 1979 年担任生物物理研究所副所长后，更增添了许多行政事务，对家庭、孩子更没有时间照顾了。这时候，承担家务、抚养孩子的重任再一次全部落到夫人王锦兰的身上。在岳母病逝之后，王锦兰的负担更重了。然而王锦兰始终没有怨言，默默地承担料理一切家务。所以，当 1991 年杨福愉被增选为中国科学院学部委员后，所里专门请王锦兰到场参加为庆贺杨福愉当选的茶话会。因为大家都没忘记她，都说如果没有她的支持，杨

图 7-18　2009 年 3 月，杨福愉在中国科学院北京分院召开的研究生论坛上发言

福愉不可能取得这样的成就。

从 1954 年结婚到“文化大革命”期间，除非回双方的故乡上海或常熟探亲，杨福愉伉俪基本没有出去旅游的机会。虽然杨福愉有不少国内外的出差机会，但一来当时没有携带家属的规定，二来经济上也根本不具备条件，所以夫妻俩从未有过一同出差的经历。直到改革开放以后，情况才开始发生变化。这时候，很多出差活动都允许携带家属，而经济上也比较宽裕，因此当杨福愉有机会到外地参加各种活动时，都尽可能与夫人同行。比如 2000 年杨福愉去韩国庆州参加第三届东亚生物物理学术讨论会时，就叫上老伴同去；2003 年 3 月在北海参加完第八次全国暨 2003 海内外生物膜学术研讨会之后，夫妻俩顺便去越南游览了两天；2004 年秋天，杨福愉到杭州参加浙江大学化学系 1950—1953 年毕业校友聚会时，又与爱人畅游西湖。回京之后，他才忽然记起他们是 1954 年结的婚，所以这次在西湖边算是无意中拍下了“金婚”照。这次南行，他们还和弟弟杨福家相约，全家共同欢聚上海，为哥哥杨福耀庆贺八十大寿。此外，2006 年他们还参加了中组部组织的科教界休养旅游团，赴海南岛游览。2008 年杨

图 7-19　2004 年，杨福愉返母校与浙江大学老同学合影（后排右 1 为杨福愉）

福愉参加两院资深院士联谊会并先后担任理事和副会长之职后，因为根据规定，参加外地考察活动的每个资深院士可带随同人员一名，所以每次杨福愉也都带上王锦兰，两人先后到了深圳、成都、满洲里、哈尔滨等地观光，心情轻松又愉快。唯一的遗憾是，虽然这时工作已经不那么紧张了，经济条件也大大改善了，可是年龄不饶人，身体条件已经不允许他们进行更多的旅游活动。后来，王锦兰患上轻微的老年痴呆症，杨福愉更是腾出很多时间细心照顾她，义不容辞地履行着丈夫的责任。

图 7-20　2004 年，杨福愉和夫人王锦兰值金婚纪念之际在杭州西湖合影

虽然已经在北京中关村长住了几十年，杨家的祖宅也已经在“文化大革命”中低价卖给了一个远亲[①]，但杨福愉对于自己的籍贯——宁波镇海始终保有一份感情。1997 年 10 月，他参加了“宁波两院院士返乡行”活动，终于回到了阔别数十年的镇海骆驼镇团角村。据在场人的描述，“杨福愉从口袋里摸出照相机，一个镜头一个镜头地拍，角角落落拍得很仔细。他说他要把这些照片给外地的姐姐看，因为从这些旧景中能使人回忆起许多童年的故事。”杨福愉还听取了村委会书记、村主任对家乡经济发展情况的介绍，对村民生活富裕、家乡已普遍安装有线电视、自来水和电话的现状感到由衷的高兴。在村干部的陪同下，他参观了几家乡镇企业，一边参观一边指出，“在发展企业的同时，千万不要忽略了对环境的保护，如果等污染了再去治理就晚了。”

更感人的是，与杨福愉同行的王锦兰可能因为水土不服，到宁波后竟然病倒住进医院。杨福愉在病床前端水递药，照顾得无微不至。为了照顾

① 杨福愉访谈，2013 年 9 月 5 日，北京。资料存于采集工程数据库。

好客人，宁波市科协派专人去医院日夜轮流护理，杨福愉对此感到很不安，认为自己伺候夫人是天经地义的，连累别人却很不应该。

于是，他先把陪伴的女同志劝回去，然后对送饭的工作人员说，他和老伴都喜欢吃肯德基，而医院旁边就有一家肯德基店，买这个是很方便的。就这样，他把送饭事也给谢绝了。其实，老人哪喜欢吃肯德基，那是不想麻烦别人而找的一个借口呀！然后，他瞒着工作人员，自己来来回回打的，为夫人买饭送饭。临走前，他还特意买了花篮送给看望到医院陪伴过夫人的女同志以表示感谢。

杨福愉高尚的品行给家乡人留下了非常深刻的印象[①]。

这次返乡之行适值深秋植树时节，杨福愉还在宁波月湖院士林植下了一棵树。2009 年 6 月底，他又与中国工程院原副院长朱高峰以及两院院士贺贤土、周毓麟、周永茂、白以龙、陈祖煜等一同出席镇海区政府在北京举行的北京镇海籍院士座谈会。

图 7-21　1999 年，杨福愉返乡宁波与青少年一起植树

的确，杨福愉顺天应时、勤奋刻苦、聚沙成塔、勇于创新的精神不仅是宁波精神在新时代的体现，往大里说，也是中华民族精神的典型写照。

① 包丹虹：岁月留痕勤作舟——访生物化学家杨福愉院士。见：宁波市科协编，《甬籍院士风采录》。杭州：浙江大学出版社，2002 年，第 53-56 页。

结 语
杨福愉学术成长特点

出生于民国时期的杨福愉，少年时代在外患频仍、内政萧条的环境下度过，而他从青年时代开始的科学研究之路又与中华人民共和国的历史平行，亲身经历了20世纪50—70年代政治运动不断干预科研工作的时代以及80年代之后不切实际的激情荡尽、中国开始努力“补课”的新时代。他用低调坦诚、专心勤奋的品格和遵纪爱国、顺应时局的心态挺过了一波又一波的风浪，逾后花甲之年终成中国生物学界品德与学术双馨的楷模。在深入研读了杨福愉的生平和学术生涯之后，我们可以从四个角度简要总结他的学术成长特点。

靠一生勤奋，成就科学事业

杨福愉出生商贾之家，家境较为殷实。父亲对几个孩子寄予了读书留学的厚望，所以在兵荒马乱的民国，他有幸能够连续接受优质的初等教育和高等教育，最终成为一名谦虚好学、务实向善的学者。杨福愉从小不苟言笑，读小学时就养成了一心读书、不问世事的沉稳性格。在上海南洋模范中学就读期间，他不仅得到了诸位名师的教诲熏陶，而且打下了坚实的英语基础。中学毕业时，杨福愉在大家面前展现出了儒雅礼貌、沉静少言、不好动而喜独处、不扎堆而喜独思的气质。

后来，杨福愉在考大学时选择了浙江大学，这里同样名师如云。在艰苦而动荡的环境中，其他同学大多观望时势，有的更早早投身政治运动，但杨福愉不改勤奋向学的习惯，在坚持认真学习才能发挥自己所长的信念引领下踏实而勤奋地投入书本和课堂之中。与此同时，他一再亲身目睹和体验到民国政府的腐朽没落，思想上逐渐倾向于共产党，在认准方向后不断进步并走向成熟。

从浙江大学毕业后，杨福愉到上海开始了他的科学研究生涯。虽然他的科研启蒙进行得十分艰难，但在老一辈学者的影响之下，他仍然树立起科学救国、为科学献身的理想，并通过自己的努力获得了留学苏联莫斯科大学攻读生物学副博士学位的资格。在苏联三年多的时间里，他开始走上正式的科研轨道，通过勤奋钻研培养了出色的动手能力，获得了初步从事科学研究的经验，顺利完成了研究生学业。回国之后，杨福愉和当时几乎所有的科学家一样卷入了无休无止的政治运动。面对这些政治运动，他既不主动参与又不被动承受，而是在隐忍中尽力寻求一个有利于学习和继续开展科学研究的环境。在种种困境中，他不仅能尽力完成国家交给的科研任务，而且在业余时间仍然自学提升能力，竭力运用来之不易的国外学术资料更新自己的知识。

这样，当 1978 年“科学的春天”到来之时，杨福愉得以抓住来之不易的时机，以多年勤奋学习和研究打下的基础迎来了真正属于自己的“科学春天”——他在春天播种，那就是从铺路石子的基础工作做起，朝着能发挥自己学业所长的方向前行，一步一个脚印，通过不断持续的积累，使自己在科研上的创新力和创造力全面爆发，在生物膜研究的多个领域都取得国内一流的研究成果，进而于 1991 年光荣当选中国科学院学部委员。之后，他仍然不改多年养成的孜孜学习、不断探索的习惯，甚至在 80 高龄之后仍然每天坚持阅读几个小时的文献，继续追踪相关研究领域的国内外最新进展。这使得他在晚年仍然具有系统观察、深度思考的能力以及宽广全面的学术视野，仍能指导研究团队开展前沿探索、做出创新的研究工作，为我国膜生物学研究的开拓、发展、推动、创新以及走向世界做出了杰出贡献。

坚持一条主线，引生物膜研究之航

杨福愉自20世纪50年代末赴苏联攻读副博士学位时所开展的线粒体氧化磷酸化研究，业已开启了与生物膜结构和功能相互关系的研究大门。尽管在其后的研究历程中因种种时局下的原因而不那么顺心如意，但出于对科学研究的强烈兴趣和决心要为国家做点贡献的高度责任心，他一直在科学研究的殿堂里辛勤耕耘，注意考察国际研究动向和发展态势，并结合自身的研究基础和国内实际，在生物膜和膜蛋白的结构与功能研究中一直坚持和突出“膜脂－膜蛋白相互作用”这一中心以及“理论联系实际相结合”与“多学科交叉研究相结合”的两个结合的研究思想。他通过对线粒体ATP合酶结构与功能的系统研究，提出了二价金属Mg^{2+}通过影响膜脂与膜蛋白的相互作用使重组线粒体ATP合酶产生适合的构象从而表现较高酶活性的新观点，这与学界通常认为金属离子主要是中和膜表面负电荷的观点不同。在此基础上，杨福愉带领和指导研究团队进一步扩展了跨膜Ca^{2+}浓度梯差对膜蛋白功能影响的研究。如从分子水平上的研究结果表明，一个适合的（如相似于生理条件的）跨膜Ca^{2+}浓度梯差通过影响膜脂的物理状态对与物质运输相关的肌浆网Ca^{2+}-ATP酶的构象与呈现较高的酶活性的相关性以及对G-蛋白偶联的cAMP信号跨膜转导通路相关的β－肾上腺素能受体（β-AR）、激活性G-蛋白（Gs）以及效应蛋白腺苷酸环酶（AC）呈现较高的偶联活性都具有重要调控作用；细胞水平上的研究结果也表明，与动脉粥样硬化症相关的巨噬细胞泡沫化与跨膜Ca^{2+}浓度梯差变化存在相关性。这些从分子与细胞相结合水平上的研究成果都为二价金属离子通过影响膜脂－膜蛋白相互作用来调节生物膜三大基本功能（能量转换、物质运输和信号跨膜转导）相关膜蛋白的功能活性做了系统、深入的探索，对膜脂参与调节膜蛋白活性的新观点提供了丰富和有力的实验证据，充分体现了杨福愉在开展生物膜研究中的一条主线——膜脂－膜蛋白相互作用及其调控与细胞生理活动的相互关系，使其研究成果富于创新、彰显特色。同时，有关膜脂的种类和性质（极性、双层脂或非双层脂等）以及膜的物理状态（如膜脂的流动性）对其他多种膜蛋白活性影响的研究成果等，也都是坚持这一研究主线的生动体现。

杨福愉对生物膜研究的重要贡献还体现在近年来有关线粒体与细胞凋亡关系的研究。自20世纪初，深入揭示线粒体的新功能成为近年来细胞生物学研究中的热点，而其中有关线粒体与细胞凋亡关系的研究又实属热点之中的热点。

细胞凋亡过程中，细胞色素c从线粒体中泄出是关键一步。杨福愉根据自己研究组对线粒体结构与功能、脱血红素细胞色素c跨线粒体膜转运等研究的长期积累和基础，开展了细胞色素c从线粒体释放调节机理的研究，在追索纯化线粒体时被沾污了少量的来自溶酶体（另一种细胞器）中的蛋白质因子是什么的过程中，历时近2年的浩量确证实验工作，最终把这种蛋白因子成功纯化出来，并称为“溶酶体Bid降解因子”（LBDF），从103只大鼠肝脏中仅能纯化出4–5微克蛋白，分子量约为25 kDa。原以为它可能是一种新的蛋白质，但通过生物化学特性分析和质谱方法鉴定，意外发现LBDF是人们早就知道的具有水解蛋白质帮助消化功能的胰凝乳蛋白酶B。但它却能从溶酶体移位到细胞质，之后通过水解剪切Bid成为tBid，并通过与线粒体外膜相互作用使细胞色素c从线粒体释放出来从而引起细胞凋亡，由此提出了溶酶体－线粒体参与细胞凋亡调控的新途径、新观点。国际著名学术刊物*Nature*有一份旨在评论中国具有代表性的创新研究成果的分刊*Nature China*，该刊于2008年2月20日在评论杨福愉研究组这一成果的要闻时用了这样一个标题：Chymotrypsin B: Not just a digestive protease（胰凝乳蛋白酶不只是一种消化蛋白酶），文中还进一步评述道：“这些结果不仅第一次在大鼠肝溶酶体中鉴定出胰凝乳蛋白酶B，而且显示了这种蛋白酶的细胞内促凋亡功能，这意味着胰凝乳蛋白酶B在细胞生理活动过程中可能扮演着比人们以前所知的复杂得多的角色。”

这个出乎意料的有趣发现，促使杨福愉研究组对这个“经典酶”分子的功能所做的进一步深入研究也表明，用单分子成像技术深入解析了tBid蛋白发生构象变化并插入脂双层、形成类孔道结构的动态过程，从而进一步揭示了诱导线粒体释放细胞色素 c、最终导致细胞凋亡的分子机理。这些结果表明，在他的率领之下，研究组始终能够很好地把国际研究热点与本组的研究特色结合起来，从而能够在像细胞凋亡调节这样的热门领域中能做出原创性的、得到国际同行认可和重视的重要成果。

积极主张和大力推动多学科交叉和综合运用现代科学新方法的研究技术路线

杨福愉继承和弘扬导师贝时璋关于多学科交叉与结合发展生物学研究的思想，其数十年的研究历程明显体现了从单一学科到多学科相互结合、相互渗透，应用多种现代物理、化学和医学的研究手段开展生物膜研究的鲜明特色，基本上可分为三个时期。

（1）20 世纪 60—70 年代是其单一学科的研究方法时期。杨福愉的正式科学研究从留学苏联期间攻读博士学位时研究线粒体起步，而回国之后从事的电离辐射对线粒体氧化磷酸化影响的研究、酵母线粒体生物发生的研究以及有关用“匀浆互补法”代替“线粒体互补法”预测农作物杂种优势的研究等主要应用了生物化学单一学科的研究方法。

（2）20 世纪 80—90 年代是其多学科、多种方法相互结合研究的开始、发展和坚持阶段。这一时期，有关二价金属离子（Mg^{2+}、Ca^{2+}）通过影响膜脂与膜蛋白的相互作用调节膜蛋白功能的研究、有关不同种类或性质的膜脂对生物膜三大基本功能相关的多种膜蛋白活性影响的研究以及 apocyt. c 跨膜转运的研究等都充分体现了杨福愉逐步把生物化学与分子生物学以及现代物理学、化学的多种研究方法相结合，力求从分子水平上阐释膜蛋白的结构与功能相互关系的研究特色。

（3）21 世纪以来是多种研究方法全面结合，把分子、亚细胞、细胞和小动物等多水平相结合，以阐明生物膜与膜蛋白的结构和功能及其与细胞和机体生理活动的关系。比如，他的实验室近年来基于综合运用多学科交叉和多种现代科学研究方法和手段相结合，发现了溶酶体中的胰凝乳蛋白酶 B 不仅仅是举世公认的一种消化酶，而且还参与了溶酶体 - 线粒体细胞凋亡新途径调控，这一原创性的研究成果无不与采用全新的研究技术路线相关，进而提供了多方面的、丰富而有力的实验证据，这也必然受到国际刊物的高度评价。

无论是坚守基础研究阵地，还是适应理论联系实际的需要，杨福愉的学术实践始终没有偏离“突出一个中心，注意两个结合”这条主线。他的学术业绩都是在这种重视研究基础和积累、坚定目标、突出创新、结合多种研究方法和手段开展研究中获得的。

改革开放以后，特别是20世纪末开始，西方分子生物学日新月异的进展令曾经长期封闭的中国学术界惊叹不已，促使中国科学界紧迫感增强，但也引发了一些急功近利的学术行为，甚至出现了不顾自身的研究基础和条件而一味紧跟国际研究热点、追波逐浪的现象。与此相反，自从确定以生物膜研究为主线以来，杨福愉以沉稳的定力始终坚守在生物膜这一学术领域。看上去这好像是在背离国际学界的“风向”，然而坚守自己的领域、着力夯实基础、注重经验积累、结合自身研究特色选准课题，这其实才是学术研究的正道。事实上，自然界既是客观的，各个部分又是彼此联系的，虽然研究者从事的领域不同，只不过是讲述自然界“故事”的方式不同，只要具有宽广深邃的学术视野，那些所谓的“热点”研究对象的故事完全有机会以研究者自己特有的方式得到讲述，这才是最具价值的创新。杨福愉就是以生物膜研究为原点，并积极推行多学科交叉研究的结合，从自己的研究基础和长期积累出发，不断向生物膜研究领域中的前沿、热点拓展深化，因而他既能在不同时期做出令人敬佩的创新成果，又始终体现了自身的鲜明特色。

怀一种信念，树学者典范

杨福愉对家庭、师友、学生始终怀有深情厚谊。他至今仍然怀念父亲，深知父亲对自己的厚望与偏爱；他对大哥杨福耀总怀有一份歉疚，觉得哥哥为撑起这个家所做的牺牲是永远无法回报的；他对妻子王锦兰更是深觉愧疚，觉得妻子为了成就自己的学术事业付出得太多太多……

大学时期，杨福愉开始接触国内优秀的前辈学者，他们身上的优良品质给了杨福愉很大的影响和启发。竺可桢高尚的人品和在担任浙江大学校长期间弘扬的艰苦创业精神，让包括杨福愉在内的许多浙大学子深受感染。浙大化学系主任王葆仁扎实的化学功底和精彩的教学风格让杨福愉记忆深刻。在中科院（上海）实验生物学研究所的短暂工作期间，朱洗、庄孝僡、姚鑫等学者为活跃所内学术气氛苦心经营，特别是朱洗扎实的科研功底与对“理论联系实际”的贯彻方式让杨福愉终生都把它当成自己的学术理念之一。当然，对杨福愉启迪最大的还是他多年的领导和老师贝时璋先生，贝老很早就提出多学科交叉发展生物学的思想以及他那高尚的人格魅力，始终让杨福愉无法忘怀，时时为之感动。在自己的同事中，杨福愉与邹承鲁、梁栋材关系最为密切。邹承鲁具有国际化的视野，终生不懈地追求中国生物学研究的国际化；梁栋材则在自己的领域里勇敢探索。他们三个人紧密合作，一同在生物物理研究所组建了生物大分子国家重点实验室，取得了令人敬羡的研究成果。

正是这些优秀科学家的研究风范深刻影响了杨福愉学术风格的形成，之后，杨福愉又用它来影响和培育下一代学生。他对自己的学生有一套培养方法，始终坚持认为培养学生不能像温室育苗那样百般呵护，而应该根据每个人的长处和不足，有针对性地设置一定的学习障碍和研究困难，这样才能使学生通过经历挫折、受到磨练而成长，方能真正领会到科学研究的真谛。他对研究生培养过程的所有环节都亲自过问，时时让学生感受到老师严谨的治学态度。他这一整套教书育人的独特方法不仅成功培养出杰出的研究人才，也让其弟子在毕业多年后仍然对老师的培养心怀感激、对老师的教诲念念不忘。学人风骨，虽历经风雨，仍薪火相传，永垂不坠。他自 1978 年起至今先后培养了硕士和博士研究生共 60 余名，其中有不少优秀研究生在后来的研究生涯中做出了创新工作。近几年杨福愉还受生物物理研究所邀请给新入学的研究生讲授如何做一个合格的研究生，由于他对培养人才工作的贡献，曾获“2008 年杰出教师奖”（中国科学院大学研究生院）。

在文化的滋养和家庭的熏陶之下，杨福愉从小就怀有报效祖国、以自己所学为祖国贡献一份力量的信念。在小时候，父亲就曾建议他报考农科大学，这样学成之后可以在中国这个农业大国中有所作为；中学时期，老师们的爱国之心对他产生了深刻影响；在大学时，时局迫使杨福愉追求进步，接受了共产主义信念，加入了青年团，由此树立了自己的人生观；留学苏联时期，他又参与莫斯科大学生物学系中国留学生的学生会工作，并正式提出入党申请，成为预备党员。研究生毕业后，杨福愉怀着回报祖国和人民的满腔热忱回国，不料却接连遭遇挫折。然而即使经历了“文化大革命”的挫折，他仍然不改对党的信任，不改科研报国的初衷，始终对国家、对党怀有基本的热爱和忠诚之心。

改革开放以来，中国生物学研究明显落后于西方的事实使得生物学研究人才整体队伍的培养和水平的提高成为摆在杨福愉等老一代生物学家面前的挑战性难题。面对改革开放的祖国需要，杨福愉以做“铺路石子”的胸怀和境界、怀着要实现和尽力推动我国生物膜研究迅速向前发展以尽快缩短与国外研究差距的决心，团结国内生物膜研究的各方力量，为推动我国生物膜的研究共同出力。自从确立了生物膜研究主线之后，在“七·五”“八·五”和“九·五”期间，杨福愉积极组织和汇集国内相关力量共同开展生物膜中的一些重大或重点课题的合作研究。他不仅从一开始（1979 年）就亲自组织和召开历次全国的生物膜学术讨论会这一学术盛事，而且 80 多岁高龄的他仍积极参加全国生物膜学术讨论会，每次都能见到他坐在前排、自始至终垂听会议报告的感人身影。他坚持学术交流自由，无论单位大小一律平等的主张，充分体现了以“五湖四海”精神凝聚各方力量发展生物科学事业的理念。他的谦逊好学，他对发展中国生物膜研究的信心和信念，使我们深切地感受到一位德高望重的学者的高尚情怀，也从另一侧面反映了他为推动中国生物膜研究的发展、提升其研究水平所做出的重要贡献。

随着年龄和阅历增长，稳健成熟的杨福愉把治学的信念和爱国的情怀充分结合起来。他从全局出发，严谨做事，踏实做事，始终低调不张扬、谦虚不显摆，努力营造和维护和谐的人际关系与工作环境。这既是个人事业的需要，又是国家发展对各行业优秀人士的要求。直到晚年，杨福愉才从科学家成长角度和国家发展角度出发，对自己的科研人生和所处时代的境遇做了反复思考。他对包括自己在内的许多中国科学家受困于政治运动、无谓地浪费大好时光甚至遭受种种折磨尚不能完全释怀。每当回忆起自己的科研学术经历，他便面色凝重地说："要是从苏联回来后一直不受干扰，集中精力做事，那情况就会不一样！"……显然，这个"不一样"既是他对自己取得更多更好的科研成果的一种信念，也饱含着他对中国科技事业更快更强发展的期待。他是多么希望中国的科学研究事业奋起直追、繁荣昌盛，直至领先于世界啊！

今天，在为实现中华民族伟大复兴的"中国梦"的新里程中，为了中国膜生物学研究发展的未来，有志于从事生物膜研究的年轻一代尤其应该刻苦学习、坚持实践、团结合作，继承和弘扬老一辈科学家的敬业、求实、合作、开拓、创新精神，为进一步推动、大力发展和尽快提升我国膜生物学研究水平做出新的更大贡献，以不负老一辈科学家的殷切期盼。

附录一　杨福愉年表

1927 年

10 月 30 日，杨福愉出生于上海，原名杨福馀。原籍浙江镇海（今属宁波市）。父杨善卿，母朱琴。在家排行第四（第二个儿子），共有兄弟姐妹 7 人。

1934 年

小学就读于上海育才学校。

1941 年

初中就读于上海育才中学。

1944 年

高一第一学期就读于上海市南洋中学。该校略有名气，但师资一般且离家远。遂第二学期转至上海市南洋模范中学。

1945 年

父亲病故，家庭经济日趋衰落。

1946 年

从上海南洋模范中学毕业。时值全国实行大学自主招生，分别报考上海交通大学、杭州私立之江大学和杭州国立浙江大学。之江大学先发榜故先入之江大学；1 个月后，得知被国立浙江大学化学系录取，因对化学感兴趣和急于为家庭减轻经济负担，遂转学浙江大学化学系。

1947 年

5 月，参与上海学生 7000 余人欢送沪杭区国立院校学生“挽救教育危机进京代表联合请愿团”并举行的“反饥饿反内战”大游行。

10 月 29 日，亲历浙大农学院农艺系学生于子三被国民党警察杀害事件，参加学生自治会的抗议活动以及学生游行、罢课等活动。在其中一次游行过程中，被国民党特务及其雇用的打手殴打。

1949 年

年初至杭州解放前夕（5 月），参加浙大护卫队，每天晚上轮流巡逻保卫学校安全。

暑假期间，报名参加浙大共产党总支举办的“青年干部学校”，接受培养训练。

1950 年

2 月 3 日，参加共产主义青年团。

秋季，从浙江大学化学系毕业。经化学系系主任王葆仁推荐，进入著名生物学家贝时璋主持新组建的中国科学院上海实验生物学研究所从事研究工作。

1951 年

在朱洗为室主任的实验生物学研究所发生生理研究室工作。

开始参与贝时璋实验室的研究课题“米虾眼柄激素的研究”，初步认识到多学科交叉发展生物学的重要性。

与王锦兰相识。

1952 年

继续参与"米虾眼柄激素的研究"，负责从米虾眼柄中分离、纯化激素工作。

在思想改造运动所倡导的"理论联系实际"指导下，所在的发生生理研究室原有 4 个研究组调整为三个研究组，即蓖麻蚕组、肿瘤组和组织疗法组。分别地处长宁路和岳阳路的上海实验生物研究所全部迁入岳阳路 320 号大院。

1954 年

年初，民主德国提出要赠送给毛泽东主席一台该国耶拿蔡司公司出品的新型电子显微镜。中央责成中国科学院负责承办礼物接收工作。与近代物理学研究所范果健一同前往德国耶拿蔡司公司进行为期 3 周的见习。回国后与德方专家一起在北京近代物理学研究所进行电子显微镜安装等工作，从 4 月开始至国庆前夕结束，前后约半年时间。

与王锦兰确定婚姻关系。

1955 年

北京留苏预备部学习一年。

大儿子杨重高出生。因留学在即无法照顾，交由母亲朱琴抚养。

1956 年

11 月，抵达莫斯科，开始留学生涯。

1957 年

根据分配方案，进入莫斯科大学生物学系谢韦林院士动物生物化学实验室从事博士学位研究。

1958 年

经过调研，结合谢韦林院士实验室研究情况，正式开始副博士论文

"甲状腺中毒与线粒体氧化磷酸化"的实验工作。

1959 年

完成副博士论文的实验和论文撰写工作，于 5 月进行副博士学位答辩，获得副博士学位。

留苏期间正式提出入党申请。

1960 年

夏，归国。其博士论文即首篇科研论文"Changes in oxidative phosphorylation of rat liver mitochondria in thyrotoxisis"在苏联《生物化学》上发表。

6 月，成为中国共产党预备党员。

夏秋之际，返回北京与留学苏联毕业归国的留学生一起，集中于北京苏州街外国语学校进行政治学习三个月；学习结束后被分配至中国科学院（北京）生物物理学研究所。

1961 年

担任中国科学院生物物理研究所专门为发挥其特长而成立的线粒体研究小组负责人。小组行政归属于生物物理化学研究室（第三研究室），室主任黄芬。

开始进行电离辐射（X- 射线）对大白鼠整体或离体肝线粒体氧化磷酸化影响的研究。

开始和留学苏联归国的好友戚正武等 4 人一起翻译由英国 M. 狄克逊 . E.C 威勃著的《酶》，该书由上海科学技术出版社于 1964 年出版。

11 月，转正成为中国共产党正式党员。

二儿子杨重谦出生。

1962 年

继续进行 X- 射线对大白鼠整体或离体肝线粒体氧化磷酸化功能影响的研究。

1963 年

电离辐射整体照射对小白鼠肝脏线粒体功能影响研究的实验结果发表，这是留学苏联回国后用英文在《中国科学》上发表的第一篇有关线粒体研究工作的文章。

1964 年

8 月 7—15 日，参加在大连召开的首届全国生物物理学学术会议。

年底，参与承接二机部给中国科学院生物物理研究所下达的“慢性放射性病早期诊断”研究任务。

研究电离辐射对线粒体结构和功能的早期变化、对线粒体膨胀和收缩的影响等，其成果在《中国科学》和《生物化学与生物物理学报》等刊物发表。

1965 年

2 月，带领由中国科学院组织的生物物理研究所、上海生物化学研究所、生理学研究所、遗传学研究所以及昆明动物学研究所等共同组成的小组携带一批大白鼠赴我国第二次原子弹爆炸现场，测试和观察这些动物受核爆损伤的远后效应，即执行所谓的“21 号任务”，在戈壁滩滞留约一个月。

5 月 14 日，参与所在第三研究室承担的“慢性放射性病早期诊断”研究任务，检测经小剂量 $^{60}Co-\gamma$ 射线长期照射对豚鼠和猕猴早期血液和红细胞生化指标的变化。

7 月，在豚鼠实验的基础上，正式开始慢性放射性病早期诊断任务的第一批猕猴实验。

约 8、9 月，赴山西运城东孙坞村参加“四清”运动长达 10 个月，担任指导员工作。

1966 年

5 月，第二批猕猴实验开始。

6 月初，去江西乐安 721 矿执行放射性矿区调查任务。不久因“文化大革命”被召回。

1967 年

继续负责和组织全实验室开展 $^{60}Co-\gamma$ 射线长期照射对猕猴（1965 年 7 月开始的第一批）影响的实验。

1968 年

以“需要思想改造的修正主义的苗子”身份被编进生物物理研究所组织的拉练队伍，在北京郊区每天背包步行，模拟部队生活进行锻炼。

三儿子杨重山出生。

1969 年

12 月，结束第一批猕猴实验，历时 4 年半（1965.7—1969.12)。同时，继续进行 1966 年 5 月开始的第二批猕猴实验工作。

1970 年

4 月，第二批猕猴实验工作结束，历时 4 年 (1966.5—1970.4)。

1971—1972 年

总结、讨论和分析小剂量电离辐射对猕猴血液变化影响的实验结果。

1973 年

秋天，去河南确山中国科学院“五七干校”劳动锻炼，为期一年。

1974 年

秋天，结束“五七干校”劳动锻炼返京。

1975 年

开展“线粒体互补法”预测农作物（如小米、玉米、棉花、水稻等）杂种优势的研究。

1976 年

继续进行“线粒体互补法”预测农作物杂种优势的实验并思索结果不理想的原因。由此，改变思路，探索作物幼苗匀浆（含线粒体）的“匀浆互补法”与农作物杂种优势的相互关系，取得较好结果。

1977 年

继续进行“匀浆互补法”实验，并与河北张家口坝下农业科学研究所赵连元合作开展大田实验，取得较理想结果。

1978 年

与林冶焕等共同研究获得的“线粒体结构与功能”成果荣获 1978 年中国科学院重大科技成果奖。

细胞色素 c 嵌入脂质体的研究、线粒体杂种优势与线粒体互补、用匀浆互补法测试杂种优势的研究等获得初步成果。有关论文在《生物化学与生物物理进展》刊物发表。

5 月，应联邦德国马普学会邀请，以团长身份率我国生物膜代表团访问德国马普学会的主要研究所和大学，并用中科院钱三强副院长特批的 5000 美元购得实验必需的试剂与装置带回国内。此次访问对了解国际生物膜研究进展和态势、推动我国开展生物膜研究具有重要作用。

7 月，在甘肃兰州参加全国细胞培养与体细胞杂交线粒体呼吸代谢与杂种优势会议，并应邀做题为“线粒体结构与功能”的报告。

秋，首批硕士研究生张玉中、谢小松入学。

10 月 21—27 日，参加在青岛召开的第二次全国生物物理大会。

1979 年

任生物物理研究所副所长（至 1986 年），参与生物物理研究所新址北郊园区的筹划工作等。

任中国生物化学学会理事（至 1987 年）、中国科学院生物物理研究所学术委员会委员（至 2002 年）。

3 月，在北京友谊宾馆的科学会堂组织并主持召开第一次全国生物膜的结构与功能学术讨论会。

7 月 8—13 日，参加在加拿大多伦多举行的第 11 届国际生化大会。

1980 年

作为评估专家之一，参加由中科院生物局组织的全国生化专家对中科院上海生化研究所的评估会。

5 月，参加在北京举行的中国生物物理学会成立大会暨第三次全国生物物理学术会议，并受邀做题为“生物膜的流动性”大会报告。

有关低剂量率 $^{60}Co-\gamma$ 射线长期慢性照射对猕猴的影响、猪心线粒体腺三磷酶复合体（$H^+-ATPase$）在脂质体重建的研究、Mg^{2+} 对猪心线粒体 H^+-ATP 酶在脂质体重建的影响研究等取得重要进展，有关成果在国内重要杂志《中国科学》和《科学通报》上发表。

1981 年

任中国生物化学与分子生物学学会副理事长（至 1987 年）、中国细胞生物学学会理事（至 1983 年）、中国生物物理学会理事（至 1987 年）。

5 月下旬，首位硕士研究生张玉中的论文《磷脂对线粒体细胞色素氧化酶结构与功能的影响》通过答辩。

11 月，参加在南宁举办的第四届全国生物化学学术会议。

继续开展玉米线粒体、二价金属 Mg^{2+} 对线粒体 ATP 合酶在脂质体重建影响的研究并取得新进展，有关成果在《中国科学》《科学通报》《植物学报》《膜分离科学与技术》等刊物上发表。

1982 年

2 月 26 日，参加在北京大学举办的北京生物化学学会成立大会，被推选为学会副理事长。

8 月中旬，与研究生张先锋到捷克布拉格参加欧洲生物膜与生物能学术讨论会。

8 月 15—21 日，与我国生化学会理事长王应睐，副理事长曹天钦、邹承鲁等参加在澳大利亚佩思举行的第 12 届国际生化大会。

10 月 25—30 日，在北京参与组织召开第二届生物膜的结构与功能学术讨论会。

继续研究 Mg^{2+} 对形成嵌有线粒体 H^+-ATP 酶的脂酶体流动性和重建 H^+-ATP 酶构象的影响；研究界面脂对猪心线粒体细胞色素氧化酶在脂质体重建的影响等，相关成果发表在国内重要刊物《中国科学》和《科学通报》上。

1983 年

9 月，在上海参加中德双边学术讨论会。

继续研究镁离子如何影响重建 H^+-ATP 酶的活性，相关系列研究结果在国内外重要杂志上发表。回国后第一次在国外重要刊物 *Biochim. Biophys. Acta* 上发表论文，提出了 Mg^{2+} 影响线粒体 ATP 合酶在脂质体重建的作用机理和模型。

1984 年

应永寿“大骨节病”科学考察和研究任务需要，研究“大骨节病”患者红细胞细胞膜的变化，相关成果在《永寿大骨节病科学考察文集》上发表。

参加中共中央地方病防治办公室与卫生部共同组织的云南楚雄“克山病”综合考察（1984—1986 年）。

2 月 27 日—3 月 1 日，参加在长沙召开的中国生化学会全体理事会。

4 月 5—7 日，应邀参加在意大利 Fasano 举行的国际 ATP 合酶结构与功能讨论会并做报告，并受邀在会后参观、讲学。

5 月 27 日—6 月 1 日，应邀参加在北京香山召开的第三届国际硒与生物学和医学讨论会并做报告。

6 月 14 日，参加《生物化学杂志》首届编辑委员会会议。

10 月上旬，在国际生物化学学会、国际生物物理学会和中国科学院共同赞助下，在北京主持召开国际生物膜与生物能学学术讨论会。这是第一次在我国召开这方面的国际学术讨论会。

10 月，参加在北京举行的第五次全国生物化学学术会议。

1985 年

有关 Mg^{2+} 对嵌有线粒体 H^+-ATP 酶的脂酶体不同层次脂质流动性的影响；Mg^{2+} 对猪肾外髓质 Na^+、K^+-ATP 酶在脂质体重建的影响；磷脂流动性的激光拉曼光谱研究等系列成果发表在国内外重要刊物上，对镁离子等二价金属离子如何影响酶活性的研究取得突破性进展。同时，“膜脂 - 膜蛋白的相互作用”研究成果在《生物化学与生物物理进展》刊物上连续发表。

5 月 8—11 日，参加在无锡举行的第一届中日生物物理双边讨论会。

8 月 23—30 日，参加在荷兰阿姆斯特丹举行的第 13 届国际生化与分子生物学大会。

10 月，在成都组织召开第三届全国生物膜学术讨论会。

10 月 28 日—11 月 1 日，应邀参加在北京举行的“大骨节病”与非传染性疾病国际讨论会并做报告。

1986 年

研究硒对红细胞膜 Na、K-ATP 酶活性和流动性的影响以及硒对红细胞膜的保护作用，相关文章发表在《中国科学》等刊物。

“膜脂 - 膜蛋白的相互作用”研究不断深入，有关 Mg^{2+} 与 DPPC 脂质体和脂酶体的相互作用、线粒体膜 H^+-ATP 酶的磷脂 - 蛋白相互作用研究成果等相继发表。

提出“克山病是一种心肌线粒体病”的观点，并多次以专家身份应邀参加有关的克山病理论讨论会。

7 月，访问日本冈琦生理研究所、名古屋 OZAWA 研究所、Yagi 研究所等。

8 月 12—14 日，参加在哈尔滨医科大学召开的中日克山病与心肌病第二次学术讨论会。

9 月，参加在北京举行的北京生物化学学会学术会议。

10 月 21—25 日，参加在杭州举行的第五次全国生物物理学术会议，当选学会理事。

12 月，参加在哈尔滨举行的第二届中国微量元素讨论会。

与郭倍奇、黄有国等共同研究获得的“镁离子对线粒体 H^{+}-ATP 酶在脂质体重建影响的研究”成果荣获 1986 年度中国科学院科学技术进步奖二等奖。

与赵连元、邢菁如等共同研究获得的“匀浆互补法预测杂种优势”成果荣获 1986 年度中国科学院科技进步奖三等奖。

担任中华人民共和国卫生部地方病科学小组成员（至 1992 年）。

1987 年

作为项目主持人，“膜脂－膜蛋白相互作用”研究正式列入国家自然科学基金委员会支持的重大项目（项目于 1991 年结题）。

对 Mg^{2+} 通过改变膜脂流动性影响线粒体 H^{+}-ATP 酶的重建研究和硒促进收缩蛋白与红细胞膜的体外重建研究均继续深入并相继发表系列文章。

赴美参加 Gordon Conference 会议，在其线粒体与疾病分组会上提出“克山病是一种心肌线粒体病”的观点，获得国际同行的肯定与认同。与会各国专家还认为它是一种“非遗传性的心肌线粒体病”。

9 月，招收的研究生屠亚平入学。

1988 年

有关 Ca^{2+} 通过影响膜脂流动性来调节重建肌质网 Ca^{2+}-ATP 酶的活性和克山病患者红细胞膜的变化研究成果在国内外重要杂志上发表；硒与红细胞血影收缩蛋白作用导致构象的变化以及硒与巯基作用稳定红细胞膜骨架等研究均取得较好结果，并发表多篇相关文章。

在邹承鲁的组织和领导下，联合梁栋材，积极参与组织申报成立“生物大分子国家重点实验室”的工作。秋，实验室筹建通过专家委员会的评审。

5 月 17—20 日，参加在日本京都联合召开的第二届中日双边生物物理学术会议。会后与林克椿等应邀对名古屋、东京和 JEOL 公司做学术访问和交流。

10 月，访问巴西，赴巴西科学院、里约热内卢巴西大学生化系 DeMeis 教授实验室访问并进行学术交流。

11 月，参加在南京举行的第六届中国生物化学与分子生物学学术讨论会；参加在北京召开的环境中生命元素国际讨论会。

1989 年

“二价镁离子影响线粒体 H^+-ATP 酶重建的研究”成果荣获 1989 年度国家自然科学奖三等奖。

5 月，经国家科委批准，生物大分子国家重点实验室正式成立，与邹承鲁等一批院士、专家一起开始了生物大分子国家重点实验室的建设工作，担任实验室学术委员会主任一职。

5 月 28 日—6 月 14 日，访问加拿大渥太华国家科学委员会、汉密尔顿 McMaster 大学生物化学系、St.Francis Xavier 大学物理系以及温哥华哥伦比亚大学生物化学系等，并做学术交流。

8 月 24 日—9 月 19 日，赴民主德国参加第 7 届国际红细胞结构与功能学术讨论会并做报告；访问联邦德国马普学会生化所、法兰克福马普学会生物物理研究所、慕尼黑技术大学物理系、多特蒙德马普学会营养生理研究所等。

11 月 15—17 日，应邀出席在莫斯科举行的全苏微量元素与人类健康讨论会，并做题为“克山病是一种心肌线粒体病”及“硒稳定红细胞骨架”的大会报告。

12 月，参加在北京召开的华北地区生物化学学术会议。

1990 年

由所在第三研究室生物膜组承担的“楚雄克山病综合型科学考察”相关研究工作与合作单位一起获 1990 年卫生部科技进步奖二等奖。

硒对红细胞膜稳定作用的浓度依赖性、脱血红素细胞色素 c 的跨膜转运、Mg^{2+} 加强嵌有 H^+-ATP 酶的脂酶体脂质分子的堆积、“匀浆互补法”测试杂种优势的研究以及非双层脂结构形成的倾向性对猪心线粒体 H^+-

ATP 酶活性的影响等系列成果在国内外重要刊物发表。

在与邹承鲁、梁栋材的共同推动下，生物大分子国家重点实验室成立了由 16 名国际著名科学家组成的国际科学委员会。

5 月，在苏州组织召开第四届生物膜学术讨论会。

5 月，在江苏苏州参加第六次全国生物物理学术会议。应邀在细胞与膜生物物理分会上做“蛋白质跨膜运送研究进展”和“膜脂－膜蛋白相互作用”综述报告。

7 月，在武汉参加第三届全国微量元素讨论会。

11 月，在上海参加首届亚太地区生物学会议并做报告。

12 月,《生物化学》第二版出版。主要负责其中第 9 章“生物膜的组成与结构”撰写，并与黄有国合作撰写第 11 章“生物膜与物质运送”。该书于 1988 年被评为国家优秀教材。

1991 年

跨膜 Ca^{2+} 梯差对与物质运输相关的肌质网 Ca^{2+}−ATPase 活性与构象的影响研究取得突破性进展。研究证明，跨膜 Ca^{2+} 梯差也可通过影响膜脂流动性调节其水解 ATP 的活性。这为之前二价金属 Mg^{2+} 通过影响膜脂物理状态调节膜蛋白功能的观点进一步提供了有力的实验证据。

1 月，与邹承鲁、梁栋材一起在生物大分子国家重点实验室验收会上做实验室建设进展和研究进展报告。

2 月，患黄疸性肝炎，卧病住院 3 个多月。

10 月，国家自然科学基金会首批重大项目“膜脂－膜蛋白相互作用”通过验收。

11 月，当选中国科学院学部委员。

11 月底，代表生物大分子国家重点实验室前往成都向全国生物医学口国家重点实验室评估领导小组做汇报，并在此次评比中荣获优秀（6 个优秀实验室之一）且排名第一。

12 月 19—21 日，与邹承鲁、梁栋材一起组织召开生物大分子国家重点实验室第三次学术年会和学术委员会会议。

任中国科学院生物物理研究所生物大分子国家重点实验室学术委员会主任、北京生物化学与分子生物学学会理事长（至 1997 年）、中国科学院上海有机研究所生命有机国家重点实验室学术委员会委员（至 2002 年）、《中国生物物理学学报》主编（至 2002 年）等职。

1992 年

6 月，受邀前往美国访问多个科研机构和大学，参加 Ion-Motive ATPase: Structure，Function and Regulation 国际学术会议并在会上以 Study of the Lipid-Protein Interaction of H^+- ATPase 为题做大会报告。

秋，指导博士生范高峰开始跨膜 Ca^{2+} 梯差通过调节膜脂流动性影响 Gs 激活腺苷酸环化酶的研究。

10 月，博士研究生屠亚平毕业，其毕业论文是《跨膜 Ca^{2+} 梯度对膜蛋白结构和功能的影响》。

10 月，在上海参加第六届亚太地区生物化学大会，并应邀做报告。

11 月 12—14 日，和邹承鲁、梁栋材一起推动生物大分子国家重点实验室与联合国教科文组织全球分子及细胞生物学会联合，在江苏无锡主办生物大分子结构与功能国际会议。

与顾国彦一同撰写《中国大百科全书》生物学Ⅲ（主编贝时璋）“细胞膜”部分，独立撰写“线粒体”部分。

1993 年

1 月 6—7 日，协同组织召开生物大分子国家重点实验室第四次学术年会。

1 月 8 日，主持召开生物大分子国家重点实验室学术委员会会议，对内部、外部课题进行逐一评议。

4 月，组织在海口举行的第五届全国生物膜学术讨论会。

5 月，在“当代蛋白质与酶学研究新动向暨庆贺邹承鲁教授 70 华诞”国际学术讨论会上做报告。

6 月，受邀参加在意大利 Bari 举行的第二届国际生化与分子生物学讨论会并做题为“细胞膜的生物化学”报告。

7 月，为申办 2000 年在北京举行 18 届国际生化大会，代表中国生化学会前往瑞典 Stockholm 列席国际生化大会执委会并做申请报告。后因政治原因未获成功。

8 月，根据中国科学院与英国皇家学会交流协议，访问牛津大学、剑桥大学等四所院校的生化系并进行学术交流。

参与《基础分子生物学》(第二版，主编刘培楠、吴国利）的编著，撰写“蛋白质的跨膜运送”章节。

1994 年

1 月 5—7 日，主持召开生物大分子国家重点实验室第 5 次学术年会，并在会上结合自己的研究工作和国际动态做综述报告。

1 月 7 日，主持召开生物大分子国家重点实验室新一届学术委员会会议，继续担任学术委员会主任一职。

8 月，参加在印度新德里召开的 16 届国际生化与分子生物学（IUBMB）大会，并代表中国出席 IUBMB 执委会。

9 月 1 日，国家重点实验室成立十周年之际，生物大分子国家重点实验室被国家计委、国家科技部和财政部评为先进集体，荣获“金牛奖”。同时被国家科技部选为全国首批 5 个国家重点实验室试点单位之一。

11 月 15—18 日，出席在泰国曼谷召开的第 11 届亚太地区生化和分子生物学大会（FAOBMB Symposium），应邀做大会报告并接受会议主席专门赠送的纪念品。

1995 年

进一步深入和扩展跨膜 Ca^{2+} 梯差对 G- 蛋白偶联的 cAMP 信号跨膜转导通路相关的膜蛋白［β－肾上腺素能受体（β－AR），激活型 G 蛋白（Gs）和效应蛋白—腺苷酸环化酶（AC）等］的活性以及它们三者之间的偶联功能影响的研究，不仅把这三种膜蛋白在脂质体上重建成功，而且还表现三者的偶联功能活性。这项研究在国内未有先例，国际上也实属罕见。完成该论文的博士生范高峰于 1995 年毕业，并获 1995 年中科院院长特别奖。

有关跨膜 Ca^{2+} 梯差影响膜蛋白功能的研究成果应邀在 *Bioscience Reports* 上发表综述论文。

2 月，参加生化学家张昌颖教授 90 寿辰庆贺，并代表中国生化与分子生物学学会致词。

9 月 24—29 日，赴澳大利亚悉尼出席以“线粒体 DNA 与老化和疾病”为主题的第七届亚太地区生化与分子生物学会议并做报告。参加在澳大利亚悉尼举行的以“移位 ATP 酶的比较研究”为主题的第七届 FAOBMB 卫星会并做报告。同时访问澳大利亚墨尔本大学、La Trobe 大学、新西兰 Otago 大学所属生化系和农业研究中心以及 Aukland 大学生物系。

与瑞士 Azzi 教授共同主持在北京召开的天然抗氧化剂的分子机理与健康国际会议讨论会。

参加在长春举办的 Functional Supramolecular System 第二届国际会议。

与林治焕等共同研究的“微量元素硒对人红细胞膜骨架的稳定作用”成果获 1995 年度中国科学院自然科学奖二等奖。

1996 年

年初，参与组织生物大分子国家重点实验室第二次评估并获评优秀。

应邀在纪念〈Chemistry and physics of lipids〉创刊 30 周年的专刊上与黄芬一起以综述 (Review) 形式发表题为“Effect of non-bilayer lipids on the activity of membrane enzymes”）文章。

8 月 11—16 日，参加在荷兰阿姆斯特丹 RAI 会议中心举行的第 12 届国际生物物理大会并做报告。会后顺访法国巴黎，参观居里研究所、居里大学生化系等单位并进行交流。

8 月，参加在延吉举行的第六届全国生物膜学术讨论会。邀请日本著名生化学家 Anraku 参加并做大会报告，这是首次邀请国外科学家参加全国生物膜学术讨论会。

参加由中山大学等组织的在台北举行的海峡两岸生命科学学术研讨会，会后在台北参观有关研究所。

10 月，和黄芬共同主编的《膜脂－膜蛋白相互作用及其在医学和农业上的应用》专著由山东科学技术出版社出版。

童俊超博士（1996 年毕业）在朱镏琴研究员的帮助下，用分子生物学定点突变方法进行的鸡心脱血红素细胞色素 c（Apo c）的突变（V92A）对其跨膜转运影响研究的博士论文获得 1996 年中国科学院院长特别奖，并获得 1999 年全国首届百篇优秀博士论文称号和奖励。这也是杨福愉研究组引入分子生物学方法研究膜蛋白结构与功能的先例。

参加在青岛举行的结构生物学讨论会，并在会上做报告。

参加在北京举行的 International Conference on Environment，Life elements and Health−Longevity。

参加在北京举行的生物化学与分子生物学学会年会。

1997 年

10 月，生物物理研究所及生物大分子国家重点实验室举办“庆贺杨福愉教授七十寿辰暨从事科教事业四十七周年”活动。众多同行、同事、专家相聚并开展学术交流活动。

10 月，参加宁波两院院士返乡行活动并在宁波月湖院士林植树。

10 月 29 日，在海口主持第八次全国生化与分子生物学学会学术会议。

12 月 22—26 日，出席并参与组织在北京召开的中国青年学者生物膜研究前沿学术讨论会。

与胡亚东一起参与中科院主持编撰的《科学发展报告》中“生命过程中能量转换奥秘的解释”“1997 年诺贝尔化学奖评述”的编写。

1998 年

荣获 1998 年度何梁何利基金设立的科学与技术进步奖。

5 月 19—22 日，参加在成都举行的第八届全国生物物理学术会议。

1999 年

继续开展国家自然科学基金委员会支持的“膜脂 − 膜蛋白相互作用研究”重点项目（1998—2001 年）、中科院重大和重点项目（1997—2000 年）

的相关研究工作。

8 月 14—19 日，赴香港参加第 8 届美洲华裔生物学家学术研讨会并做报告。

《师德、师道、师魂》出版，在其中阐述“给研究生经受困苦磨练的机会以培养创新的科研人才”之观点。

11 月 8—11 日，出席并参与组织在昆明举办的第七届全国生物膜学术讨论会。

2000 年

带领研究团队完成国家“九·五”中科院重大（1 个子课题）、重点课题（2 个）的科研任务，在《中国科学》、*Bioscience Reports*、*FEBS Lett.*、*Biochem. J.*、*Euro. J. Biochem* 等杂志发表多篇论文；为《生物化学与生物物理进展》杂志撰写综述 1 篇。

荣获 2000 年中国科学院“华为优秀导师奖”及“宝洁优秀导师奖”。

1 月 22—23 日，参加在北京举行的有关“大骨节病”的国际讨论会。

4 月，以邹承鲁为主编，与翟中和同为副主编的《当代生物学》出版，其中包含与屠亚平合作撰写的“转运体和 ABC 转运体”部分，并独立承担撰写了“线粒体”部分。

5 月，参加在韩国庆州举行的东亚生物物理讨论会。

10 月 21—24 日，出席在北京举行的第 15 届 FAOBMB 讨论会。

11 月，出席在广东珠海举行的由中国科学院生命科学局组织的“十一·五”规划会议。

12 月 5—15 日，参加中国科学院学部访法考察团，访问巴黎、比利时布鲁塞尔，了解有关法国科学院院士增选等有关工作。

2001 年

带领研究团队在有关线粒体与细胞凋亡相互关系的研究方面获得显著进展，有两篇论文在 *FEBS Lett.*、*Euro. J. Biochem.* 上发表；对磷脂酸（PA）影响线粒体脱血红素细胞色素 c 的跨膜转运研究也获得有意义成果，有关论文发表在国际著名杂志 *Biochem.J.* 上。

3 月，生物大分子国家重点实验室参加由国家组织的第三次评估，连续第三次获得“优秀”成绩，并按照有关评估规定获得下次免评资格而继续拥有优秀称号。

9 月 10—12 日，出席在上海召开的中国生物化学与分子生物学会第八届会员代表大会暨全国学术会议。

2002 年

与陈建文联名申请国家自然科学基金委重点项目“细胞内参与 Ca^{2+} 稳态平衡的膜蛋白的研究”（2003—2006）获得资助。

指导研究团队在《中国科学》、*Mol. & Cell. Biochem.* 和 *Bioscience Reports* 等国内外重要刊物上发表多篇论文。

5 月 29 日—6 月 2 日，在大连参加第九次全国生物物理学术会议。

9 月，作为面向 21 世纪课程教材的《生物化学》第三版上册由高等教育出版社出版。应邀撰写其中第 18 章“生物膜的组成与结构”。

10 月 9—11 日，与日本三菱化学生命科学研究所 Yoshitaka Nagai 和铃木明身教授、张树政院士、金城等共同担任会议执行主席，主持以“糖链结构与功能展望”为主题的第 192 次香山会议。

2003 年

任中国科学院生物物理研究所学位委员会主任（至 2008 年）。

1 月 13—16 日，发起组织并主持题为“21 世纪我国生物膜研究”的第 200 次香山科学会议。

3 月 25—30 日，组织并主持在广西北海举行的第八次全国暨 2003 海内外生物膜学术研讨会。

指导研究团队在 *J. Biol. Chem.*、*FEBS Lett.*、*Bios. Rep.* 等重要刊物上发表文章。

8 月 2 日，在庆祝解放军总医院建院 50 周年“科学与中国”院士专家报告会上，以“线粒体研究的回顾与展望”为题做科普报告。

2004 年

继续主持国家自然科学基金委员会重点项目“细胞内参与 Ca^{2+} 稳态平衡的膜蛋白的研究”。

组织 40 多位国内生物膜专家撰写《生物膜》一书。

协助组织由徐涛主持的科技部 973 项目“生物膜和膜蛋白的结构与功能研究”申请工作获得成功。

参与科学出版社出版的《科学发展报告》，撰写《通道研究的突出贡献——2003 年诺贝尔化学奖评述》。

撰写《20 世纪中国学术大典（生物学）》一书中“生物膜研究”部分。

在庆祝《生物化学与生物物理进展》创刊 30 周年会上致辞，强调刊物突出特色、不断攀登、为继续推动生物科学的交流与发展做出新的贡献。

秋，携夫人赴杭州参加浙江大学化学系 1950—1953 年毕业校友聚会，畅游西湖。并与弟弟杨福家相约上海，全家为大哥杨福耀庆贺 80 岁生日。

生物大分子国家重点实验室成立二十周年之际，再度被国家科学技术部评为“国家重点实验室先进集体”称号，荣获“金牛奖”。

12 月 23—26 日，出席在海南三亚举行的生物膜与重大疾病学术研讨会。

2005 年

5 月，参加河北师范大学生命科学院细胞生物学研究所年会并做报告。

6 月，参加中国科协年会。

9 月，参加生物膜与膜工程国家重点实验室召开的线粒体生物医学学术研讨会。

10 月，应邀在浙江大学医学院做学术报告。

10 月，由其主编的《生物膜》由科学出版社出版。该书于次年（2006 年）获首届中华优秀出版物奖（图书）。

2006 年

指导完成国家自然科学基金委员会重点项目“细胞内参与 Ca^{2+} 稳态平衡的膜蛋白的研究”，验收通过并获得 A 级评价。

指导研究团队继续深入开展胰凝乳蛋白酶 B 在细胞凋亡过程中的作用及其机理的研究，提出了它具有参与溶酶体 – 线粒体细胞凋亡途径调控的新功能，相关研究结果在国内外重要刊物上发表，同时撰写多篇科普文章。

5 月 19 日，参加由“科学与中国”院士专家巡讲团组织的“科学家进校园”活动，并在清华附中的首场报告会上为清华附中高二年级 500 多名学生做题为“谈谈生物膜”的报告。

暑期，作为生物物理研究所第二届夏令营专家，参加与大学生面对面交流活动。

10 月 28 日，由中国科学院生物物理研究所主办的生物膜研究前沿学术研讨会暨庆贺杨福愉院士八十华诞座谈会在北京怀柔举行。贝时璋先生为杨福愉 80 岁诞辰题词“我国研究生物膜第一人”。

2007 年

指导研究组用 RT–PCR 与 Western blot 等方法发现胰凝乳蛋白酶 B 除分布在胰脏、肝脏外，在神经细胞、心肌细胞等溶酶体中也有广泛分布，并继续探索它对细胞凋亡及其生理功能的影响。

应科学出版社之邀，为英文版《线粒体》第二版撰写中文导读。

10 月 12—15 日，出席在湖北宜昌举办的第九次全国暨 2007 海内外生物膜学术研讨会。

2008 年

2 月 20 日，*Nature* 在评论 2008 年国际上新的研究成果一文“*Nature China*”中评述了有关胰凝乳蛋白酶 B 的研究结果。这表明杨福愉带领研究团队开展的有关胰凝乳蛋白酶参与细胞凋亡调控的新功能研究成果受到了国际同行的高度重视和认可。

3 月，被增选为中国科学院、中国工程院两院资深院士联谊会理事。

9 月 10 日，做客腾讯网，就生物膜的科学研究向网民进行解读。

11 月，参加在深圳召开的两院资深院士联谊会，专题讨论“三农”问题，并参加与深圳市第二实验学校中学生面对面活动。

2009 年

3 月 7 日，出席由中国科学院北京生命科学研究院研究生联合会主办、生物物理研究所研究生会承办的北京生命科学论坛——2009 年度研究生论坛。

3 月，参加在北京举行的两院资深院士联谊会，讨论科学诚信问题。

5 月，参加两院资深院士联谊会在四川大学召开的“生态环境的改善有赖于治沙技术的推广”专题研讨会；参加中航工业成都飞机工业（集团）公司前往地震灾区映秀镇等地震遗址考察；出席与成都七中初中学生举行的院士与中学生面对面活动。

6 月底，出席浙江宁波镇海区在北京举行的北京镇海籍院士座谈会。

7 月 9—12 日，出席在广西桂林举行的第一次国际暨第十次全国膜生物学研讨会。

10 月，参加在北京举行的两院资深院士联谊会理事会，再度讨论“三农”问题。

2010 年

3 月，参加两院资深院士联谊会，并被增选为副会长。

5 月，参加两院资深院士联谊会理事会，讨论并确定教育改革立项。

6 月，主持高润霖院士在京西宾馆所做的题为“心血管病防治与中老年保健若干问题”的健康讲座。

7 月 5—6 日，以名誉主任身份，与梁栋材、王志珍、常文瑞、王大成、陈润生等院士一起出席在生物物理研究所召开的生物大分子国家重点实验室 2010 年度夏季战略研讨会，并在大会上发表讲话。

7 月，参加两院资深院士联谊会组织的满洲里之行，除讨论“三农”问题及参观中俄边境外，还与满洲里第一、第三、第五、第六中学学生和教师开展交流活动。

8 月，参加两院资深院士联谊会会长会议，讨论教育改革项目，建议把重点放在提高全民素质与培养创新型人才上。

9 月，参加两院资深院士联谊会主办的参观中国科技馆与国家动物博物馆的活动。

10—11 月，参加两院资深院士联谊会举行的教育改革项目启动会。

11 月 9—12 日，出席在浙江宁波召开的第二届国际暨第十一届全国膜生物学讨论会，并亲自邀请结构生物学家施一公莅会做大会报告。

12 月，参加在北京举行的两院资深院士联谊会理事会，向中央提出解决“三农”问题的三点建议，呈送刘延东国务委员并转中央其他领导同志。

2011 年

2 月 27—28 日，出席生物大分子国家重点实验室五年一度的生命科学领域国家重点实验室评估活动。

2 月，在北京参加两院资深院士联谊会，讨论稀土环境问题。

3 月，在深圳启动教育改革调研会，调研深圳大学、南方科技大学、深圳职业技术学院、深圳市教育局、深圳中学和一所小学。与深大附中师生开展面对面交流。

5 月，在北京参加两院资深院士联谊会，讨论核能发展的问题。

5—8 月，参加两院资深院士联谊会举办的教育改革项目调研活动、系列考察活动、座谈和交流活动。

9 月，参加在北京举行的两院资深院士联谊会理事会，讨论联谊会修改章程及增补新理事。

10 月 30 日，出席在北京国际会议中心举行的第 17 届国际生物物理暨第 12 次全国生物物理大会。

11 月，出席在北京举行的两院资深院士联谊会理事会，审定《关于推进我国教育改革的几点建议》并报送国务委员刘延东。

2012 年

6 月，在京参加微电子产业发展国际论坛，请美籍华人施敏做报告。

7 月 21—22 日，和梁栋材院士一起以生物大分子国家重点实验室名誉主任身份出席在北京召开的生物大分子国家重点实验室 2012 年度夏季 PI 学术研讨会。

8 月，参加两院资深院士联谊会在黑龙江举行的系列活动。包括参观考察哈尔滨汽轮机厂、中国船舶重工业集团公司 703 研究所、中国第一重型机械集团公司；与哈尔滨市三中、哈尔滨市十六中、哈尔滨市师范学校附小的中小学生开展面对面交流活动等。

9 月 7 日，出席生物物理研究所 2012 级研究生新生开学典礼，通过回忆自己在科研道路上的经验，指导同学们如何从一名学生转变成一名合格的研究生。

9 月 28 日，以两院资深院士联谊会副会长身份出席在北京召开的“我国微电子发展与科技体制改革”咨询项目组会议，对我国微电子产业发展的相关重要问题进行深入研究。

10 月，参加两院资深院士联谊会组织的参观中国气象局活动。

10 月，参与编辑的《蘑菇云背后——放射生物学四十年研究纪实》一书正式出版。主要负责撰写书中“慢性放射病早期诊断的生化研究”一章，并受邀为该书作序。

11 月 30 日，出席在北京举办的两院资深院士联谊会转基因作物论坛。

2013 年

5 月，参加两院资深院士联谊会扩大理事会，讨论我国微电子产业发展报告的修改，总结并宣传与中小学生面对面交流活动的经验以及京外资深院士活动如何开展等。会议期间与昌平区上苑中学和青云中学的学生进行面对面交流并向学校捐赠书籍 3000 余册。

10 月中旬，出席酝酿成立上海地区资深院士联谊分会的活动，并介绍北京联谊会活动情况。

10 月下旬，积极配合中国科协“老科学家学术成长资料采集工程”项目子课题——杨福愉学术成长资料采集任务，完成个人自传（约 4.7 万字）。

附录二　杨福愉主要论著目录

论文

[1] Severin, S. E. and Yang Fuyu. Changes in oxidative phosphorylation of rat liver mitochondria in thyrotoxisis. *БИОХИМИЯ*. 1960, 25 (5): 855-864.

[2] Yang Fuyu, Lin Zhi-huan, Li Jin-zhao, Li Sheng-guang. Reconstitution of Liver Mitochondria in Whole-body Irradiated Mice. *Scientia Sinica*. 1963, 12: 1595-1597.

[3] Yang Fuyu and Li Jin-zhao, Changes in Respiratory Control Index of Irradiated Mitochondria. *Scientia Sinica*. 1964, 13 (12): 2026-2029.

[4] 杨福愉，史宝生，邢菁如，赵连元. 用匀浆互补法测试杂种优势的研究Ⅰ. 科学通报，1978，23：752-755.

[5] 生物物理所小剂量效应研究组. 低剂量率 ^{60}Co-γ 射线长期慢性照射对猕猴的影响. 中国科学，1980，6：592-600.

[6] 杨福愉，郭倍奇，李才元，车延武. 猪心线粒体腺三磷酶复合体在脂质体重建的研究. 生物化学与生物物理学报，1980，12：193-200.

[7] Yang Fuyu, Xing Qingru, and Wang Shuya. Cyanide-insensitive

respiration in corn mitochondria. *Scientia Sinica*. 1980，XXIII：774–784.

[8] Yang Fuyu，Guo Beiqi，Huang Youguo，and Che Yanwu. Effect of divalent cations on reconstitution of pig heart mitochondria H^+–ATPase into liposomes. *Scientia Sinica*. 1981，24（7）：989–996.

[9] 李才元，鲁崎唔，杨福愉．均一脂质体的制备与分离．膜分离科学与技术，1982，1（1）：1–7.

[10] Yang Fuyu and Zhang Yuzhong. Effect of "Boundary lipids" on reconstitution of pig heart mitochondrial cytochrome oxidase into liposomes. *ScientiaSinica*（*B*）. 1982，25（5）：496–507.

[11] 杨福愉，黄芬，小剂量 γ– 射线长期照射引起豚鼠和猕猴红细胞生化的某些变化．中华放射医学与防护杂志，1983，3（2），31–35.

[12] Yang Fuyu，Guo Beiqi，and Huang Youguo. Role of Mg^{2+} in Lipid–protein interaction in reconstituted porcine heart mitochondrial H^+–ATPase. *Biochim. Biophys. Acta*. 1983，724：104–110.

[13] 张日清，曲长芝，杨福愉，张淑秀．Mg^{2+} 的结合与 H^+–ATP 酶在脂质体上的重建．清华大学学报，1983，23（4）：41–46.

[14] 杨福愉，张玉中，谢小松．金属离子对猪心线粒体细胞色素氧化酶在脂质体重组的影响．生物化学与生物物理学报，1983，15（1）：91–96.

[15] Yang Fuyu and Liao Guangling. Effect of Divalent Cations on Fluidity and Enzyme activity of H^+–ATPase–containing Proteoliposomes. *Kexue Tongbao*. 1984，29：1535–1538.

[16] 尤美莲，杨福愉．具有较高 P^{32}–ATP 交换活力的猪心线粒体 H^+–ATP 酶复合体的提纯与性质．生物化学与生物物理学报，1985，17（1）：69–75.

[17] 杨福愉，程秋琛．磷脂组份对猪心线粒体 H^+–ATP 酶复合体活性表现的影响．生物化学与生物物理学报，1985，17（1）：23–31.

[18] F.Y. Yang，and X.F. Zhang. Comparison of the effect of one–side and two side Mg^{2+} on the reconstitution of mitochondria H^+–ATPase. *FEBS*

Lett., 1985, 182 (1): 31–33.

[19] Huang Youguo, Liu Zheng, and Yang Fuyu. Effect of Mg^{2+} on the reconstitution of porcine kidney medulla Na^+, K^+–ATPase in soybean phospholipid liposome. *Kexue Tongbao*, 1985, 30 (8): 1106–1108.

[20] Yang Fuyu, Huang Youguo, Zhao Nanming, SuiSenfang, LiuHailin, and Zhao Gensuo. Laser–Raman spectroscopic study on the effect of Mg^{2+} on the fluidity of phospholipids. *KexueTongbao*, 1985, 30 (12): 1672–1675.

[21] 杨福愉，黄芬，王金凤. 膜脂—膜蛋白的相互作用（上）. 生物化学与生物物理进展，1985，12（5）：2–7.

[22] 杨福愉，黄芬，王金凤. 膜脂—膜蛋白的相互作用（下）. 生物化学与生物物理进展，1985，12（6）：7–14.

[23] 王金凤，孙永泰，杨福愉. Mg^{2+} 与 DPPC 脂质体和脂酶体相互作用的拉曼光谱研究. 生物物理学报，1986，2（2）：141–148.

[24] W.X. Song, and F.Y. Yang. Comparison of the effect of *scorpion venom* (*ButhusMartensii Kashi*) on the rat brain and heart mitochondria. *Cell Biology International Reports*, 1986, 10 (11), 897–904.

[25] Yang Fuyu and Wo Weihan. Effect of Se on the Na^+, K^+–ATPase activity and fluidity of erythrocyte membranes. *Scientia Sinica* (Series B), 1986, XXIX: 1077–1088.

[26] Zhou Lixin and Yang Fuyu. Temperature–dependent change in soluble F_1–ATPase and H^+–ATPase complex (F_o–F_1) of porcine heart mitochondria. *Kexue Tongbao*, 1987, 32 (8): 561–564.

[27] Wang Jinfeng, Zhang Binxian, Yang Fuyu, Zhou Jian, and Zhao Nanming. ^{31}P–NMR study of Soybean phospholipid liposomes and H^+–ATPase proteoliposomes. *Kexue Tongbao*, 1987, 32 (9): 624–628.

[28] 杨福愉. 线粒体膜 H^+–ATP 酶的磷脂—蛋白相互作用的研究.〈前进中的生物化学〉，中国科学技术出版社，1987：46–50.

[29] F.Y. Yang, F. Huang, Z.H. Lin, K. Zhang, B.S. Shi, Y.G. Yu,

S.G. Li, S. Sun, J.W. Chen, L.P. Zhang, B.Q. Guo, W.H. Wo, R.Q. Zhang, Q.R. Xing, W.W. Chen, and J. Zhou. Abnormalities of erythrocyte membranes from patients with Kaschin−Beck Disease. in *Selenium in Biology and Medicine*, 1987: 947−956, G.F. Combs Jr. et al. eds. vanNostrand Reinhold Company, New York.

[30] Wang Jinfeng, Lu Jingfen, Zhang Binxian and Yang Fuyu, Mg^{2+}−mediated Changes in Fluidity of Phospholipid Decrease the Slow Motion of the Incorporated H^{+}−ATPase in Liposomes. *Scientia Sinica* (Series B), 1988, 31 (1): 576−584.

[31] 汪戈，杨福愉. Ca^{2+} 通过膜脂影响肌质网 Ca^{2+}−ATP 酶的活性与 Ca^{2+} 转运功能. 生物物理学报，1988，4（2）：110−115.

[32] Yang F.Y., Lin, Z.H., Li, S.G., Guo, B.Q., and Yin, Y, S, Keshan Disease—an Endemic Mitochondrial Cardiomyopathy in China. *J. TraceElem. Electrolytes Health Dis*. 2 (3), 1988, 157−163.

[33] X.F. Zhang and F.Y. Yang. Further study on the role of Mg^{2+} in lipid−protein interaction in reconstituted porcine heart mitochondrial H^{+}−ATPase. *Biochim Biophys Acta*, 1989, 976: 53−62.

[34] Yang F.Y.. Study on the Lipid−Protein Interactions in the H^{+}−ATPase of Mitochondria. in *Current Biochemical Research in China*, (ed. C.L. Tsou), Academic Press, 1989: 149−159.

[35] F.Y. Yang and M.Z. Yang. Reaction of Se with SH− groups in Spectrin is involved in the Stabilization of Erythrocyte Membrane Skeleton. *Biochem. International*, 1989, 18: 1085 −1091.

[36] 杨福愉，李南欣，王贤树. 脱血红素细胞色素 c 的跨膜转运与 N− 端序列的两亲性螺旋结构. 科学通报，1990，2：135−138.

[37] 杨福愉，邢菁如，陈文雯，张靖溥. “匀浆互补法”测试杂种优势的研究（Ⅳ）—对水稻杂种优势的测试. 生物化学与生物物理进展，1990，17（3）：230−232.

[38] F.Y. Yang, Z.H. Lin, W.H. Wo, Q.R. Xing, W.W. Chen, S.Y.

Wang, J.F. Wang, S.G. Li, and B.Q. Guo. Abnormalities of membranes of myocardial mitochondria and erythrocytes from patients with Keshan disease. in "*Metal Ion in Biology and Medicine*"(Eds Ph. Colleryetal.) John Libbey Eurotext Paris, 1990: 159-161.

[39] Wang, X.S., Li, N.X. and F.Y. Yang. Study on the translocation of mitochondrial precursor protein across model membranes.The interaction between *Candida Krusei* Apocytochrome c and non-bilayer lipid PE. *Progress in Natural Science* , 1991, 1: 160-164.

[40] Yang, F.Y., Yang, J. and Liu, Z.M. The role of Se in the interconversion of polymeric state of spectrin from human erythrocytes. *BioFactors*, 1991, 3 (1): 49-52.

[41] 吴莲英，孙珊，及惠芬，林治焕，杨福愉. 不同硒浓度对鸡胚软骨细胞的骨架与胞外基质中胶原微原纤维的影响. 科学通报，1991，10：785-787.

[42] 郭太亮，杨福愉. 两亲性的蝎毒毒素扰动脂双层促进脱血红素细胞色素 c 跨膜运送. 科学通报，1991，17：1333-1336.

[43] 杨福愉. 蛋白质跨膜运送研究的新进展. 生物化学与生物物理进展，1991，18：81-87

[44] 胡勇，杨福愉. Na_2SeO_3 对血影收缩蛋白（Spectrin）与肌动蛋白（actin）相互作用的影响. 生物物理学报，1992，8（4）：701-705.

[45] Jian Yang and F.Y. Yang. The effect of selenium on the function of the anion transporter (Band 3) of erythrocyte membranes. *BioFactors*, 1992, 4 (1): 29-32.

[46] 吴莲英，徐伟，及惠芬，林治焕，杨福愉. 低硒饲料喂养的大白鼠和豚鼠心肌超微结构研究. 电子显微学报，1992，4：243-248.

[47] 聂玉生，李力，刘晓丹，林治焕，杨福愉. 克山病病区粮喂养大鼠后心肌细胞自由钙浓度变化与硒的作用. 生物化学杂志，1992，8（4）：452-456.

[48] F.Y. Yang. Study of the Lipid-Protein Interaction of F-ATPases. In

Ion-Motive ATPases: Structure, Function and Regulation (Scarpa, A., Carafoli, E. and Papa, S. Eds), Annals of the New York Academy of Sciences, 1992, 671: 386–394.

[49] 杨福愉. 微量元素硒与人红细胞膜骨架（综述）. 自然科学进展, 1993, 3 (6): 481–488.

[50] Y.P. Tu and F.Y. Yang. Transmembrane Ca^{2+} Grandient –Mediated Modulation of Sarcoplasmic Reticulum Ca^{2+}–ATPase. *Biochem. Biophys. Res. Comm.*, 1993, 196 (2): 561–568.

[51] 郑连兴，李路，徐建兴，杨福愉. 非双层脂对辅酶 Q– 细胞色素 c 还原酶呼吸控制率的影响. 生物物理学报，1993，9 (1): 46–50.

[52] X.S. Wang and F.Y. Yang. The Ability of Apocytochrome c to Pass Lipid Bilayer is Relevant with its Folding State. *Biochem. Mol. Biol. Intern.*, 1993, 30 (4): 597–605.

[53] F.Y. Yang and Y.G. Huang and Y.P. Tu. Divalent Cation and Lipid–Protein Interactions of Biomembranes (Review). *Biosci. Reports*, 1993, 13 (3): 143–157.

[54] J.C. Tong, X.H. Han and F.Y. Yang. Further Study on the Spontaneous Partial Folding of Chicken Heart Apocytochrome c. *Biochem.Mol.Biol. Int.*, 1994, 34 (6): 1235–1243.

[55] Gaofeng Fan, Youguo Huang, Yanhong Bai, Fuyu Yang. Effect of transmembrane Ca^{2+} Gradient on Gs function. *FEBS Letters*, 1995, 357: 13–15.

[56] Y.P. Tu, L. Xiao, X.F. Su and F.Y. Yang. Cytoplasmic Ca^{2+} Inhibits the Glucose Transporter of Human Erythrocytes. *Biochemistry and Molecular Biology International*, 1995, 36 (2): 383–391.

[57] Y.P. Tu and F.Y. Yang. Zn^{2+}–Mediated Domain–Domain Communication in Human Erythrocyte Band 3. *J. Biochem.* (Tokyo), 1995, 118: 161–167.

[58] F.Y. Yang, Y.G. Huang, and Y.P. Tu. Transmembrane Ca^{2+} Gradient

and Function of Membrane Proteins（REVIEW）. *Bioscience Reports*, 1995, 15（5）: 351–364.

[59] J.C. Tong, L.Q. Zhu and F.Y. Yang. Cloning and High–level Expression of Chicken Apocytochrome c Gene in *Escherichia coli*.. *Biochemistry and Molecular Biology International*, 1995, 36（6）: 1187–1195.

[60] L. Li, L.X. Zheng, F.Y. Yang. Effect of propensity of hexagonal II phase formation on the activity of mitochondrial ubiquinol–cytochrome c reductase and H^+–ATPase. *Chemistry and Physics of Lipids*, 1995, 76: 135–144.

[61] Y.P. Tu, C. Feng, H. Xu, Z.Y. Guang, Q.W. Lu and F.Y. Yang. Transmembrane Ca^{2+} Gradient is Essential for High Anion Transport Activity of Human Erythrocytes. *Bioscience Reports*, 1996, 16（4）: 299–311.

[62] F.Y. Yang, C. Fen and Y.P. Tu. Se–Mediated Domain–Domain Communication in Band 3 of Human Erythrocytes. *Biological Trace Element Research*, 1996, 55: 279–295.

[63] L.H. Wang, Y.P. Tu, X.Y. Yang, Z.C. Tsui, F.Y. Yang.Effect of ganglioside GM3 on the activity and conformation of reconstituted Ca^{2+}–ATPase. *FEBS Lett.*, 1996, 388: 128–130.

[64] G.F. Fan, X.Y. Yang, Y.G. Huang and F.Y. Yang. Effect of Transmembrane Ca^{2+} Gradient on the Coupling of β–Adrenergic Receptors and Adenylyl Cyclase. *Bioscience Reports*, 1996, 16（4）: 327–341.

[65] 张明航，黄有国，杨福愉. 膜脂的物理状态对 Gs 激活 AC 的影响. 生物物理学报，1996，12（4）: 597–602.

[66] F.Y. Yang, F. Hwang. Effect of non–bilayer lipids on the activity of membrane enzymes（Review）.*Chemistry and Physics of Lipids*, 1996, 81: 197–202.

[67] 韩学海，隋森芳，杨福愉. 脱血红素细胞色素 c 与膜结合及插膜时的

构象研究. 中国科学，1996，26（2）：107–114.

[68] J.C. Tong，L.Q. Zhu and F.Y. Yang. V92A Mutation Altered the Folding Propensity of Chicken Apocytochrome c and its Interaction with Phospholipids. *Biochemistry*（USA），1996，35（29）：9460–9468.

[69] 杨志伟，杨福愉. Ca^{2+}循环的变化是心肌线粒体受损伤的敏感指标. 中国科学（C辑），1996，26（2）：127–134.

[70] Xie Wensheng，Tu Yaping and Yang Fuyu. Further study on Ca^{2+}–mediated inhibition of human erythrocyte D–glucose transporter. *Chinese Science Bulletin*，1997，42（10）：871–875.

[71] Q.F. Ma and F.Y. Yang. Lipids may not be involved in the recognition of apocytochrome c during its transportation. *Biochemistry and Molecular Biology International*. 1997，41（3）：487–496.

[72] 邱全胜，苏雪峰，杨福愉. 跨膜Ca^{2+}梯差对大豆下胚轴质膜H^{+}–ATP酶活力的影响. 生物物理学报，1997，13（3）：399–404.

[73] Zhi–wei Yang and Fu–yu Yang. Sensitivity of Ca^{2+} transport of mitochondria to reactive oxygen species.*Bioscience Reports*，1997，17（6）：557–567.

[74] X.J. Zhang，X.S. Min，F.Y. Yang. Conformational basis of the phospholipid requirement for the activity of SR · Ca^{2+}–ATPase. *Chemistry and Physics of Lipids*，1998，97：55–64.

[75] H. Xu，X.J. Zhang，F.Y. Yang. Further studies on Zn^{2+}–mediated domain–domain communication in human erythrocyte band 3. *Bioscience Reports*，1998，18（5）：265–277.

[76] L. Xiao，W.S. Xie，F.Y. Yang. A method for uni–directional reconstitution of human erythrocytes glucose transporter. *Biochem. Mol. Biol. Intern*，1998，44（6）：1217–1223.

[77] Zhu Yong，Han Xuehai，Yang Fuyu. Translocation of chicken heart apocytochrome c and its mutants（C17S，H18D）across mitochondrial membrane. *SCIENCE IN CHINA*（Series C），1999，42（1）：1–7.

[78] 李佳，张旭家，杨福愉. DOPE，DOPC 对重组去脂肌质网 Ca^{2+}-ATPase 活力和构象的影响. 生物物理学报，1999，15（4）：631-639.

[79] 韩学海，易苹，童俊超，杨福愉. 鸡心脱辅基细胞色素 c 自发折叠的进一步研究. 中国生物化学与分子生物学报，1999，15（1）：92-97.

[80] 杨福愉. 蛋白质跨线粒体膜的运送. 生物化学与生物物理学报，1999，31（4）：353-356.

[81] 杨福愉，张旭家. 生物膜研究的一个难点与热点. 生物物理学报，1999，15（2）：257-260.

[82] Dayong Zhai，Xingxu Huang，Xuehai Han，and Fuyu Yang. Characterization of tBid induced cytochrome c release from mitochondria and liposomes. *FEBS Letters*，2000，472：293-296.

[83] Huang Xingxu，Zhai Dayong，Huang Youguo and Yang Fuyu. Mitochondrial Ca^{2+}transport and permeability transition pore opening and mitochondrial energetic status. *SCIENCE IN CHINA*（Series C），2000，43（5）：489-497.

[84] Yang Hui，Huang Youguo，Zhang Xujia & Yang Fuyu. Cardiolipin is essential for higher proton translocation activity of reconstituted F_o.，*SCIENCE IN CHINA*（Series C），2001，44（2）：146-155.

[85] Miao Q，Xuehai Han，Fuyu Yang. Phosphatidic acid-phosphatidylethanolamine interaction and apocytochrome c translocation across model membranes. *Biochemical Journal*，2001，354：681-688.

[86] Xujia Zhang，Jia Li and Fuyu Yang. Phosphatidylethanolamine Induces Conformational Change of Reconstituted Delipidated SR · Ca^{2+}-ATPase. *J. Biochem. Mol. Biol. and Biophys*（JBMBB），2001，5：123-132.

[87] Dayong Zhai，Qi Miao，Xiaofeng Xin，and Fuyu Yang. Leakage and Aggregation of Phospholipid Vesicles Induced by the BH3 only Bcl-2 Family Member，Bid. *Eur. J. Biochem.*，2001，268：48-55

[88] Xiaoyi Yang，Yuzhong Zhang，Youguo Huang，and Fuyu Yang.

Variations in Transmembrane Ca^{2+} Gradient and Apoptosis of Macrophages Induced by Oxidized Low Density Lipoprotein. *Bioscience Reports*, 2001, 21（5）: 667–681.

[89] Zhang X.J., Sun J.C., Yang H., Li H.L., Huang Y.G. and Yang F.Y.. Two–dimensional crystallization and preliminary electron crystallographic result of partially purified F_o from porcine mitochondria. *Chinese Sci. Bull.*, 2002, 47: 323–325.

[90] Wang X.P., Han X.H., Jia S.T. and Yang F.Y.. Change of apocytochrome c translocation across membrane in consequence of hydrophobic segment deletion. *Mol. Cell Biochem.*, 2002, 233: 39–47.

[91] Ying–Shi Ouyang, Yaping Tu, Sheryll A Burkor, and Fuyu Yang. Regulators of G–protein Signaling（RGS）4, Insertion into Model Membranes and Inhibition of Activity by Phosphatidic Acid. *J. Biol. Chem.*, 2003, 278（13）: 11115–11122.

[92] Ying–Shi Ouyang, Yaping Tu, Fuyu Yang. The Mutation in the N–terminal Domain of RGS4 Disrupts PA–conferred Inhibitory Effect on GAP Activity. *Bioscience Reports*, 2003, 23（4）: 213–224.

[93] Ling Yan, Qi Miao, Yang Sun, Fuyu Yang. tBid forms a pore in the liposome membrane. *FEBS Lett.*, 2003, 555: 545–550.

[94] Yongfang Zhao, Xiaoxuan Fan, Fuyu Yang and Xujia Zhang. Gangliosides modulate the activity of the plasma membrane Ca^{2+}–ATPase from porcine brain synaptosomes. *Arch. Biochem. Biophysics*, 2004, 427: 204–212.

[95] Xuesong Chen, Shaopeng Chi, Mingna Liu, Wei Yang, Taotao Wei, Zhi Qi and Fuyu Yang. Inhibitory effect of ganglioside GD1b on K^+ current in hippocampal neurons and its involvement in apoptosis suppression. *J. Lipid Res.*, 2005, 46: 2580–2585.

[96] Jie Zhang, Yongfang Zhao, Jianfa Duan, Fuyu Yang and Xujia Zhang. Gangliosides activate the phosphatase activity of the erythrocyte plasma

membrane Ca^{2+}–ATPase. *Arch. Biochem. Biophys.*, 2005，444：1–6.

[97] 杨福愉. ATP 合酶：一个最小的蛋白质分子转动马达. 医学分子生物学杂志，2005，2（4）：243–249.

[98] Chunlei Li，Fuyu Yang，Xujia Zhang. Caveolin–3 anchored microdomains at the rabbit sarcoplasmic reticulum membranes. *Biochem. Biophy. Res. Commun.*，2006，344：1135–1140.

[99] Jianfa Duan，Jie Zhang，Yongfang Zhao，Fuyu Yang and Xujia Zhang. Ganglioside GM2 modulates the erythrocyte Ca^{2+}–ATPase through its binding to the calmodulin–binding domain and its 'receptor'. *Arch. Biochem. Biophys.*, 2006，454：155–159.

[100] Yang Fuyu. Keshan disease and mitochondrial cardiomyopathy (Mini review). *SCIENCE IN CHINA* (Series C), Life Sciences, 2006，49(6): 513–518.

[101] Q. Miao，Y. Sun，T. Wei，X. Zhao，K. Zhao，L. Yan，X. Zhang，H. Shu，F. Yang. Chymotrypsin B cached in rat liver lysosomes and involved in apoptotic regulation through a mitochondrial pathway. *J. Bio. Chem.*，2008，283（13）：8218–8228.

[102] Kai Zhao，Hejiang Zhou*，Xingyu Zhao，Dennis W. Wolff，Yaping Tu，Huili Liu，Taotao Wei and Fuyu Yang. Phosphatidic acid mediates the targeting of tBid to induce lysosomal membrane permeabilization and apoptosis. *Journal of Lipid Research*，2012，53：2102–2114.（* 为共同第一作者）

[103] Qianqian Chen，Juan Zhang，Kai Zhao，Wei Li，Qi Miao，Yang Sun，Xingyu Zhao，Taotao Wei and Fuyu Yang. Lysosomal chymotrypsin induces mitochondrial fission in apoptotic cells by proteolytic activation of calcineurin. *Protein & Cell*，2014，5：643–647.

（说明：杨福愉研究组先后共发表 200 余篇论文。由于出版对收录的论文数量有限，这里只录入部分论文，与生物膜研究无直接关系的论文一般未予收录。）

著作

[104] 杨福愉，黄芬. 膜脂－膜蛋白相互作用及其在医学和农业上的应用［M］. 济南：山东科学技术出版社，1996.

[105] 杨福愉主编. 生物膜［M］. 北京：科学出版社，2005.

参考文献

[1] 杨福愉. 线粒体的发生与起源 [J]. 生物化学与生物物理进展，1974，1（1）：16–24.

[2] 杨福愉. 脂质体（Liposome）在生物膜研究和药物学方面的应用 [J]. 生物化学与生物物理进展，1977，4（6）：36–40.

[3] 杨福愉. 线粒体的结构与功能 [J]. 生物化学与生物物理进展，1978，5（1）：18–28.

[4] 杨福愉. 从第 11 届国际生物学大会看生物膜研究的某些进展 [J]. 生物化学与生物物理进展，1979，6（6）：1–5.

[5] 杨福愉. 生物膜的流动性 [J]. 生物化学与生物物理进展，1981，8(5)：1–6.

[6] 杨福愉. 第十二届国际生化大会有关生物膜研究的动态 [J]. 生物化学与生物物理进展，1983，10（1）：16–19.

[7] 杨福愉. H^+–ATP 酶重建对脂质体大小的选择性 [J]. 生物化学与生物物理进展，1984，11（1）：39–42.

[8] 杨福愉. 有关 Mitchell 化学渗透假说的一些争议 [J]. 生物化学与生物物理进展，1985，12（2）：2–8.

[9] 杨福愉. 从国际生物膜和生物能讨论会得到的信息 [J]. 生物化学与生物物理进展，1985，12（1）：31–32.

[10] 杨福愉. 第十三届国际生化大会有关生物膜研究的一些信息 [J]. 生物化学

与生物物理进展，1986，13（1）：21-25.

[11] 杨福愉．信号肽与导肽——生物膜研究的一个活跃领域［J］．生物化学与生物物理进展，1987，14（4）：2-9.

[12] 杨福愉，邢菁如，陈文雯，等．一种测定水稻抗冷性的方法［J］．生物化学与生物物理进展，1989，16（2）：142-142.

[13] 杨福愉．参加“全苏微量元素与人类健康讨论会”归来［J］．生物化学与生物物理进展，1990，17（2）：120-120.

[14] 杨福愉．生物膜研究的几个“热点”［M］．见：王夔主编．生命科学中的化学问题．北京：北京大学出版社，1990.

[15] 杨福愉．蛋白质跨膜运送研究的新进展［J］．生物化学与生物物理进展，1991，18（2）：81-87.

[16] 杨福愉，胡亚东．生命过程中能量转换奥秘的解释——1997 年诺贝尔化学奖评述［M］．见：中国科学院编．科学发展报告．北京：科学出版社，1997.

[17] 杨福愉．展望 21 世纪的分子生物学［J］．生物物理学报，1999，15（1）：1-4.

[18] 杨福愉．点滴体会［J］．生理科学进展，1999，3（4）：289-291.

[19] 杨福愉，张旭家．生物膜研究的一个难点和热点［J］．生物物理学报，1999，15（2）：257-260.

[20] 杨福愉．一个没有争议的诺贝尔奖［J］．生物物理学报，1999，15（4）：820-822.

[21] 杨福愉．给研究生经受困苦磨练的机会以培养创新的科研人才［M］．见：中国科学院人事教育局编．师德、师道、师魂．北京：科学出版社，1999.

[22] 杨福愉．点滴体会［M］．见：韩济生主编．科学殿堂的攀登之路．北京：北京医科大学出版社，2002.

[23] 杨福愉．线粒体研究的回顾与展望．庆祝解放军总医院建院五十周年“科学与中国”院士专家报告会资料汇编，2003：21-21.

[24] 杨福愉．宗师百岁、耕耘不息、德高望重、功绩卓著——热烈庆祝贝时璋教授百岁华诞［J］．生物化学与生物物理进展，2003，30（5）：683-685.

[25] 杨福愉．生物膜研究的一些进展［J］．生物化学与生物物理进展，2003，30（4）：495-502.

[26] 杨福愉．通道研究的突出贡献——2003 年诺贝尔化学奖评述［M］．见：中国

科学院编. 科学发展报告. 北京：科学出版社，2004.
[27] 杨福愉. 突出特色、不断攀登——热烈祝贺《生物化学与生物物理进展》创刊 30 周年 [J]. 生物化学与生物物理进展，2004，31 (12)：1-2.
[28] 杨福愉. 生物膜与分子转动马达 [J]. 科学世界，2006 (11)：91-93.
[29] 杨福愉. 谈谈研究生的学习与培养 [J]. 安顺科技，2007 (3)：2-4.
[30] 熊卫民，邹宗平. 邹承鲁传 [M]. 北京：科学出版社，2008.
[31] 王谷岩. 贝时璋传 [M]. 北京：科学出版社，2010.
[32] 饶子和主编. 中国生物物理学会成立三十周年纪念文集 [M]. 北京：生物物理研究所编印，2011.
[33] 中国科学院生物物理研究所. 蘑菇云背后：放射生物学四十年研究纪实 [M]. 北京：科学出版社，2012.

老科学家学术成长资料采集工程丛书

已出版（100种）

《卷舒开合任天真：何泽慧传》
《从红壤到黄土：朱显谟传》
《山水人生：陈梦熊传》
《做一辈子研究生：林为干传》
《剑指苍穹：陈士橹传》

《情系山河：张光斗传》
《金霉素·牛棚·生物固氮：沈善炯传》
《胸怀大气：陶诗言传》
《本然化成：谢毓元传》
《一个共产党员的数学人生：谷超豪传》

《含章可贞：秦含章传》
《精业济群：彭司勋传》
《肝胆相照：吴孟超传》
《新青胜蓝惟所盼：陆婉珍传》
《核动力道路上的垦荒牛：彭士禄传》

《探赜索隐　止于至善：蔡启瑞传》
《碧空丹心：李敏华传》
《仁术宏愿：盛志勇传》
《踏遍青山矿业新：裴荣富传》
《求索军事医学之路：程天民传》

《一心向学：陈清如传》
《许身为国最难忘：陈能宽》
《钢锁苍龙　霸贯九州：方秦汉传》
《一丝一世界：郁铭芳传》
《宏才大略：严东生传》

《此生情怀寄树草：张宏达传》
《梦里麦田是金黄：庄巧生传》
《大音希声：应崇福传》
《寻找地层深处的光：田在艺传》
《举重若重：徐光宪传》

《魂牵心系原子梦：钱三强传》
《往事皆烟：朱尊权传》
《智者乐水：林秉南传》
《远望情怀：许学彦传》
《没有盲区的天空：王越传》

《行有则　知无涯：罗沛霖传》
《为了孩子的明天：张金哲传》
《梦想成真：张树政传》
《情系粱菽：卢良恕传》
《笺草释木六十年：王文采传》

《妙手生花：张涤生传》
《硅芯筑梦：王守武传》
《云卷云舒：黄士松传》
《让核技术接地气：陈子元传》
《论文写在大地上：徐锦堂传》

《铃记：张兴铃传》
《寻找沃土：赵其国传》
《虚怀若谷：黄维垣传》
《乐在图书山水间：常印佛传》
《碧水丹心：刘建康传》

《我的气象生涯：陈学溶百岁自述》
《赤子丹心 中华之光：王大珩传》
《根深方叶茂：唐有祺传》
《大爱化作田间行：余松烈传》
《格致桃李伴公卿：沈克琦传》
《躬行出真知：王守觉传》
《草原之子：李博传》
《我的教育人生：申泮文百岁自述》
《阡陌舞者：曾德超传》
《妙手握奇珠：张丽珠传》
《追求卓越：郭慕孙传》
《走向奥维耶多：谢学锦传》
《绚丽多彩的光谱人生：黄本立传》

《宏才大略 科学人生：严东生传》
《航空报国 杏坛追梦：范绪箕传》
《聚变情怀终不改：李正武传》
《真善合美：蒋锡夔传》
《治水殆与禹同功：文伏波传》
《用生命谱写蓝色梦想：张炳炎传》
《远古生命的守望者：李星学传》
《探究河口 巡研海岸：陈吉余传》
《胰岛素探秘者：张友尚传》
《一个人与一个系科：于同隐传》
《究脑穷源探细胞：陈宜张传》
《星剑光芒射斗牛：赵伊君传》
《蓝天事业的垦荒人：屠基达传》

《善度事理的世纪师者：袁文伯传》
《“齿”生无悔：王翰章传》
《慢病毒疫苗的开拓者：沈荣显传》
《殚思求火种　深情寄木铎：黄祖洽传》
《合成之美：戴立信传》
《誓言无声铸重器：黄旭华传》
《水运人生：刘济舟传》
《在断了 A 弦的琴上奏出多复变最强音：陆启铿传》
《弄潮儿向涛头立：张乾二传》
《一爆惊世建荣功：王方定传》
《轮轨丹心：沈志云传》
《继承与创新：五二三任务与青蒿素研发》
《化作春泥：吴浩青传》
《低温王国拓荒人：洪朝生传》
《苍穹大业赤子心：梁思礼传》
《仁者医心：陈灏珠传》
《神乎其经：池志强传》
《种质资源总是情：董玉琛传》
《当油气遇见光明：翟光明传》
《微纳世界中国芯：李志坚传》
《至纯至强之光：高伯龙传》
《材料人生：涂铭旌传》
《寻梦衣被天下：梅自强传》
《海潮逐浪镜水周回：童秉纲口述人生》